现代企业管理研究

任　峰◎著

线装书局

图书在版编目（ＣＩＰ）数据

现代企业管理研究 / 任峰著. -- 北京 ：线装书局，
2023.9
ISBN 978-7-5120-5583-4

Ⅰ . ①现… Ⅱ . ①任… Ⅲ . ①企业管理—研究 Ⅳ.
① F272

中国国家版本馆CIP数据核字(2023)第143304号

现代企业管理研究
XIANDAI QIYE GUANLI YANJIU

作　　者：任　峰
责任编辑：白　晨
出版发行：线装书局
　　　　　地　　址：北京市丰台区方庄日月天地大厦 B 座 17 层（100078）
　　　　　电　　话：010-58077126（发行部）010-58076938（总编室）
　　　　　网　　址：www.zgxzsj.com
经　　销：新华书店
印　　制：三河市腾飞印务有限公司
开　　本：787mm×1092mm　　　　　1/16
印　　张：15
字　　数：350 千字
印　　次：2024 年 7 月第 1 版第 1 次印刷

线装书局官方微信

定　　价：68.00 元

前　言

随着经济全球化和文化多元化的发展，面对新科技革命和知识经济的兴起，创新已成为时代的号角。要按照科学发展观的要求，实现中华民族的伟大复兴，一个关键因素就是要培养和造就大量具有全球视野和创新精神的优秀管理者，全面提高社会各种组织特别是各种经济组织的管理水平。企业是自主创新的主体，学习创新思维，培养创新智能，提高创新素质，开发创新潜能，将创新的思想梳理成系统，贯穿到企业运营工作的方方面面，以创新推动企业运营的全过程。

现代企业制度是以"产权清晰、权责分明、政企分开、管理科学"为基本特征的企业制度，它是在一定范围内调节各种投资者及其债权人、经营者、劳动者等各方利益关系和法律关系的法律制度的总和。"管理科学"既是现代企业制度的一个重要特征，更是企业工作的永恒主题。"管理科学"离不开管理创新，转变企业经营方式、实施资本经营，是企业管理创新的客观要求。"管理的重点在于经营，经营的关键在于决策"，而资本经营决策则是现代企业经营的核心。资本经营一方面体现着市场经济条件下企业"管理科学"的客观要求，另一方面又促进着企业的科学管理。资本经营方式与企业科学管理的有机结合，必将有助于促进我国现代企业制度的建立，企业经营机制的转换和企业经济效益的提高。

编委会

王广续　贾　丹　胡　萍

目录

第一章　企业管理概述

企业是市场经济中的经营主体,它是由土地、劳动、资本、管理、知识等生产要素集合而成。本章主要阐述企业的概念、企业的一般特征和企业类型,最后介绍企业管理的基本理论和企业管理发展史。

第一节　企业及其特征

一、企业的概念

从一般意义上来讲,企业是指从事生产、流通和服务等经济活动,为满足社会需要和获取盈利,实行独立核算,进行自主经营、自负盈亏,具有法人资格的基本经济单位。企业并不是人类社会存在以来就有的,它是在社会化大生产条件下,适应市场经济发展需求而产生的经济组织,是社会生产力发展到一定水平的结果,是现代社会的经济细胞和国民经济的基本经济单位。企业概念具有如下含义:

是以市场为导向、以盈利为目的、从事商品生产与经营的经济组织;是自主经营、自负盈亏、独立核算的基本经济单位;是依法设立、依法经营的经济实体。

企业是一个历史的概念。工业企业是最早出现的企业,它经历了手工业作坊、工场手工业和机器大工业三个阶段。手工业作坊是一种简单的劳动协作的组织形式,一般而言规模小且分散,生产活动基本上没有分工和协作,是一种典型的家庭手工业。工场手工业是在16世纪以后发展起来的,比手工业作坊组织形式规模大,并以专业化分工为基础,是企业的初期形式。大机器工业是18世纪60年代工业革命后产生的,它以机器为基本生产手段。在工厂制度下,劳动分工进一步细化,生产力水平不断提高,促使工厂大量涌现并与社会各方面建立了广泛的技术经济联系,企业形式也从早期的工业领域逐步扩展到商业、建筑、金融、运输、邮电等各领域,这些领域又可分为加工制造和商业服务两大类,通常称为工商企业。

二、企业的一般特征

不同类型的企业,都有反映它们各自特殊性的某些特征。但凡企业,也都具有反映其共性的一般特征。

(1)企业的职业特征:企业是从事商品或劳务生产和经营的基本经济组织。企业的这一特征,表明在社会经济活动中企业主要进行的是什么活动,发挥什么作用,从事的是什么职业等。企业的职业特征是它区别于从事非经济活动的政府机关、政治组织、事业单位、群众组织和学术团体等非经济组织的本质特征。

(2)企业的行为特征:企业是自主经营、自负盈亏的经济文体。企业的这一特征,是判断经济组织能否成为真正企业形态的重要标志。企业是独立自主从事生产经营活动的经济组织,在国家法律、政策允许的范围内,企业的生产经营活动不受其他主体的干预。

(3)企业的人格特征:企业是具有法人资格的经济实体。企业的人格特征规定了企业必须依法成立,具有民事权利能力和民事行为能力,依法独立享有民事权利和承担民事义务的组织。法人企业的独立自主性,在法律上表现为财产独立、核算独立、经营自主,并以自己独立的财产享有民事权利和承担民事责任。

(4)企业的目标特征:在竞争中满足社会需要和获取盈利,追求顾客价值和企业价值的最大化是企业的战略目标。企业是市场中的经营主体,同时也是竞争主体。竞争是市场经济的基本规律。企业要生存,要发展,就必须参与市场竞争,并在竞争中取胜。企业的目标特征,表现在它所生产的产品和提供的服务要有竞争力,要在市场上接受顾客的评判和挑选,要得到社会的承认。市场竞争的结果是优胜劣汰,企业通过自己有竞争力的产品或服务在市场经济中求生存、求发展。

三、企业的分类

从不同的角度,按照不同的标准可将企业划分成不同的类型。

1.按企业所从事的经济活动的不同进行分类:

(1)生产型企业:主要指从事工业、农业和建筑安装业生产的企业等。

(2)流通型企业:主要指交通运输企业、邮政电信企业和贸易型企业等。

(3)服务型企业:主要指金融、饮食、旅游、咨询、信息服务等企业。

2.按企业生产要素结构的不同进行分类:

(1)劳动密集型企业:是指在产品生产和提供服务的过程中,密集使用劳动力要素的企业,是相对于资本密集型和知识技术密集型企业而言的。一般可用劳动资本比的高低来衡量。对于单位资本占用劳动力较多或单位劳动占用资本较少的企业可定义为劳动密集型企业。

（2）资本密集型企业：资本占企业成本比重相对较高的企业，如冶金工业、石油化工工业、机械制造业等重工业。其特点是：技术装备多、投资量大、容纳劳动力较少、资金周转较慢、投资效果也慢。同知识技术密集型企业相比，资本密集型企业的产品产量同投资量成正比，而同产业所需劳动力数量成反比。所以，凡产品成本中物化劳动消耗比重大，而活劳动消耗比重小的产品，一般称为资本密集型产品。

（3）知识技术密集型企业：是建立在现代科学技术基础上，生产高、尖、精产品，集中大量科技人员，科研设备先进的企业。知识技术密集型企业的特点是：技术设备复杂，科技人员比重大，操作人员的素质比较高，使用劳动力和消耗原材料较少。在知识密集型企业中，科学知识、科研成果、技术开发将转化为现实的生产力。

3.按企业财产构成的不同进行分类：

（1）独资企业：由资产者个人出资兴办，又由其自己经营管理，这种企业在法律上称为自然人企业。其特点是：家族性、世袭性和传统性，是一种最简单的企业形式。独资企业在经营上不受制约，经营方式灵活，易于保守商业秘密，企业易起易落，但独资企业不具备法人地位，企业本身不是民事主体，企业主对企业债务承担无限责任。

（2）合伙企业：是指由两个及两个以上的出资人共同出资兴办，联合经营和控制的企业。主要由合伙人采用书面协议的方式确立双方的权利和义务。其特点是：共同出资、共同经营、共同分享利润。合伙企业与独资企业同样不具备法律地位，为自然人企业，企业本身不是民事主体，出资人才是民事主体，合伙企业的出资人对企业债务承担无限责任。但合伙企业与独资企业相比有其明显优势：扩大了资本来源和信用范围，经营风险多元承担。合伙企业是多元主体的集合，这使决策能力大大提高，增强了企业的市场竞争力。

（3）公司制企业（这是现代企业的主要形式）：是指按法定出资者人数出资组成的，以盈利为目的，具有法人资格的经济实体。其基本特征为：合法性（合法成立、合法经营）、盈利性、独立性。优点在于：融资规模扩大，有利于规模化经营；有限责任，降低了投资者的风险；经营权与所有权分离，建立了相互制衡的组织制度，有利于规范化和科学化经营；独立的法人地位摆脱了自然人的束缚，不再因股东或管理人员的变动等因素影响企业的生存与发展。公司制企业的主要形式有：

①有限责任公司。有限责任公司是由两个以上股东共同出资，每个股东以其所认缴的出资额对公司承担有限责任，公司以其全部资产对其债务人承担责任的企业法人。基本特征为：公司的全部资产不分等额股份，公司向股东签发出资证明书，不发行股票；公司的股份转让有严格的限制；股东人数也在法律上有上下限，股东按出资额享受权利和承担义务等。

②股份有限公司。股份有限公司是指注册资产由等额股份构成，并通过发行股票或股权证筹集资本，股东以其认购的股份对公司承担有限责任，公司以其全部资产对公

司债务承担责任的企业法人。除此以外,股份有限公司还具有以下特征:股票可以交易转让;股东人数有下限界定;每一股有一票表决权;股东以其持有股份数,享有权利和承担义务;公司的会计报告应经注册会计师审查验证后公开。

4.企业的其他分类

(1)按企业的经营内容和行业属性分为:工业企业、农业企业、商业企业、交通运输企业、建筑安装企业、邮电企业、金融企业、科技企业等。

(2)按企业性质及有关法律规定分为:

①国有企业:改革以前,国有企业在我国是一个较为明确的概念,被称为国有企业和全民所有制企业,实际相当于"国有企业"。国有企业在我国立法中界定也很明确,是指依法自主经营、自负盈亏、独立核算、自我发展、自我约束的社会主义商品生产和经营单位,是独立享有民事权利和承担民事义务的企业法人。因此,有学者总结为,改革前我国国有企业特指"由中央或地方的一个财政主体或一个国有企事业单位所设立,利用全民所有的财产从事生产经营,隶属于政府某主管部门,适用《企业法》的企业"。

②外商投资企业,包括三种类型:

A.中外合资经营企业,是指外国的企业、其他经济组织或个人,按照平等互利的原则,同中华人民共和国的企业或者其他经济组织在中国境内共同投资举办的企业,是我国利用外资、引进先进技术和经营管理的一种重要形式。具体内容为:合营各方按合同规定的出资比例进行投资,各种形式的投资均要折算成币值,按我国有关法律规定,外方合营者所占股份的下限不低于25%,对上限没有规定。共同投资、共同经营、共担风险、共负盈亏是中外合资经营企业的主要特点。

B.中外合作经营企业,是指外国的企业和其他经济组织或个人,按照平等互利的原则,同中华人民共和国的企业或者其他经济组织在中国境内共同举办的契约式的合营企业。中外合作经营企业成为我国引进先进外资的重要方式之一,其特点是:中外合作各方的责任、权利和义务不是按各自投入的资本来确定的,而是通过合作各方自行协商、以合同或协议的方式加以确定的;在投资方式上,国外合作者提供资金、设备、技术、材料等,中国合作者只提供场地、厂房和可利用的设备、设施等;中外合作者是根据合同中事先商定的利润分配比例进行分配,是一种由合作各方自行协商,以比较灵活的方式组织起来的有限责任制的国际经济合作形式。

C.外商独资经营企业,是指由外方投资者以及华侨和港澳同胞、台湾同胞,经中国政府批准,在中国境内租赁土地、独立投资兴办的企业,是我国社会主义经济必要而有益的补充。特点是:由外商独立投资、独立经营管理、自负盈亏。

③高新技术企业,是第二次世界大战以后伴随着高新技术的发展而产生和发展起来的一类新型企业,包括信息技术、生物技术、新材料技术、新能源技术、空间技术和海洋开发技术等。

④外向型企业和跨国公司：

A.外向型企业，是指生产过程基本立足于国内，商品交换活动面向国外市场，产品主要为满足国外用户需要的出口创汇企业。基本特征是生产和经营面向国际市场，以国际市场为产品销售的主要场所。

B.跨国公司，是指通过对外直接投资的方式，在国外设立分公司或控制东道国当地企业，使之成为子公司，并从事生产、销售和其他经营活动的国际性企业，实现了完全的国际化经营。所谓完全的国际化经营，即进行对外直接投资，在多个国家设立分支机构或子公司，从而在全球范围内捕捉市场机会，在最适宜的地区进行生产、销售或其他经营活动，以实现全球性的经营战略目标。跨国公司已成为国际贸易、国际投资、国际经济技术合作的主要角色，是西方发达国家最有影响、最活跃的经济力量。

四、我国国有企业的主要经营方式

1.股份经营

股份经营是指以投资者入股的方式，将分散的掌握在不同所有者手中的生产要素（土地、劳动、资本、管理、知识等）集中起来，统一经营使用，自负盈亏，论股分利的一种经营形式。其基本特征为：产权关系明晰；企业以全部的法人财产依法自主经营、自负盈亏、照章纳税；出资者按投入的资本享有所有者的权益；企业按照生产需求组织生产经营；建立科学合理的劳动体制和组织管理制度，形成激励和约束相结合的经营机制。

从国有股份权在公司中所占的份额来看，所采取的经营方式包括：国家独资经营企业（兵器工业企业、航天工业企业、国家储备等）；国家控股经营；国家参股经营，这是目前数量最多的经营形式。

2.承包经营

承包经营是指以企业资产所有者的代表机构为发包方，企业资产经营者为承包方，明确规定双方的责权利关系。1987年，我国国有大中型企业开始普遍推行承包经营责任制。1988年3月1日，国务院发布的《全民所有制工业企业承包经营责任制暂行条例》规定，企业承包的主要内容是"包上交国家利润，包完成技术改造任务，实行工资总额与经济效益挂钩"——"两包一挂"。实行承包经营责任制贯彻的原则是，"包死基数、确保上交、超收多留、欠收自补"。经营承包责任制是我国由计划经济向市场经济体制转变时期的一种带有过渡性质的国有企业经营方式。

3.租赁经营

租赁经营是指企业所有者的代表机构作为出租方，将企业有限期地交给承租方经营，承租方交付租金，并依照合同规定对企业实行自主经营的一种经营方式。20世纪80年代后期，很多小型企业实行了租赁经营责任制，租赁的期限一般为3~5年。租赁经营的特点主要有：承租方必须提供财产担保；承租方向出租方按合同规定交付租金（租赁合同的内容包括:租金数额、交付期限及计算方法,是租赁经营合同的必备条款之一,租赁经营企业实现依法纳税后,剩余部分按照合同规定的比例分为四个部分:承租方的收入、企业市场发展基金、职工福利基金、职工奖励基金);承租方享有充分的经营自主权:租赁经营在两权分离、业主自主经营、自负盈亏的程度上比承包经营更彻底,风险大、压力大,动力则更大。

第二节　企业管理的基本职能

一、企业内部的系统结构

从过程管理的思想看,企业内部是由供应子系统、生产子系统、营销子系统、研究和发展子系统四大子系统构成。它们的有效运作,可以保证企业日常生产与经营活动的有序进行,以保证企业战略目标的顺利实施和生产经营目标的最终实现。

(1)供应子系统的功能:主要是提供生产、经营、研究开发等所必需的人力、资金、物资等生产要素。

(2)生产子系统的功能:是根据企业生产经营的目标,对投入的生产要素进行最佳配置,完成产品的生产过程,并按时、按质、按量向营销子系统提供产品。

(3)营销子系统的功能:是协调企业上市产品与市场开发的关系。它既要把研发及生产子系统的产品推销出去,又要及时反馈市场信息给研发和生产子系统。

(4)研究和发展子系统的功能:即根据企业和市场的战略发展需要,制定企业未来发展的基本对策,开发新产品、新工艺、新技术。

二、管理的概念

在人类历史上,自从有了有组织的活动,就有了管理活动。管理活动的出现促使人们对这种活动加以研究和探索,从而形成管理思想。一般而言,管理是指组织中的管理者通过计划、组织、控制等环节和各种方法,来有效地获得和利用各种资源,以期达到组织目标的过程。对这一定义我们可从管理的特征上进一步理解为:

(1)管理的载体是组织。管理不能脱离组织而存在,反过来组织中必定存在管理活动。

(2)管理的对象是组织内外一切可以调用的各种资源,通常包括原材料、人员、资本、土地、顾客、信息等。组织中任何资源的分配、协调,本质上都是以人为中心的,因此管理要以人为中心。

(3)管理的本质是活动或过程。具体来讲,管理是分配、协调活动或过程。

(4)管理的职能是计划、组织、控制等。

（5）管理的目的是为实现组织既定的目标。

管理的作用，从理论上分析可以概括为如下三点：

（1）管理可使潜在生产力变为现实的生产力系统。这是因为，不相干的生产力要素虽然有不同的作用，但犹如"乌合之众"，不会形成真实的生产力。通过管理这个纽带，使之结合在一起，只要配置合理、分工协作，就会产生与管理系统运动方向一致的正向结构组合效应，表现为现实的生产力系统。

（2）管理是当代人类社会加速进步的杠杆。系统理论认为大系统相对于各子系统功能的总和是不守恒的，因为系统中的联系和发展是通过信息促使物质和能量的流通，而唯有管理才能够通过信息促使物质和能量进行合理的流通，而合理的流通能够使系统的要素功能集聚，并在整体上裂变而放大系统功率，所以管理具有一种"化小为大"的功力，这将大大加速社会的进步，特别是管理会使科学技术这个第一生产力得到最充分的发挥。

（3）管理制约着生产力总体能力的发挥。管理同生产力、生产工具、生产对象和科学技术同样都是生产力要素。生产力总体是通过管理把诸要素有机地组合在一起，形成一个生产力动态运行系统。当代人们赋予生产力一个新的定义：生产力=（劳动力+劳动工具+劳动对象+科学技术）×科学管理。从公式中可看出，科学管理起乘数作用，管理水平的高低会产生显著不同的生产力总体功能，它制约着生产力总体功能的发挥。据专家评估，各国在现有技术和设备条件下，倘若能切实改进管理，均可提高生产力水平1/3以上。西方工业发达国家的一些经济学家有多种具体形象的描述，一种比较普遍的说法是"两个轮子说"，即认为先进的技术和科学的管理是推动现代社会经济高速发展的两个车轮，两者缺一不可。另一种说法是"三大支柱说"，认为管理、科学和技术是促进现代社会文明发展的三大支柱。还有一些说法，如"三七分成说"和"发展之母说"，即企业的成败"三分在技术，七分在管理"，因而认为"管理是企业发展之母"，等等。总之，管理是促成社会经济发展的最基本的关键因素。

三、企业管理的职能

企业管理就是为了保证企业生产经营活动的正常进行，实现企业的既定目标，而对企业的生产、财务、经营等活动所进行的信息获取、决策、计划、组织、领导、控制和创新等。

关于企业管理的职能有多种不同的提法，如法约尔（H·Fayol，1841—1925）认为管理的职能包括计划、组织、指挥、协调和控制五种职能；孔茨（H·Konntz）等则认为管理包括计划、组织、人员配备、指导与控制四种职能；厄威克和艾伦等人则认为管理包括计划、组织和控制三种职能；国内学者如周三多等人认为管理的职能有信息获取、决策、计划、组织、领导、控制和创新七种职能；等等。我们认为，企业管理最为基本的职能是计划、组织和控制这三个职能,其他职能都可以从这三个职能中分解出来。

1. 计划职能

广义的计划职能可以分解为预测、决策和计划三个职能,它包括计划的制定、计划的执行和计划的检查和控制。狭义的计划仅指计划的制定。一项完整的计划通常由宗旨、目标、战略、政策、规划、程序、预算(以数字或货币表示的规划)等要素构成。

计划职能是指通过制定和选择决策方案,编制反映和执行决策方案的计划,监督和检查实施等管理活动的总和。其基本内容是制定经营战略、目标及实施方案,核心是决策。简单地说,计划就是要解决两个基本问题:第一是干什么(What),第二是怎样干(How)。组织等各项职能都要围绕着计划所确定的目标和方案展开,所以说计划是管理的首要职能。

2. 组织职能

组织有两种不同的意义:其一,组织是一个实体(名词),指以人为中心的各种资源的集合体;其二,组织是一种行为(动词),是为了实现其经营目标,把构成企业生产经营活动的基本因素、生产经营的主要环节,以有秩序、有效率的方式组合起来的工作。

组织作为一项重要的管理职能是指:在组织目标已经确定的情况下,将实现组织所必须进行的各项业务加以分类组合,并根据管理幅度原理,划分出不同组织层次和部门,将监督等各类活动所必需的职权授予各层次、各部门的管理人员,以及规定这些层次和部门间相互配合关系的过程。组织职能把计划变成行动,为计划的实现提供资源保证。组织职能的内容一般而言包括:

(1)根据组织目标设计和建立一套组织机构和职位系统;

(2)确定职权关系,建立信息沟通的渠道,从而把组织上下左右联系起来;

(3)与管理的其他职能相结合,以保证所设计和建立的组织结构有效地运转;

(4)根据组织内外部要素的变化,适时地调整组织结构。

管理者必须把组织中的成员组织起来,以便使信息、资源和任务能在组织内顺畅流动,组织文化和人力资源对这一职能具有重要的作用。尤为重要的是,组织中的管理者必须根据组织的战略目标、经营目标和组织所处环境的变化,来设计组织结构、配备人员和整合组织资源,以提高组织的应变能力。

3. 控制职能

控制职能是指管理者接受企业内外的有关信息,按既定的目标和标准对企业的生产经营活动进行监督、检查,发现偏差,采取纠正措施,使工作按原定的计划进行,或适当地调整计划,以达到预期目标的管理活动。控制过程通常包括:确定控制标准、衡量工作成效、纠正偏差这三大阶段。为了确保企业管理系统按预定的目标和计划进行,控制职能必须自始至终贯穿于整个企业经营管理的过程中。

通常分为三种类型的控制:预先控制、过程控制、事后控制。

控制职能要求组织的管理者,应善于识别最初所设计的计划结果与实际执行结果之间的偏差,当组织的实际运行情况偏离计划时,管理者必须采取纠正措施。纠正行动可以是采取强有力的措施以确保原有计划的顺利实现,也可以是对原有计划进行调整以适应经营形势的变化。控制职能是管理过程中不可或缺的一项重要职能,它的存在确保组织目标的实现。

计划、组织和控制这三种职能是相互联系、相互制约的,其中计划是管理的首要职能,是组织和控制职能的依据;组织和控制职能是实现有效管理的重要环节和必要手段,是计划及其目标得以实现的保障。只有统一协调这三个方面,使之形成前后关联、协调一致的整体管理活动过程,才能保证管理工作的顺利进行和组织目标的完满实现。

四、企业管理的内容

企业管理活动,可以从不同的角度进行分类,如按照企业生产经营活动的过程可以分为:产前、产中、产后的管理活动,即市场研究、产品开发与设计、供应与生产过程、销售及售后服务、市场研究;可以按照企业生产的要素来分类,有人、财、物、时间、信息等要素的管理;还可以按照企业活动的层次来分类,有高层管理、中层管理、基层管理等。这里主要介绍的企业管理内容为:

(1)企业组织管理,主要介绍企业组织的概念、组织的设计、组织的变革与创新、企业组织流程再造、学习型组织等内容。

(2)企业战略管理,是从企业的总体发展为出发点,介绍企业的经营战略思想、战略目标、战略体系及其任务、战略过程、战略措施等内容。

(3)企业生产管理。广义的生产管理是包括生产过程管理、质量管理、技术与设备管理、物资与仓库管理等;狭义的生产管理主要研究与生产过程有关的各项活动的管理。

(4)企业质量管理,主要介绍产品质量的概念、质量管理的意义与基本方法、企业质量体系认证的基本内容及其他质量管理理论等。

(5)物流与供应链管理,主要介绍企业管理模式的转变、供应链管理与电子商务的基本理论、供应链管理下的采购与库存控制等。

(6)采购与库存管理,主要介绍物资需求分析、JIT采购、电子商务采购、招投标采购等。

(7)企业营销管理,主要介绍企业营销机会分析、营销战略确定、营销组合实施、加强营销活动的控制等内容。

(8)市场预测与决策,主要介绍市场预测的技术与方法、企业决策的方法原理与应用等。

(9)客户关系管理,主要介绍客户关系管理的概念与流程、客户关系管理的解决方案、客户关系管理的实施等。

（10）企业财务管理，主要介绍企业资金的筹措、资金的投放和使用，以及资金的收入和分配等企业资金的运动过程。

（11）企业人力资源管理，主要介绍企业人力资源的规划、工作分析、人才选聘、激励以及人力资源的培训与员工职业生涯管理等。

（12）知识管理，主要介绍知识管理的概念、内容，知识管理的策略，知识管理的实施等。

（13）企业信息管理，主要介绍信息的概念与作用、管理信息系统等。

第三节　企业管理的发展与演变

企业管理是搞好企业的永恒主题，尤其在我国管理思想相对落后、管理水平较低的情况下，它已成为一个亟待解决的问题。企业现代化进程，迫切要求我们深刻认识和掌握管理思想的精髓。目前一般将企业管理划分为三个阶段：早期管理阶段（产生于18世纪，以亚当·斯密为代表），科学管理阶段（产生于19世纪末，以科学管理理论、一般管理理论和行政组织理论为代表），现代管理阶段（产生于20世纪40年代末，以管理科学学派、管理过程学派、经验主义学派、决策理论学派、系统管理学派、社会系统学派、社会技术系统学派、权变理论学派、经理角色学派、行为科学学派为代表）。简述如下：

一、早期管理阶段

开始于18世纪80年代的工业革命，止于19世纪末，其间经历了一百多年的时间。其原因在于，蒸汽机的出现导致了第一次工业革命成为资本主义工业生产的主要经营组织，大力推动了经济的发展、劳动分工和专业性的加强，生产力发展水平和劳动方式的变化对管理提出了新的要求，从而促使人们从多方面对管理工作进行探索。一般称之为经验管理或传统管理阶段。这时的企业管理理论和管理思想主要反映在企业管理者办工厂的个人实践和经济学家的个别论述中，还未形成系统的管理理论。主要代表性人物有：

1.英国古典经济学家亚当·斯密

1776年，亚当·斯密在其发表的《国富论》中，第一次系统论述了古典政治经济学，对以后的管理理论产生了重大影响。其主要观点是：（1）劳动特别是生产性劳动是国民财富的源泉，只有减少非生产性劳动，同时提高劳动者技能，才能实现这一目的；（2）劳动分工可使生产者技能得以发展，节约由于工作变更而造成的时间损失，有利于专门从事某种作业的劳动者改良工具和发明机械等；（3）提出了"经济人"的观点。

2.英国空想社会主义者罗伯特·欧文

1850年，罗伯特·欧文在苏格兰的一座棉纺厂中，开始了一种大力减轻劳动强度、改善劳动条件、为工人提供较多福利设施的实验。他认为,工厂是由员工组成的,若把他们有效组织起来,相互合作与配合,就可以产生最大的效果。因他较早关注企业中人事管理问题,被后人称之为"人事管理之父"。

3.英国剑桥大学数学家查尔斯·巴贝奇

查尔斯·巴贝奇通过对英、法等国家的工厂管理问题进行研究之后,提出了劳动分工、用科学方法有效使用设备和原材料等观点。其主要贡献在于:主张通过科学研究来提高动力、原材料的利用效率和员工的工作效率,采用利润分配的形式来谋求劳资双方的调和,可以说他是科学管理思想的先驱者。

早期管理理论的主要特点表现在:由资本家直接担任企业的管理者;主要依靠个人经验从事生产和管理活动;管理的重点是解决分工与协作问题。

二、科学管理阶段

它形成于19世纪初,自由资本主义向垄断资本主义过渡时期。这一时期的主要成就,一是美国的泰罗等人,以研究工厂内部生产管理为重点,以提高生产效率为中心,提出的解决生产组织方法科学化和生产程序标准化等方面的管理理论;二是法国的法约尔等人,以企业整体为对象提出的有关企业经营管理职能和管理原则的管理理论;三是德国的韦伯等人,以企业组织结构为对象而建立的古典组织理论等。这些管理理论是对社会化大生产发展初期管理思想的系统总结与提炼,表明管理科学的正式建立。主要代表人物有:

1.美国的泰罗

泰罗1855年出生于美国费城一个富有的律师之家,小学毕业后考入哈佛大学法律系,但不幸因眼疾被迫辍学。他毕生致力于研究管理人员和工人工作效率提高的问题,其代表作有《计件工资制》(1895)、《车间管理》(1903)和《科学管理原理》(1911)。这些著作奠定了科学管理的理论基础,标志着科学管理思想的正式形成,因此被西方管理学界称之为"科学管理之父"。

泰罗的主要观点和贡献表现在:(1)提出了工作定额原理。指出要制定工人"合理的日工作量",就必须进行时间和动作研究;(2)提出了标准化原理。他指出要使工人掌握标准化的操作方法,使用标准化的工具、机器和材料,并使作业环境标准化;(3)要使员工的能力与工作相适应。为提高劳动效率,必须为工作挑选第一流的员工(即他的能力适合做这种工作,而且他自己也愿意去做);(4)提出了差别计件工资制(即计件工资要随完成劳动定额程度的不同上下浮动)。泰罗认为,员工之所以消极怠工一个重要的原因,是他个人感觉报酬不合理,实行差别计件工资制会激发员工的工作积极性,从而提高劳动效率;(5)明确提出了计划职能与作业职能的分离。泰罗认为,应采用科学的工作方法代替经验工作方法,为此应由专门的计划部门承担计划职能,由所有的工人和部分工长承担作业职能。

2. 法国的法约尔

1860年,法约尔从法国国立矿业学院毕业后进入一家矿业公司,担任过工程师和总经理,晚年担任大学的管理学教授。1916年发表了《工业管理和一般管理》一书,这本著作是他一生管理经验和管理思想的总结。由于法约尔从高层管理人员经常遇到的组织经营问题出发,对管理进行了开创性的研究,因而被称为"经营管理学之父"。

他的主要成果和贡献在于:(1)提出了企业管理的基本活动和管理的五项职能。法约尔认为任何企业都存在六种基本活动,即技术活动、商业活动、财务活动、安全活动、会计活动和管理活动,其中管理活动具有计划、组织、指挥、协调和控制五种职能;(2)规定了组织经营的几条原则,即分工、权利与责任、纪律、统一指挥、统一领导、报酬合理、集权与分权、等级层次、秩序、公平、人员稳定、首创精神、集体精神。

3. 德国的韦伯

韦伯是德国著名的社会学家,他在管理理论上的主要贡献集中体现在《社会组织与经济组织》一书中。在该书中,他提出了理想的行政组织体系理论,因而被称为"古典组织理论之父"。

他认为理想的组织形式应具有以下一些特点:(1)组织存在明确的分工;(2)上下层次间有职位、责任分明的结构;(3)组织成员的任用须一视同仁,严格掌握标准;(4)组织内任何人都须遵循共同的法规和制度;(5)组织中成员间的关系以理性准则为指导,不受个人情感的影响,组织与外界的关系也是如此。达到上述条件的组织体系才具有精确性、稳定性、纪律性和可靠性,才能高效率地运转。韦伯的理论是对泰罗、法约尔理论的一种补充,对后来的管理学家,特别是组织理论学家产生了很大的影响。

科学管理阶段的特点主要表现在:系统化、科学化地研究和解决企业内部的生产管理问题;以提高组织的效率为直接目的;提倡管理职能的分工与专业化;把管理的对象看作是封闭系统,集中研究企业内部的组织管理问题;在人性的假设上,将人看作"经济人""生产的活机器"。

三、行为科学理论阶段

开始于20世纪30年代,早期被称做人际关系学说,后来进一步发展为行为科学,即组织行为理论。该理论兴起的社会背景:一是社会生产规模进一步扩大,经济发展出现国际化的趋势,使生产、经营、销售等经济活动的开展,需要更为先进的管理方法和手段;二是产品竞争更趋激烈,产品升级换代的步伐越来越快,对管理提出了越来越高的要求。同时,科学管理的一些管理方法,在应用中常出现失效现象,迫使管理学家开始从人类行为的角度对管理活动进行研究,于是出现了各种行为科学管理理论。这些理论的共同特点是,力图克服科学管理理论的缺陷,从社会学、心理学、人类学的角度出发,强调人的需要、人的相互关系对生产经营的影响。

行为科学理论既可以看成是管理思想史上的一个发展阶段,也可以看成是现代西方管理理论的重要组成部分,其核心是所谓的"人际关系"理论。主要代表性人物有:

1. 美国的梅奥

梅奥原籍澳大利亚,后移居美国。作为心理学家和管理学家,他领导了1924—1932年在芝加哥西方电气公司霍桑工厂进行的试验,研究工作环境、物质条件和劳动生产率之间的关系,即霍桑试验。霍桑试验的研究结果否定了古典管理理论对于人的假设。试验表明工人不是被动的、孤立的个体,其行为不仅仅受工资的刺激,影响生产效率的最重要因素不是待遇和工作条件,而是工作中的人际关系。

梅奥对其领导的霍桑试验进行了总结,先后发表了《工业文明中人的问题》和《工业文明中的社会问题》,在这些著作中提出了人际关系理论的一系列观点:工人是"社会人"而不是"经济人";企业中存在着非正式组织;新的管理方法在于提高工人的满意度。

2. 美国的马斯洛

马斯洛是美国著名的社会心理学家和比较心理学家。他在1954年出版的《激励与个性》一书中,提出了需要层次理论,即人是有需要的动物,其需要取决于他已经得到了什么、尚缺少什么,只有尚未满足的需要才能影响其行为,或者已经得到满足的需要不能起到激励的作用,人的需要有层次之分。

马斯洛把人的需要,按从低到高的顺序分为生理需要(包括衣、食、住、行);安全需要(其中包括心理安全,指的是解除严酷的监督,受到公正的待遇;劳动安全,指的是工作安全、环境无害、避免意外灾害;职业安全,指的是职业稳定、失业后有救助、退休后有养老费;环境安全,指的是无天灾、无战争、企业不破产;经济安全,指的是收入稳定、医疗保险、意外事故有赔偿等);社交需要(包括得到某一正式或非正式团体的接纳,或某一人群的接纳,避免孤独、冷落);尊重需要(包括自尊和受到他人尊重,得到相应的名誉、地位。在一定范围内树立权威,办事时有自信心,遇到挫折后得到安慰和自我安慰)和自我实现需要(包括能够发挥个人的潜力、创造力,实现个人理想抱负,有责任感、胜任感、成就感)。只有较低层次的需要得到满足之后,较高层次的需要才出现并发挥激励作用。

3. 美国的赫茨伯格

美国心理学家赫茨伯格通过在匹兹堡地区11个工商业机构对200多位工程师、会计师调查征询后发现,受访人员举出不满的项目,大都同他们的工作环境有关,而感到满意的因素,则一般都与工作本身有关。据此,他在1959年提出了双因素理论,全名叫"激励、保健因素理论"。传统理论认为,满意的对立面是不满意,而双因素理论认为,满意的对立面是没有满意,不满意的对立面是没有不满意。因此,影响职工工作积极性的因素可分为两类:保健因素和激励因素,这两种因素是彼此独立的,并且以不同的方式影响人们的工作行为。所谓保健因素,就是那些造成职工不满的因素,它们的改善能够解除职工的不满,但不能使职工感到满意并激发起职工的积极性。它们主要有企业的政策、行政管理、工资发放、劳动保护、工作监督以及各种人事关系处理等。由于它们只带有预防性,只起维持工作现状的作用,也被称为"维持因素"。

所谓激励因素,就是那些使职工感到满意的因素,唯有它们的改善才能让职工感到满意,给职工以较高的激励,调动积极性,提高劳动生产效率。它们主要有工作表现机会、工作本身的乐趣、工作上的成就感、对未来发展的期望、职务上的责任感,等等。

双因素理论与马斯洛的需要层次理论是相吻合的,马斯洛理论中低层次的需要相当于保健因素,而高层次的需要相似于激励因素。双因素理论是针对满足的目标而言的。保健因素是满足人的对外部条件的要求,激励因素是满足人们对工作本身的要求。前者为间接满足,可以使人受到内在激励;后者为直接满足,可以使人受到内在激励。因此双因素理论认为,要调动人的积极性,就要在"满足"二字上下功夫。为此,赫茨伯格提出了四组概念:"满意""不满意""没有满意""没有不满意",这四个概念是不一样的。换言之,在管理中,要避免不满意就尽力做好保健因素的事;要刺激满意,就尽力发挥激励因素的事。二者不可偏废,二者要交替使用,适度结合。

行为科学阶段的主要特点表现在:提出以人为中心来研究管理问题;否定了"经济人"的观点,肯定了人的社会性和复杂性。这些观点对后来的管理科学的发展起到了积极的作用。

四、现代管理科学阶段

现代管理科学阶段又称为管理科学阶段。它最早产生于20世纪40年代,当时美国面临着许多复杂的军事问题,如反潜艇技术问题、运输问题等。为解决这些问题,美国组织了由数学家、物理学家和其他科学家组成的研究小组,该小组的研究活动极大地推动了管理科学的发展。管理科学在以后的发展中,与行为科学思想有过一段并行发展的时期,常被称为现代管理科学的两大学派。主要的学派有:

1.管理过程学派。管理过程学派是在法约尔的一般管理理论基础上发展起来的。代表人有美国的哈罗德·孔茨和西里尔·奥唐奈。管理过程学派强调对管理过程和职能进行研究。

2.经验主义学派

这一学派的代表人物是美国的彼得·德鲁克,《有效的管理者》是其代表著作。经验主义学派重点分析许多组织管理人员的经验,然后加以概括,找出成功经验中具有共性的东西,使其系统化、理论化。主张从管理的实践出发,以大公司的管理经验为主要研究对象,加以概括,向企业提供成功的经验和方法。

3.社会系统学派

其代表人物是美国的巴纳德。他的主要观点集中表现在所著的《经理的职能》一书中,他被誉为是"现代管理理论之父"。其主要贡献是从系统理论出发,运用社会学的观点,对正式组织与非正式组织、团体及个人作出了全面分析,提出了以协作系统为核心论述企业内部平衡和对外部条件适应的企业管理理论。

4.决策理论学派

决策理论学派是由社会系统学派发展而来的,其代表人物有美国的西蒙和马奇。决策理论学派的主要观点有:

(1)强调了决策的重要性。他们认为,决策贯穿于管理全过程,管理就是决策;

(2)分析了决策过程中的组织影响,即发挥组织在决策过程中的作用;

(3)提出了决策的准则,即用"令人满意的标准"来代替传统决策理论的"最优化标准";

(4)分析了决策中的"组织"作用;

(5)归纳了决策的类型与过程;

(6)主张运用数学技术分析管理全过程,以改善企业决策的质量。

5.系统管理学派

系统管理学派侧重以系统观点考察组织结构及管理的基本职能,代表人物是美国的卡斯持和罗森茨韦克,主要贡献是:

(1)把管理组织视作一个开放系统;

(2)对组织的运行从系统的观点来考察和管理企业,强调系统的综合性、整体性,强调组成部分之间的联系。

6.权变理论学派

代表人物有英国的伍德沃德和美国的菲德勒。权变理论学派的基本观点是:在企业管理中要根据企业所处的内外条件权宜应变,没有什么普遍适用的、最好的管理理论和方法。相反,管理者必须明确每一情境中的各种变数,应针对不同情况而灵活变通。

现代管理阶段的特点是:强调系统管理的思想;突出经营决策的战略地位;重视管理方法的定量化和管理手段的自动化。

20世纪80年代以来,竞争愈趋激烈,企业外部环境复杂多变,管理学界开始重点研究如何适应充满危机和动荡的国际经济环境的不断变化来谋求企业的发展,并获得竞争优势。其中较为突出的是战略管理理论。1976年安索夫的《从战略计划到战略管理》出版,标志着现代战略管理理论体系的形成。迈克尔·波特的《竞争战略》(1980年),把战略管理推向顶峰。进入20世纪90年代以来,经济全球化和信息化迅猛发展,企业外部环境变化很快,企业只有不断学习才能适应快速变化的市场环境。1990年彼得圣吉出版其所著的《第五项修炼——学习型组织的艺术与实务》,提出必须进行五项修炼,即"锻炼系统的思考能力、超越自我、改革心智模式、建立共同的远景与开展团队学习",以建立学习型组织等管理理论。

五、现代企业制度

从企业构成要素之间的关系角度看,企业是指各种生产要素的所有者为了追求自身利益,通过一定的契约方式而组成的经济组织。其中企业各生产要素之间的关系,就是企业制度,企业制度是企业能够实现其特定目标的保证。

所谓现代企业制度是指以完善的法人产权为基础,以有限责任为基本特征,以专家为中心的法人治理结构为保证,以公司制企业为主要形态的企业制度。

1.现代企业制度的基本特征

(1)产权清晰。产权清晰主要是指产权关系与责任的清晰。完整意义上的产权关系是多层次的,它表明财产最终归谁所有、由谁实际占有、谁来使用、谁享受收益、归谁处置等产权中的一系列关系(出资者的最终所有权一般表现为:股权;企业的实际占有权表现为:法人财产权)。

(2)权责明确。即用法律来界定出资者与企业之间的关系,明确各自的责、权、利,从而形成各生产要素之间科学的行之有效的相互制衡的法人治理结构。

(3)政企分开。这主要是针对国有企业而言的,是指必须把政府行政管理职能和企业经营管理职能分开,取消企业与政府之间的行政隶属关系。

(4)管理科学。即现代企业必须形成一套严格、科学、系统的管理制度。一是科学的组织管理机构,使企业权力机构、经营机构和监督机构权责明确,相互制约,各司其职;二是科学的内部管理体制,包括合理的领导体制、科学的决策体制、民主的管理体制、严格的核算体制等管理制度;三是科学的企业规章制度等。

2.现代企业制度的主要内容

(1)现代企业产权制度。企业的产权制度就是企业的法人财产制度,它是以公司的法人财产为基础,以出资者原始所有权、公司法人财产权与公司经营权相互分离为特征,以股东会、董事会、执行机构为法人治理结构来确定各自权力、责任和利益的企业财产组织制度。内容包括:公司是以一个法人治理结构来统治管理;公司治理结构是股东会、董事会和高级经理人员三者组成的一种组织,三者权责明确,相互制衡。

(2)现代企业组织制度。是根据企业自身的实际情况,建立符合本企业特点的组织机构,以更好地体现现代企业法人治理结构,更明确地落实股东大会、董事会、经理机构和监事会的权利和责任。

(3)现代企业管理制度。管理制度是有关约束和调整企业经营管理活动中,各种经营管理行为方式和关系的行为规则。现代管理制度要适应市场经济的发展,符合企业的实际,并且积极应用现代科学技术成果。一般包括以下几个方面的内容:具有正确的经营思想,能适应企业内外环境变化,以推动企业发展的经营战略;建立适应现代化大生产要求的领导制度;实行"以人为本"的经营理念,充分发掘企业人力资本的潜力;建立高效的组织机构和管理制度;运用现代的生产方式和先进的生产技术;等等。

六、国有企业公司化改制概述

1. 国有企业公司化改制的目的

国有企业的公司化(股份制)改制,是将国有企业的资产量化为股份并改变原有企业内部治理结构的过程。企业的公司制改造是目前我国国有企业改革的一个重要手段和方向,其目的就是要建立现代企业制度,将我国的国有企业改造成为自主经营、自负盈亏、自我发展、自我约束的现代型企业,这与中国共产党第十五次全国代表大会所提出的,将国有企业改造成为具备现代企业制度要求、"产权清晰,权责明确,政企分开,管理科学"的、适应市场经济要求的法人实体,和市场竞争主体的目标也是一致的。要达到这个目标,就必须建立和完善上述四种机制。只有真正实现了有效的激励机制、信息机制、决策机制以及财产控制与受益机制的正常运转,国有企业的公司化改制才能成功。

同时,要将大中型国有企业改制成为符合上述条件的现代企业,还要具备其他必要的配套条件,如完善的社会保障体系、发达的金融体系(证券市场、银行制度等)、自由平等的劳动力市场(包括体力劳动力市场和智力劳动力市场,如经理人、经纪人、会计师、律师等高级劳务提供者的供给市场)和产权交易市场、完善健全的法律制度和权利救济体系、民主自由的经济权利表达权等。不具备这些条件的话,国有企业的公司化改制仍然很难成功。

2. 国有企业公司化改制的步骤、类型与方法

(1)国有企业公司化改制的步骤。国有企业改制为公司,通常要经过以下步骤:

①产权界定。产权界定即界定财产的归属关系,判定归某个民事主体所有或控制,包括民法上所认定的自物权、他物权以及其他排他性权利,如知识产权、人格权等。产权界定的过程就是确定财产的所有权、占有权、收益权、处分权以及经营权等权利的归属,明确各方权利、义务与责任的过程。由于在计划经济体制下,国有企业的投资与资产的形成没有明确划分,在改制过程中会遇到很多困难,可能比较难以确定产权的归属。因此在企业改制过程中,应当尽可能地收集详细资料,确保国有财产不流失,同时也应维护企业自身的利益。

②资产评估。资产评估是由具有专门技术和法定资格的评估人员,根据有关法律、行政法规和要求评估的一方提供的数据资料,按照特定的投资目的,遵循评估原则、程序与计价标准,运用科学的评估方法,模拟市场对一定时间内企业资产的价格进行评估和判断,并以书面报告的形式表现出来。因此资产评估具有一定的时效性。为了保证资产评估过程与结果的客观公正性,确实保障各方的权益,应当选择一个优秀的资产评估机构,对其拟采用的评估程序与评估方法,由一个与评估机构无关的专家组(由财务

专家、土木工程师和技术工程师组成)进行审议、调查、监督和评议。

③产权登记。产权登记主要适用于国有资产。为了保障国有资产不流失,有关法律规定,国有资产入股的,应当予以登记。主要包括开办产权登记、变更产权登记、注销产权登记和产权登记年度检查等四项内容。国有资产产权登记由国有资产管理部门代表国家负责办理,并依法确认国家对国有资产的所有权和企业对国有资产的占有、使用、收益和经营等权利。产权登记由申请受理、填报审查、审核认定、核发证书等四个阶段组成。

④人员安置。计划经济体制下的企业,具有社会保险、医疗、福利、教育、就业等综合功能,承担了本应由政府承担的许多职能,而企业经营管理职能却并未显现出来,这也是国有企业作为政府附属机构的主要表现。国有企业的公司化改制,不能将原有企业的全部员工都接收下来,因此就有了人员安置问题,其主要内容是裁减冗余人员。对于改制后的公司所接收的企业职工,则应考核其工作技能、工作效率、创新能力和团队精神等方面,重新分配工作,实现人员整合,提高公司的凝聚力和工作效率,使优良人力资本和优良资产实现最佳结合。

⑤财务处理。国有企业资产评估和清产核资后,即进入财务处理阶段。清产核资就是对企业的厂房、设备、运输工具等固定资产,原材料、在制品、半成品、产成品、存款、债权等流动资产以及专用资金的清查、盘点、登记、估价和建账。对于资产评估和清产核资这些基础性工作的结果,需要根据会计准则调整相应的资产负债表上的项目。如果原国有企业停止营业,则应结束该企业旧账,冻结一切资金,进行债权债务处理,而后办理财产划拨、过户手续;如果是部分优良资产投入股份有限公司或有限责任公司,还必须对其投入的无形资产(土地使用权、知识产权、商誉、经营特许权和非专利技术等)进行评估,并和其他财产一起办理财产过户手续,明确本企业所投入的资本金,以确定股权。

⑥组建新实体。完成上述步骤后,通过准备阶段,选举、决定公司的组织机构,投入资金,确定公司的章程和宗旨,开始新实体的运作。

(2)国有企业公司化改制的类型和方法。国有企业改制为公司的类型,从改制后的公司类型上看,大中型国有企业一般改制为有限责任公司和股份有限公司,中小型国有企业一般改制为股份合作制企业;从入股对象和募集方式上,国有企业可以改制为社会集资的股份制公司、国有企业内部集资的股份制公司、外方与国家共同投资的股份制企业;从机制主体角度,可以分为以国有大中型企业为主体的股份制公司、以银行为主体的股份制公司以及以企业集团为主体的股份制公司等。国有企业公司制改造一般可以采取以下六种方法:

①符合《公司法》有关规定的,可以由国有企业单独组建国有独资的股份有限公司。

②国有企业新建、扩建时,积极吸收国家以外的其他方面的股份投资,将各方投资

形成的资产折算成股份,从而组建股份制公司。

③需要新增投资的企业,通过发行股票筹集资金,并将原国有资产和认股形成的资产分别折算为股份,建立股份制公司。

④完全依赖国家贷款投资建立的国有企业,资产负债率比较高,可以通过将国有企业债务转换成股份制公司股权的方法(即所谓"债转股"),从而建立股份制公司;或者通过发行股份募集社会资金入股,从而改变国家持有的股份比例过高的投资结构和资本结构,组建股份制公司。

⑤在企业兼并过程中,通过将被兼并企业的资产折合入股的方式,改变主动兼并的国有企业过于单一的资本结构;或者通过控股兼并的方式,投资被兼并企业,形成多方投资的资本结构,将被兼并的国有企业改造成股份制企业。

⑥在组建企业集团的过程中发展有限责任公司,凡核心企业都可以通过入股的方式,向其紧密型、半紧密型企业进行控股或参股;被核心企业参股或控股的成员企业,也可以适当扩大企业间相互持股,并向内部职工募集股份,形成多元化投资格局,从而可以组建股份制公司。

第二章 现代组织创新概述

第一节 组织创新的涵义

一、组织的含义

古典组织理论的奠基者泰勒和法约尔等,他们将组织视为一个围绕任务或职能而将若干职位或部门联结起来的整体。孔茨和韦里克则将泰勒和法约尔的这一思想具体化,在他们看来,组织就意味着一个正式的有意形成的职务结构或职位结构。现代组织理论又多接受伯纳德的观点,从人与人相互合作的角度理解组织,将组织的责权结构特性与人类行为特性结合起来。西蒙曾明确指出,"组织一词,指的是一个人类群体当中的信息沟通与相互关系的复杂模式。它向每个成员提供其决策所需的大量信息,许多决策前提、目标和态度;它还向每个成员提供一些稳定的、可以理解的预见,使他们能够料到其他成员将会做哪些事,其他人对自己的言行将会做出什么反应。"在经济学理论中,威廉姆森遵从科斯的研究路线,将企业组织视为一种契约的联结,具体地说,就是一种特定的治理结构,他认为,交易费用经济学关心的中心问题就是"什么样的交易应该用什么样的治理结构来进行组织和管理的问题",这里的组织概念显然有着制度的含义,因为治理结构就是现代企业制度的重要内涵。但在具体分析历史上的组织创新时,威廉姆森又将企业组织等同于职能层级结构,并将其看作是保证企业的契约性质得以实现的基础。很明显,威廉姆森在企业的组织与制度之间并未作出明确区分。我国很多学者在论述组织创新时也对组织和制度不加区分,有代表性的如李培林、常修泽、梁镇等。但同为新制度经济学著名代表人物的诺思却将组织与制度明确地区分开来。诺恩指出,制度是游戏规则,而组织则是游戏的参加者;组织是在现有制度所致的机会集合下有目的地创立的,是为达到目标而受某些共同目的约束的由个人组成的团体。

二、什么是创新

库易在研究了创新的76种定义后得出结论说：许多研究者对创新的定义是不明确的；所使用的定义可以分为多种范畴；定义所使用的内容随时间的变化而变化。

研究表明创新一词通常居于下述三种范畴中的一种：

1.开发一种新事物的过程

创新的第一个定义是指创造性的开发过程，这一过程从发现潜在的需要开始，经历新事物的技术可行性研究阶段的检验，到新事物的广泛应用为止。创新之所以被描述为是一个创造性过程，是因为它产生了某种新的事物。霍特所使用的定义就属于这一范畴，他将创新定义为：创新是运用知识或相关信息创造和引进某种有用的新的事物的过程。哈夫勒也接受这种观点，他将创新描述为：它是一个非理性的过程，首先是新思想的发明，经过一段长时间的迂回的发展路径，最后出现了完工的产品。创新的大多数定义都属于这种范围。

2.采用新事物的过程

创新的第二个定义将创新视为由一个新事物的接受者采纳并运用新事物的过程，如奈特曾将创新定义为："对一个组织或相关环境的新的变化的接受。"

3.新事物本身

第三种定义意指新事物本身，它被发明并且被认为是新的。与前两种将创新视作过程的定义相比，第三种定义则将创新视为过程的结果。扎特曼将创新定义为：被相关使用部门认定的任何一种新的思想、新的实践和新的制造物都叫创新。诺格也持同样的观点：创新是被个人或其他使用部门所认为的一种新的思想、新的实践和新的物品。这两种观点都是从接受者的角度来定义创新的。

综上所述，创新可以定义为：在相关的环境中，早先被使用单位或部门所认定的一种新的思想、新的实践和新的制成品。创新是过程的结果而不是过程，其主要理由是：创新应该是首次的和唯一的。贝克尔和威斯莱尔曾论述到：组织创新仅仅当组织首次被采用并且涉及高昂成本和巨大风险时才会发生，后来的使用者虽然也从事组织变化，但不能说是创新。换句话说，创新过程不包括创新扩散阶段。我们还可以举出另外一个例子来说明这种观点：假定其产业中的一个企业开发出了一种新产品，使用新产品的第一个企业所从事的活动即是创新活动。他们对这种新产品不熟悉，不清楚它如何运行，因为市场上没有该产品对组织创新的理解与对企业产生原因的认识。如果把企业理解为生产函数，组织创新的内涵实际上是技术创新。技术论中的组织创新尽管也讨论组织本身的变化，但这种变化的目的是技术创新或新产品的开发。

三、组织创新的含义

技术论中的组织创新的全面研究要追溯到伯恩斯和斯塔克。他们描述了两种概念形式上的组织:一是机械型组织,它具有科层、指令和遵从等特征;二是有机型组织,它没有明确的工作指派和交流渠道,该种组织谋求灵活性,否定缺乏创新性的指令,强调主动性并鼓励对组织总目标的服从。伯恩斯和斯塔克认为,如果创新的程度越高或组织的环境越复杂,则组织的适应能力就越重要,而有机型组织此时就是一种最好的选择。他们将那些从事技术型活动的组织定义为机械型组织,如流水线生产,在这类活动中协调所涉及的人际交往活动不是太多,但对人员控制也很强,这种控制是通过在劳动纪律的名义下来实现的。机械型组织具有低协调、高控制的特征,这与韦伯式的官僚或科层组织形成了鲜明的对照,后者拥有职业官僚和正式规章制度,具有高协调、高控制的特征。高协调、低控制型的组织就是有机型组织,而低协调、低控制型的组织则称为无秩序的组织,极端地说,无秩序的组织无异于是一群自由人的集合。

技术论中的组织类型由于不能说明组织产生的原因,首先面临了实践中无法检验和操作这一问题,拉思莱就曾批评说:这一模型过于简单,无法描述实际中所面临的组织类型。其次,技术论中的组织特别是对有机型组织的梦想,最初是基于技术或产品创新的要求而产生的,技术创新需要有一种宽松的气氛和环境,因此有必要安排这样一种组织,它既能充分展示组织成员的各种奇思妙想,又能将这些奇妙构想付诸实践和行动。后来人们发现,这样的组织还能协助整个企业应付外界环境的急剧变化,增强企业的应变能力。因此,此后对称之为有机型组织的梦想已近乎演变成一种渴望了。这种渴望实质上是在期待有机型组织能够带来连续不断的技术创新。

呼尔在研究了制造业中组织规模与技术复杂性之间的关系后指出:如果技术的复杂性程度低且企业的规模较小,则传统的技术创新通常能取得成功;如果技术复杂性不变,但企业的规模在扩大或技术的复杂性很高,或企业的规模较小,在这两种情况下,企业以韦伯式的科层方式来运行都能取得成功。

在20世纪60年代至70年代,工业企业通常拥有一种准无序化的研究团体,这些团体是学术驱动型的,且有着类似于校园的气氛。这类企业在组织研究与开发的过程中也使用科层方式,而分散在各工厂中的生产则是机械型组织。然而,正是在这一时期,组织开始从机械组织向有机型组织转变,麦格雷戈将此称为"企业的人性方面";矩阵式组织在技术复杂性领域如太空计划中也取得了成功。这一转变的关键特征是企业的研究与外发部门和生产、营销与财务部门有着密切的结合。在近20年中,西方企业组织向有机型方向转变仍在继续,它主要受到来自日本的影响,因为日本的成功主要归功于这种组织类型。

总而言之,技术论的组织创新要点有:技术创新需要观点的流动,而这种流动则源自低控制型组织,它鼓励"底朝天"式的创造、观点的自由申述并对组织的成功有着高水平的责任感;创新者需要拥有泛的知识,需要在不同的科学范畴和不同的职能部门中进行大量的交流,特别是技术的可能性要与市场机会和生产的经济性结合在一起;具有低控制、高协调的组织将有利于技术创新。

最后,我们通过上述分析可以证明,技术论的组织创新实际是在说明技术创新对组织活动所做的要求,而不是组织创新本身。它的最大的悖论在于:既然技术是外生的,又何须组织创新呢?

契约论的交易费用经济学将企业组织视为规制交易的结构,由于交易方式的差异、交易性质的不同,完成一笔交易所花费的费用就有所不同。从市场的契约形式到企业组织,理论上说可以找到无数个规制交易的方法,只有当以企业形式来组织一笔交易所支付的费用低于所有其他规制结构所花费的费用时,该笔交易才有被企业内部组织来组织的必要。当交易环境特别是当技术发生变化时,都会引起交易的形式以及性质的改变。与此同时,技术的变化还会使规制结构本身发生变化。前者要求规制结构必须做出相应的调整,后者本身就意味着组织创新。从这个意义上说,技术变化已经内生于组织创新之中了。因此,威廉姆森曾强调说:"一种组织形式在什么样的环境中且为什么在这样的环境中产生,交易分析而不是技术分析将起决定性作用。"

综合创新已有的定义,我们可以将组织创新简单地定义为:组织创新就是组织规制交易的方式、手段或程序的变化。这种变化可以分为两类:一是组织的增量式创新。增量式创新不改变原有规制结构的性质,是规制方式、手段或程序的较小的变化,如控制制度的精细化,人事上的变更或组织一项交易的程序发生了变化等。二是组织的彻底性创新。彻底性创新是规制结构的根本性变化,它发生的次数通常较少,如 U 型组织的出现、U 型组织向 M 型组织的过渡。

第二节　组织创新的地位和作用

用阿罗的话来说:在人类所有创新中,人们使用组织来完成自己的目的既是重要的也是最早的。科尔也曾说过:如果商业程序和商业惯例的变化可以申请专利的话,则这些变化对于经济增长的贡献会像机器的发明和资本内流所产生的影响一样受到普遍的关注。对科尔来说,组织创新包括组织形式的变化、成本核算制度的细致化、计划、人事、合作式的交易程序的变化等。

根据威廉姆森的分析,组织创新之所以没能像技术创新那样通过专利制度保护而引起人们广泛关注,主要是由于组织创新自身的特点决定的。

首先,组织创新的产权难以以专利的方式来保护。因为要描述一种组织形式或程序是较为困难的,通过监督产出说明使用了什么形式的监督程序几乎是不可能的,检验这种专利要求有现场观测。而且,这种专利的开发是较为容易的,一种新程序或结构一旦公开及其长处得到证实,其变种也极易设计。由于缺乏可保护性,组织创新的产权就变得有疑问了。

其次,要评估组织创新的经济地位及其重要性也特别困难。组织的变化部分的原因是企业经历逆境所作出的反应,也有可能是为了给股东或大众留下一点乐于进取的形象,组织创新引起的组织变化要与其他原因引起的组织变化区分开来是不容易的。用交易费用经济学的语言来说,组织创新的产权无法得到有效保护的难题就在于,由于信息压缩和有限理性的存在,组织结构的机会主义变动无法与组织创新本身引起的变动区分开来。由于通过语言来说明组织创新的重要性过于简单,其重要性也只能通过组织运行的绩效来说明。然而,影响组织运行的绩效除组织结构本身外还有其他许多因素,而把组织结构这一因素所做贡献的大小区分开来也是十分困难的。

正是基于这样一种原因,组织创新与技术创新相比,在经济学的正式分析中获得的关注是很少的。

钱德勒从商业史的角度说明了历史上曾经发生的几次重大的组织创新,他的论点与其企业理论所做的结论基本上是一致的。他的第一个论点是,当管理上的协调比市场机制的协调能带来更大的生产力较低的成本和较高的利润时,现代各单位的工商企业(M型组织)就会取代传统的小公司(U型组织)。第二和第三个论点则说明了M型组织创新所必备的条件,这些条件就是:在一个企业内把许多营业单位活动内部化所带来的利益,要等到建立起管理层级制以后才能实现;以及当经济活动量达到这样一个水平,即管理上的协调比市场的协调更有效率和更有利可图时,现代工商企业才首次在历史上出现。

企业的知识存量特征的研究最终解释了组织创新乃至其他形式创新的动力。在契约论看来,组织创新的动力是为了节省交易费用;但在知识论的企业理论中,组织创新是一种新知识的运用,组织创新的研究可以归结为拥有新知识的个人是否运用和如何运用新知识的问题。而这一问题同样可以在交易费用经济学和代理理论的框架中来说明。

个人拥有的知识具有两个方面的特征:其一是知识的运用所产生的经济效益是不确定的;其二是知识本身的分布是不对称的。这些特征最终导致对创新所需知识的评价是有差异的。对于拥有新知识的个人来说,他可以通过雇佣合同将知识出售给现有的企业,或者自己来开办企业成为企业家。

对新的经济知识不对称性特征的最早认识至少可以追溯到熊彼德和奈特。熊彼德就认为创新是个人拥有的新知识运用的结果,他认为:企业家的作用是通过利用发明来改革或对现有的生产模型进行革命,更一般地说,就是使用新技术来生产新产品,或使用新的方式来组织现有的生产,从事这种创新带来了一种不同于以往的新的经济函数,但同时也是困难的。这是因为,它超出了所有人能够理解的常规,而且外界以各种不同的方式与之对抗。

知识的不对称性特征导致现有企业中的决策者与拥有新知识的个人就新知识创造价值的评价是有差异的。可以推论,这种差异如果越大,创新在企业内部发生的可能性就越小,而新企业产生的可能性就越大。这里的创新不仅包括了组织创新,而且还包括技术创新等。

根据组织创新的特征,尤其是组织创新不易通过产权形式来进行保护的特征分析,我们认为组织创新通常是在企业内部发生,而不是通过组建新企业在外部实现的。由此,上述推论对于组织创新而言可以表达为:知识的不对称性导致的创新评价上的差异如果很大,组织创新通常不会发生。

高特和克莱普尔分析并证实,一项创新在原有企业或通过新企业实现的相对优势取决于创新所依赖的知识的性质。他们分析认为,如果创新所依赖的知识主要是一些不能转让的市场经历和经验,则这种创新在现有企业发生比新企业有优势。这与温特的观点是一致的,因为市场上的各种经历和经验表现为一种不能转让的知识存量,这种存量对新企业来说不存在。相反,如果创新所依赖的知识不属现有企业惯于使用的范围,则新企业运用这种创新比已有的企业有优势。阿罗、缪勒和威廉姆森都强调指出,由于现有企业中代理问题和官僚成本的存在,如果创新所依赖的知识是不属于现有企业惯于使用的范围且转让是不可能的,则知识的拥有者将进入市场开发这种知识的市场价值。

组织创新的特征表明,组织创新不仅通常发生在现有的企业中,而且通常表现为程序革命。因为在知识存量论的企业理论中,组织记忆就是程序,组织的知识存量的变化就表现为程序的变化。

第三节　企业组织创新的理论

一、企业理论

在20世纪60年代以前,对企业与市场的分析,经济学中新古典微观经济学的观点一直占据主导地位。新古典微观经济学的理论框架是在20世纪30年代由马歇尔定型的。根据当时经济学中的这一主流观点,企业在技术和市场两项约束下追求利润最大化,而利润最大化的条件是边际收益等于边际成本,决定收益函数和成本函数的是四个因素,即产出量、产出品价格、投入量和投入品价格。而市场则是在价格理论决定下的一个完全竞争模型,这个模型至少有三个基本的前提假设:一个市场中有大量购买者和卖者,买者是纯粹的消费者,卖者是纯粹的生产者,生产决策和消费决策是彼此独立的;在市场中进行交换的产品或服务是同质的;市场交换活动中除了价格之外没有其他费用发生。根据新古典微观经济学的企业和市场模型,企业是市场价格的接受者,它只能调节投入量和产出量两个因素,这种调节又受到生产函数的约束;经济研究的重点不是专业化和经济组织问题,而是在给定组织结构的情况下市场对资源的有效配置问题。在新古典微观经济学中,消费者被理解为效用函数,企业则被理解为生产函数。

新古典微观经济学对企业的理解必然产生这样两个它自己无法回答的问题:一是企业为什么存在;二是存在的企业为什么是异质的。

新古典微观经济学关于企业的观点受到多方面的挑战,大多数挑战都是从上述两个问题开始的。在针对新古典微观经济学的企业理论进行的各种批评和重建中,开始最早、影响最大、成果最多的是企业的契约理论。企业的契约理论可以溯源到科斯的工作。科斯对古典微观经济学的挑战虽然开始于20世纪30年代,但由于主流经济学在整个经济学发展中的主导地位以及有关企业的大量历史的与现实的证据还没有进行充分的理论整理,因而直到20世纪60年代,来自契约理论等的挑战还没有对新古典微观经济学构成根本的威胁。但从60年代开始,随着钱德勒、阿尔钦、威廉姆森等人工作的开展,经济史和现实的大量证据被整理出来,有力地反驳了新古典经济学的观点,企业的契约理论逐渐为人们所接受。

1.科斯的工作及其影响

科斯的工作就是从解答企业为什么存在这一问题开始的。科斯明确指出:"建立企业有利可图的主要原因似乎是,利用价格机制是有成本的。通过价格机制'组织'生产的最明显的成本就是所有发现相对价格的总和。随着出卖这类信息的专门人员的出现,这种成本有可能减少,但不可能消除。市场上发生的每一笔交易的谈判和签约的费用也必须考虑在内。确实,当存在企业时,契约不会被取消,但却大大减少了。一系列的契约被一个契约替代了,契约的本质在于它限定了企业家的权力范围,只有在限定的范围内,他才能指挥其他生产要素。契约中的所有陈述是要求供给者供给物品或劳务的范围,而要求供给者所做的细节在契约中没有阐述,是以后由买者决定的。当资源的流向(在契约规定的范围内)变得以这种方式依赖于买方时,我称之为'企业'的那种关系就流行起来了,因此企业或许就是在期限很短的契约不令人满意的情形下出现的。"在这种前提下,企业和市场不过是执行相同职能并可以互相替代的两种机制,而且无论运用哪种机制都是有费用的,市场运行的费用即交易费用,而企业运行的费用则是组织信用。企业规模的边界在于边际交易费用与边际组织费用相等的那一点上。

科斯的贡献主要在于:①明确地将交易费用概念引入经济分析之中;②确立了企业的契约性质。③强调了人力资本在形成企业过程中的独特作用,这又包括两个方面:一方面,他突出强调了企业家权威在大量减少分散定价的交易数目,节约交易费用,从而形成企业过程中的重要性;另一方面他还强调了人力资本契约形成中的特殊性,即人力资本契约比非人力资本契约具有更大的不确定性,且更倾向于长期契约,也正是人力资本契约的特殊性成为企业出现的一个重要原因。

2.企业的交易费用分析

在从交易费用分析的角度发展企业的契约理论方面,威廉姆森的工作最引人瞩目,他坚持认为科斯对于企业理论的最大贡献在于将交易的概念纳入经济分析,并借助交易费用分析解释了企业的存在。但威廉姆森与科斯不同的是,他并不十分关心企业的存在问题,而是将企业的存在作为前提,进而研究企业组织结构的演进或创新以及企业"购买制"的决策问题。威廉姆森(1981)明确指出,用交易费用观点研究企业组织就是将交易看作基本的分析单位,并将节约交易费用视为组织研究的核心问题;交易费用是市场或企业组织运行过程中发生的费用,类似于机械系统运行过程中的摩擦现象;交易费用分析则是在通常的技术、生产和分配费用的基础上,加上对在可替代的治理结构(市场或企业组织)中计划、适应和监督任务完成所发生的费用的比较分析。

交易费用分析有两个基本的行为假定,即有限理性和机会主义。有限理性是一种认识上的假定,它来自西蒙的工作,假定人的动因是"意欲合理,但只能有限地做到"。它与传统的"经济人"假设所含有的超理性明确区分开来。有限理性是"组织人"或"管理人"的属性,它是指"组织人"只能有限地搜集、分析和处理信息,但"组织人"的这种能力限制却并不暗含着非理性。有限理性假定将所有完备的缔约活动归入不可能实现的一类,换句话说,有限理性的经济含义就是所有现实的市场或企业契约都是不完全的。

机会主义假定人的动机天然是机会主义的。这是人们为实现目标而寻求自我利益的深层次条件,它说明并非所有人都能理解长期的利益和真善美的力量,人们往往总是企图追求自己的眼前利益,并只有随机应变、投机取巧、为自己谋取重大利益的行为倾向,而且,人们在追求自身利益时也会采取非常隐蔽的手段和狡猾的伎俩。机会主义的行为假定的一个基本推论是:如果交易—契约关系仅仅建立在承诺的基础上,那么未来的风险是很大的,也就是说,签约双方虽然都作了承诺,签署了契约,但此后的实践或结果却是不可预测的。

在上述两个行为假定的基础上,威廉姆森的交易费用分析进一步给出了刻画交易的三个维度,即不确定性、交易重复出现的频率和资产专用性。

威廉姆森对企业组织及其创新所进行的交易费用分析被认为是企业的契约理论中最为突出的成就之一,威廉姆森也因此成为交易费用经济学的创始人之一。而且,威廉姆森对企业组织创新的研究也是目前微观经济学企业理论中最为系统的,对于我们关于企业组织创新的理论及实证研究起到了很大的启发和借鉴作用。

3.企业的契约分析

狭义的契约分析仅指企业的契约理论中比较偏重于对各类契约的性质进行探讨并以此为基础来分析企业与市场关系的流派。而从广义上说,无论是企业的交易费用分析还是代理分析也都在不同程度上将企业视为"一系列契约的联结",但它们分析的重点却不在契约本身的性质上,或者说,它们是沿着科斯开创的另外两个方向——交易费用和人力资本前进的。

科斯在他1937年的论文里虽然明确地强调了企业的契约性质,但并没有就契约问题做进一步分析,而只是着重说明了企业由于节约交易费用而成为市场的一种替代机制。也就是说,在科斯(1937)那里企业虽然具有契约的性质,但最终还是作为市场的一种替代机制而存在的。针对科斯这种似乎已成定论的关于企业性质的理解,张五常开宗明义地指出:"我们没有理解什么是企业,或者说没有理解它的生命力之所在。'企业'一词只是对在不同于普通产品市场的契约安排下组织活动的一种方式的速写式描述。"在1983年《企业的契约性质》这篇经典的文献中,张五常提出了一种对于企业性质的更为本质的解释,即企业是作为一种契约安排而不是作为市场的替代机制而存在的。就契约安排而言,企业与市场并没有本质的区别,它们的不同只不过是程度上的差别,是契约安排的两种不同形式罢了。企业的出现是由于,私有要素的所有者按契约将要素使用权转让给代理者以获取收入。在此契约中,企业所有者必须遵守某些外来的指挥,而且再靠频繁计算其他所参与的各种活动的市场价格来决定自己的行为。在这里,显然企业并非为代替市场而存在,而仅仅是以劳动力市场代替了中间产品市场。因此,张五常认为:"说企业代替市场是不确切的,应该说,是一种类型的契约代替了另一种类型的契约。"

张五常的工作使人们开始关注契约本身的内容和性质,也使人们更加注意人力资本契约的独特性问题,并由此引向更深层次的劳动分工问题和企业内部的激励问题。在企业的契约分析方面进行深入研究的学者有格罗斯曼、哈特和莫尔以及杨小凯、黄有光等。

格罗斯曼和哈特(1986)的工作被认为是开创了不完备契约理论的先河。他们从另外一个角度来定义企业,认为企业是由其所拥有的资产(如机器、存货)所组成,而联结资产的纽带是一系列不完备的契约。基于此,他们提出了一种有成本的契约理论,这一理论将契约权利分为两类:特定权利和剩余权利。当对一方当事人而言,要逐一列出他所希望获得的另一方当事人资产的所有特定权利成本过高时,则购买除了在契约中特别指明之外的所有权利,即剩余权利是合算的,而所有权就是指纳入控制这些剩余的权利。

格罗斯曼和哈特除了强调企业的契约性权利以及管理人员的激励,还有一个重要的贡献就在于从契约的角度重新在市场和企业之间划出了界限。张五常看到的更多的是市场与企业之间在契约意义上的一致性,而并没有专门分析企业和市场在契约意义上的区别,如果说有区别也仅限于是两种不同类型的契约,至于这两种不同类型的契约差别到底在哪里,张五常并没有给出明确的问答。这一答案是由格罗斯曼和哈特(1986)作出的。他们明确指出,企业与市场的区别主要在于契约的完备性程度不同,相对而言,市场可以说是一种完备的契约,而企业则是一种不完备的契约。

4.企业的代理分析

阿尔钦和德姆塞茨(1972)从一个全新的视角来考察企业,将企业看作是一种"团队生产"方式。在这种生产方式下,一种产品是由若干个团队成员协同生产出来的,而且任何一个成员的行为都将影响其他成员的生产率:而由于最终产出物是一种共同努力的结果,每个成员的个人贡献不可能精确地进行分解和观测,因此不可能按照每个团队成员的真实贡献去支付报酬,这就容易导致偷懒行为。为了减少偷懒行为,就必须让部分成员专门从事监督工作,监督人员的激励则来自索取剩余的权利。而且,为了使监督有效率,监督人员还必须拥有修改契约和指挥其他成员的权力。最后,监督人员还应是团队固定投入的所有者,否则监督投入品使用的成本过高。由此,古典意义上的企业就诞生了。这种对于企业存在的分析思路可以说是内在的,是着眼于企业的内部结构而不是外部形式。阿尔钦和德姆塞茨的工作为企业的代理分析打下了基础。

詹森和麦克林进一步扩展了阿尔钦和德姆塞茨的工作,分析了一般代理问题并视

"代理成本"为企业所有权结构的决定因素。"代理成本"指的是,对同一个管理者来说,当他对企业拥有部分所有权和他对企业拥有全部所有权时相,比企业所实现价值之间的差额。具体地说,当管理者不是企业的整体意义上的所有者时,努力工作可能使他承担全部成本而仅获得小部分利益;反之,不努力工作而又消费额外收益却能使他得到全部好处时只承担小部分成本。这样管理者势必积极性不高,却又热衷于追求额外消费,由此就产生了管理者部分拥有企业和完全拥有企业时企业所实现价值之间的差额,这便是"代理成本"。詹森和麦克林对于"代理成本"的分析是深刻的,它提醒人们关注保证企业生产效率的制度安排问题,但正如德姆塞茨所指出的那样,它并没有指出这种不同于市场机制的特殊生产效率来自何方,也就是说,即使管理者完全拥有企业,他如何能保证企业的生产效率呢?提出这个问题实际上已经接近了我们将要论证的基于人力资本增值的组织创新模型,这里的关键还是企业中人力资本与物质资本相比的特殊性问题。在企业代理分析的后续发展中也都不同程度地接触到这个问题,但遗憾的是目前尚未发现有专门论述该问题的文献。

霍姆斯特姆在前人工作的基础上进一步指出,团队生产中个人贡献的不可观测性并不是导致偷懒行为的充分条件,如果能够打破"预算平衡约束",即总产出必须在所有成员之间分配完,就能实现团队生产的有效激励,而为了打破"预算平衡约束"就需要有一个外来的"委托人"作为企业的所有者,由此建立起企业的委托—代理模型。霍姆斯特姆1982年的观点是委托—代理理论中的一篇经典文献,它使人们对于现代企业制度有了更深刻全面的理解,而对于组织创新研究来说,它的意义在于深化了对企业组织创新的动力机制的认识,这种认识又进一步被斯蒂格勒、弗里德曼和罗森所强化。

斯蒂格勒和弗里德曼在理论上第一次把人力资本及其产权引进了对现代企业制度的理解,并深刻地指出现代股份公司并不是什么"所有权与经营权的分离",而是财务资本与经理知识能力资本这两种资本及其所有权之间复杂的契约。这一观点是极具启发性的,它开始把人们的注意力引向企业性质中更为本质的层面,即对人力资本特性的全面阐述。罗森则是沿着这个方向努力的典型代表。他研究了人力资本的产权特性,指出人力资本的所有权仅限于体现它的人,人的健康、体力、经验、生产知识、技能和其他精神存量的所有权只能不可分割地属于其载体,这个载体不但必须是人,而且必须是活生生的个人,这就是人力资本的产权特性。罗森一再强调的是人力资本与物质资本产权特性的一个根本区别就在于它和其他载体的不可分性,但他似乎忽略了一个也许是人力资本更为本质的特性,即它对于组织的依赖性,可以说脱离了组织的人力资本其价值是要大打折扣的,而组成企业或进行组织创新也许正是从人力资本增值的角度去考虑的。这也正是我们将要做的工作。

二、组织理论

用巴尼和大内的话来说，"组织理论发展的历史也就是从其他学科吸收和借鉴研究范式的历史。"这种吸收和借鉴过程最早开始于20世纪20年代著名的"霍桑实验"研究。在霍桑研究的最初计划中，研究任务延续了泰勒科学管理的传统，着眼于人的生理方面，主要研究企业中人的劳动条件与疲劳的关系问题，并未关注组织问题。但在研究过程中，组织问题却作为个人工作行为的主导力量被后期加入霍桑研究的梅奥等人发现，这使梅奥等在进一步的研究中把注意力主要集中在了考察生产小组的社会组织问题，以及领导者与被领导者之间的关系、小组内部的沟通关系和小组成员的动机等问题上，并吸收借鉴了心理学和社会心理学的理论和方法建立起著名的人际关系学派。

梅奥等人的研究工作不仅在于提出了有关小组行为规律的假设，而且还为解决组织方面的矛盾提出了有实际意义的论点和建议，因而人际关系学派可以说是组织理论研究的起点。但人际关系学派所关注的组织主要是非正式组织，关于正式组织的研究虽然在泰勒和法约尔的管理著作里已有论述，但还缺乏系统性。也就是说，人际关系学派的组织理论是不完整的。威廉姆森认为："伯纳德在1938年出版的《行政部门的职能》是一部在组织研究方面有着重要的、持续影响的学术著作，是伯纳德开创了一门新的学科——组织学。"

伯纳德组织理论的一个最大特点就是对于正式组织的强调，而这恰巧是被那个时代的人际关系学派忽略的问题。而且，从研究方法上来说，伯纳德也与当时的人际关系学派有很大的不同，他所运用的研究范式既不是来自心理学也不是来社会心理学，而是源于他的直觉和经验。用威廉姆森的话来说："《行政部门的职能》主要是伯纳德以良好的经济学直觉对自己的工作经验进行反思的结果，也是他对30年代组织理论的状况不满的结果。那个年代的组织理论太机械，也太抽象。泰勒科学管理早期的精细作风已主要让位于一个机械模型。"与当时盛行的各种组织理论不同，伯纳德认为，正式组织是重要的，诱致性合作应纳入组织研究议程。因此，企业不能简单地描述为追求利润最大化的技术单位，而应看作是组织单位；组织所关心的主要问题是适应环境的变化，而能够不断适应环境变化的组织自身也必定是个演化过程，因而仅仅将组织视为一个系统是不够的，还得考察它怎样演变，很多经济问题和一般组织问题都来源于这种演化过程，因为这种演化过程会使组织的实际发展脱离当初建构时的意图。另外，伯纳德还有一个重要的思想，即将组织看成是实现经济目的的一种手段，因而组织也是经济分析的一个重要的决策变量，而不是一个确定的前提条件。这一思想实际上已经接触到在30年代所做的工作的本质，而且伯纳德对诱致性合作以及组织演化过程的强调也使他成为组织理论发展中最早关注组织创新问题的人,尽管他并没有专门论述组织创新。

继伯纳德之后,西蒙在 1949 年出版的名著《管理行为》中有力地推动了组织理论的发展。在伯纳德确立的组织研究框架下,西蒙具体研究了正式组织、交流、权威关系和接受域等方面的内容。西蒙明确指出:"在我们能够建立起任何不变的管理原则之前,我们必须能用语言精确地说明管理组织看起来像什么和它到底怎样运行……我所做的工作就是要努力建立这样一套描述语言,最著名的并已成为经济学和管理学重要的立论基础的两个概念是有限理性和满意标准。当然,这两个概念也是互相联系的,更基本的概念是有限理性。""满意标准是西蒙为了研究决策问题从有限理性中推导出来的。"(威廉姆森,1690)西蒙对有限理性的阐述使人的理性或智力成为一种稀缺性资源,组织则是节约这种稀缺资源的有效手段,这种对于组织的重新认识为用经济学的分析方法来研究组织问题铺平了道路。也正是在这个意义上,威廉姆森说:"交易费用观点的某些前提和行为假定来自组织理论的文献。"但是,令人遗憾的是,无论是组织理论还是交易费用经济学都没能够沿着西蒙指出的有限理性与组织联系起来并按这条思路走下去,而仅限于将有限理性作为一个个人行为的基本假定,没有深入研究。这应该说是组织创新研究的一个明显缺憾,我们的工作正试图弥补这一缺憾。

虽然伯纳德和西蒙的工作已经从理论上架起了沟通组织理论与经济学理论的桥梁,但组织理论真正大规模向经济学,特别是微观经济学吸收借鉴研究范式迟至 80 年代才成为现实。在 60 年代和 70 年代,组织理论中主导的理论框架来自社会学和社会心理学,并主要依赖于权力概念。正如巴尼和大内所指出的:"权力结构,无论是作为独立的还是相关的参数,的确好像主导着这一领域。卡伯、克劳泽、汤普森等理论著作似乎开创了研究组织中正式和非正式权力结构和过程的新阶段,而组织中权力的心理学方面则被弗兰克和莱温、希克森等探讨。关于权力和权力关系的研究在这一时期曾扩展到包括内部组织和组织间的权力现象。"除此而外,这一时期的组织理论还有一个突出特点,即多以静态研究为主,较少从动态的角度考虑组织演化或创新问题。尽管此时的组织理论也关心组织变革问题,但这种经济学意义上的创新,总的来说,整个 60 年代和 70 年代在组织理论中的创新问题是被忽略的。

不过也有例外的情况,70 年代末阿吉利斯和绍恩提出的组织学习理论虽然没有研究组织创新问题,但他们从动态的观点研究组织学习问题的思路和开发出的组织学习模型对于组织创新研究都有借鉴价值。阿吉利斯和绍恩是从研究人际交往行为及其模式转入考察组织的学习能力的。在他们看来,组织并不是所谓的由众多个人组成的集合体,也不像通常所理解的那样——或是一种权力和信息流结构,或是达到特定社会目标的工具,或是一种交流和控制系统,或是一种文化或是表演利益冲突剧的戏院,组织实际上是一个不断行动着的有机体,它的主要行为就是学习。因而,人们必须采取一种动态的、介入的观点来研究组织的学习模式。阿吉利斯和绍恩认为,组织学习包括了一系列不同于个人的学习活动,它的最大特点是以一个共享的知识基础为中心,正是这个包含着不可言传部分的知识基础使组织行为的变化成为可能。组织学习也可以看作是一个带有控制反馈机制的不断改正错误的过程,它包括3种类型:单向式、双向式和反思式。在单向式学习中,组织成员共同进行探索,发现错误,提出新战略,并且还要评价和确定解决问题的方法;双向式学习不仅包括在已有的组织规范下的探索,而且还包括对组织规范本身的探索;反思式学习包括有意识地学习,怎样学习以及努力寻找提高单向式和双向式学习效率的途径。阿吉利斯和绍恩的工作也为我们的组织创新研究提供了一个重要理论基础。

另外,组织变革专家勒温提出的组织变革三部曲对于进入被经济学家忽视的组织创新过程研究很有帮助。他认为,成功的变革必须先将现状加以解冻,接着才能推动一项新行为或实现改变,然后再将改革后的状况加以冻结,使其保持稳定状态。解冻是组织变革过程中最难也是最主要的阶段,它是改变目前均衡状态所必需的。第二阶段则侧重于引进并使用变革的技术或方法使变革成功。换言之,就是利用变革技术减少抗拒的阻力,有6种可以用来消除抗拒阻力的方法:教育与沟通,参与,润滑与支持,协商,操纵与延揽,高压。第三阶段,在经过改革之后,还需利用更多正式的机制,引导员工接受变革的结果,将新的状态稳定下来,这就是再冻结。对于变革三部曲,许多学者陆续加以修正。有代表性的如Huse将此三个阶段扩充为七阶段,包括侦测、进入、规划、行动、稳定、评估与终结等。而德国组织学家埃尔文·格罗赫拉则认为,企业组织的变革过程可以分为寻找意念、接受、解决问题和贯彻几个阶段。在这个过程中,各阶段的运行并不一定非得采取一个固定不变的顺序,它们有时是平行的,有时又是一个重复循环的过程。

基于社会学和社会心理学范式的组织理论研究在70年代末走向了低谷。原因是多方面的,其中一个也是最为重要的原因是这种研究遭遇到越来越多它所无法解释的反常。这些反常大部分来自企业史研究,还有一些来自文化研究。来自企业史研究最典型的仍是钱德勒的工作,它所揭示出的企业组织创新的大量历史证据是没有办法用传统的组织理论来解释的,像企业的纵向一体化现象,基于权力分析的组织模型就难以说明,以至于将其解释为企业通过纵向一体化形式来控制环境的不确定性。这种解释与当时已成长起来的微观经济学的企业理论的解释相比明显说服力不强。随着权力模型的衰落,组织理论开始转而寻求一种新的范式,即一种研究组织和组织现象的一般的框架。所以,钱德勒的工作在组织理论发展中起的作用正像在企业理论的发展过程中所起的作用一样重要,它使组织理论家的视线开始转向微观经济学尤其是源于科斯的企业的契约理论。

到80年代末,组织理论研究的微观经济学范式开始逐步确立起来。在组织理论的微观经济学范式的确立过程中,威廉姆森的两部著作《市场和等级制组织》和《资本主义的经济制度》被认为起了关键性作用,在这两部著作中,组织理论家们看到了许多被以往组织理论研究所忽略了的最基本的问题,诸如企业组织是什么?它为什么存在?它的边界在哪里?它如何创新?等等。这些问题使组织理论家更加关注企业组织的经济意义而不仅仅是一般的社会意义,关注同样的问题使经济学家和组织理论家走到了一起。正像奈克在他的《组织中的经济行为》序言里所说的:"我认为当经济分析和组织理论处理同样的问题时,它们的结论一般不会矛盾,虽然经济分析侧重于资源配置中的员工选择,但它并不是作为组织理论的竞争观点出现的,应该说它们的结论是互补的。我预计组织研究要取得更大进步将要求经济学家利用组织理论家的洞见,而组织理论家也要利用经济学家的明智。"在新近的文献中,组织理论研究中的很多工作,尤其是关于企业组织的经济层面的大部分研究已与微观经济学的企业理论多有交叉,涉及组织创新研究的一些观点在前述关于企业理论的评述中也已论及,这里不再重复。

那些来自文化研究的对以权力概念为核心的组织理论的质疑,最终形成了组织理论研究中基于文化人类学范式的组织文化分支。组织文化也称为企业文化,它的研究发端于美国。20世纪70年代末80年代初,美国的一些管理学者认识到美国的许多企业在国际竞争中败于日本的一个重要原因是两国企业的组织文化的差异,于是随着组织理论研究对文化的关注,在管理学领域掀起了组织文化研究的热潮。

当然,在今天的组织理论研究中并不是仅有一个范式和一种理论,而是同时存在着多个范式和基于多个范式的多种理论,除了微观经济学的范式和基于它的组织经济学外,还有基于社会学和政治学范式的资源依赖理论、基于生物学范式的人类生态模型、基于文化人类学范式的组织文化研究等。由于我们研究的企业组织创新问题主要涉及组织理论中有关组织经济学和组织文化研究的内容,所以组织理论发展中其他的理论观点在此就不作赘述。

三、创新理论

自熊彼德首次提出创新理论以来,组织创新的研究大致经历了三个发展阶段:早期的创新研究由于受新古典微观经济学的影响,多将企业简单地看作是生产函数,侧重于单个企业的技术创新研究。这被称为第一代创新理论。熊彼德本人在1934—1944年的工作,强调的是企业家的作用,因而这一模式又被称作熊彼德的企业家创新模型。由于与技术相关的创新是熊彼德创新的主要内容,因而,在第一代创新理论里,"创新"研究就等于技术创新研究,而组织创新研究则被忽略了。

随着研究的深入,许多研究者开始注意到创新在较大程度上须在企业与企业之间或企业与用户之间交互作用的过程中进行,包括供应者与装配者、生产者与消费者之间的相互影响以及竞争者之间的技术信息交流等,其中以冯希普的观点较为典型。在他看来,技术创新的过程,由于存在各种"黏着信息",亦是一个充满试错的过程,并为对解决创新问题方向的洞察所左右。为了加快创新的过程,需要加强创新者与用户的交流和合作,才能及时地提取必要的"黏着信息"。一个创新者(企业或个人)可能首先从用户(企业或个人)那儿获取信息来产生对新产品或服务的想法,然后也会从制造者那儿获取信息,以便开发一个原型,这一原型又会在假设的使用中进行测试以适合最初的需求。如果这两方面都不能有效地匹配(常是不匹配的),这就有必要重新考虑需求的焦点和能力的信息,以便使之更为匹配。这中间可能有几次或许多次循环,直到达到匹配的要求。

在强调创新过程中企业与企业之间合作的同时,这一时期的创新理论也开始关注企业的纵向一体化与创新的关系问题,如弗兰克便认为,英国在纺织业、钢铁业创新的缓慢与纵向一体化的企业缺少有关,而坎德伯格甚至认为,原联邦德国、日本之所以能超过英国,关键在于英国的工业组织是分离的、缺乏联系的企业,这阻碍了创新,因为创新收益的许多部分对单个企业而言往往是外在的。迪斯则通过区分系统创新和独立创新对于企业纵向一体化与创新的关系作了实证考察,他指出,当创新流具有重要的系统网络意义时,纵向一体化似乎有助于一项创新的商品化,当然,并非所有的技术都具有很强的系统相互依赖性,并且许多技术并没有包括在相互依赖的组织中,这样就没有提供纵向一体化的机会。而且,要使一系列创新能够及时商业化,纵向一体化也是必要的。当然,如果创新损害了某些已有投资的价值,而纵向一体化的创新开发者又没有受到竞争技术的威胁时,纵向一体化的企业也会阻挠新技术的引入。迪斯(1988年)的工作使人们对企业的组织形式,尤其是研究与开发组织的形式与创新的关系有了更为深刻的理解,这样就为进一步研究有利于技术创新的组织创新打下了基础。

另外,这一时期弗里曼、迪斯等关于企业创新成败影响因素的分析,也开始使人们关注企业的内部组织问题。但总的说来,强调创新中企业与企业的合作,乃是第二代创新理论的主要特征,但此时的创新还主要是针对技术创新而言的。

80年代末期以来,加拿大国际增长研究中心的菲尼等人明确指出:在过去的50年里,工业创新的理论对企业家和企业作为创新部门的简单描述已难以说明创新的产生与发展对技术创新的认识,必须采用"包容企业的内外环境要素"在内的体系与框架。通过对技术创新过程的深入研究,人们认识到无论就导致技术创新来说,还是就使人们具有认识到这种创新所蕴含的潜在利益的能力来说,支撑体系或者制度对组织所起的作用都是至关重要的。菲尼的成果证实了技术创新与组织创新、制度变化之间的明显的相互影响。一些研究者开始集中于分析制度与制度变化,涉及了比单纯研究技术创新时更广的范围,因而,与第一代、第二代创新理论相比,第三代创新理论已走出单纯的技术创新的研究范式,注重将技术创新放在一个更大的背景下考察,涉及的内容比单纯技术创新研究要广泛得多。换言之,第三代创新理论就是对技术创新与组织或制度创新进行综合分析的理论。至此组织或制度创新研究才开始成为一项独立的研究分支进入创新理论的视野。

但是,目前第三代创新理论关于组织或制度创新及其与技术创新关系的研究大多还停留在宏观层次,且偏重于宏观制度创新的理论探讨,而涉及企业层次,并与微观经济学的企业理论和管理学的组织理论相结合的研究则较少见到。至于专门针对我国企业实际情况进行的理论与实证相结合的研究则尚属空白。

我国学者从创新理论出发,虽然对组织创新问题也有所涉及,但尚处于引进借鉴理论和概念形成共识的阶段,有代表性的有傅家骥、连燕华、陈光和窦立夫等的工作,但他们多侧重于从理论上探讨组织创新的概念、特点、类型及诱因,而对于企业组织的理论定位基本上是借鉴了企业的契约理论的观点,这里不再重述。另外,除连燕华进行了一定的案例研究外,其他结合我国企业实际情况的实证研究还较少见到。

基于新一代创新理论的思路,我们将企业理论和组织理论融进组织创新研究中来,尝试给出一个创新理论、企业理论、组织理论相结合的组织创新研究框架,并用这个框架对我国企业组织创新问题进行初步探讨。

第三章 现代企业管理的人本理念

　　人本管理是新兴的企业管理理论。管理由重物到重人,是管理哲学上质的飞跃,它表明人已经被管理者充分认识到,是企业管理中最根本的影响因素,企业管理活动中一切管理活动都是在依靠人的情况下进行的,而且还认识到为了人的全面发展和更好地生存是一切日常管理活动的最终目标。我党提出全党、全国、全社会要努力全面贯彻构建社会主义和谐社会、实施科学发展观的全局战略目标,全社会各项社会主义事业的核心是"以人为本"。因此,在我国企业管理的日常活动中实施现代企业人本管理,既符合"以人为本"的社会发展管理理念,又顺应了管理的社会潮流。

　　"以人为本"管理思想在企业日常管理活动中通俗说就是人本管理。在中国古代传统的管理思想中,人本管理思想已经有了很长时间的历史。战国时期的孟子就提出"民为贵,社稷次之,君为轻"。管仲也强调"夫霸王之所始也,以人为本,本理则国固,本乱则国危"。古人这些人本管理思想在今天,仍然在企业本管理实施过程中起着一定的作用。现代企业活动中的人本管理思想是在西方企业日常管理实践活动的基础上不断总结而来的。本文通过对西方管理理论进行纵向梳理,通过对管理理论发展过程的回顾,从而得出西方人本管理思想的重要地位与不足,提炼相关理论,为我国现代企业日常管理活动中的人本管理提供支持。

　　人本管理是现代企业管理的灵魂,准确把握人本管理的内涵及特征对企业开展管理活动提供理论支持。人本管理是指在管理的过程中确立"以人为本"的核心地位,既是一种管理理念,也是管理的最终目标。人本管理不仅强调人存在的价值,也从尊重人、关心人、理解人、认识人的角度调动其从事生产活动的积极性,建立良好的人际关系,进行人力资源的开发。人本管理的基本特征就在于管理基于人的本质、关注人的需求、尊重人的个性差异、员工参与管理、导向性管理、成员与组织共同发展、使人性完美发展这七个方面。从其特征我们可以看出人本管理是现代企业最科学的管理方式,是调动企业员工积极性最有效的方法途径,是实现现代企业目标最正确的选择。

　　人本管理在我国企业中的运用是在20世纪80年代以后,之前虽有一些管理方式体现了人本管理的基本特征,但都没有全面地践行"以人为本"的管理理念。改革开放以后,企业发展才逐步确立人本管理在企业管理中的指导作用,并结合我国企业管理的实际进行理论探索和创新。我国企业实践人本管理取得的成就主要表现在:以人为本成为企业管理最基本的价值导向,企业管理的人本化整体水平取得了较大幅度的提升,在人本管理理念的指导下企业竞争力明显提升。同时我国企业在实践人本管理方面也存在诸多的问题,主要表现在:认识上轻视以人为本,用人上淡漠人的德行品质,管理上缺乏人性化,激励上忽视人的心理和精神需求。

在我国企业中推行人本管理的管理理念是推动我国企业发展的根本动力。企业管理作为一种管理原则,有利于构建以人为本的现代企业制度;作为一种新的管理方法,也有利于提升企业的经济效益;作为一种管理哲学理念,有利于建立和谐、协调、可持续的现代企业。我国现代企业要发展就必须坚持"以人为本"的管理理念。这就要求我们从这几个方面来着重把握:第一,认真学习和贯彻以人为本的科学发展观;第二,大力构建以人为本的企业文化;第三,真正建立以人为本的现代企业管理机制;第四,切实深化企业的全面管理改革。

以谋求人的自由而全面的发展为终极目的的管理是我们所提倡的人本管理。我国还处于建设具有中国特色的社会主义初级阶段,人们所要求的自由而全面的发展还没有得到完全实现,更多艰辛的努力还需要我们付出,积极创造各种为了人自由而全面发展的实现所需要的各种条件,为最终实现人的自由而全面发展而努力。因此,我国企业管理必须坚持以谋求人的自由全面发展为根本目标的人本管理。努力推进我国企业人本管理,不仅具有现实意义,更具有长远意义。

第一节　人本管理思想研究概述

人本管理思想是经过漫长的积累和不断的演化等过程而逐渐产生的,它并不是突然毫无征兆而出现的,在我国古代就有了最初的人本管理思想。近代西方管理思想的集中论述和不断发展主要是经历了由物本管理到人本管理的这一重大转变。

一、中国文化中的人本管理思想

我国首先提出人本主义哲学思想,并且已经初步建立起了人本主义管理思想的体系,这一思想体系是以爱人贵民为主要内容的。中国现代的企业管理模式也受到中国传统文化较为深刻的影响,这样就会直接导致中国现代企业管理体系中的人本管理不会抛开中国传统文化而着手重建。这表明了我国发展市场经济、构建现代人本管理体系和创立现代企业制度的基础就是我国的民族传统文化。在悠久的中国历史长河中曾出现过多种思想派别,不管是诸子百家思想还是汉代儒家主导思想,它们当中都蕴涵着丰富的人本主义思想。其中,最具有代表性的思想有以下几种。

1.管子的人本思想

我国古代著名思想家、政治家管子曾明确提出以人为本这一思想,管子的管理哲学思想的一个重要方面就是论述"以人为本"。"夫霸王之所始也,以民为本""夫争天下者,必先争人"等语句就出现在管子的《霸言》篇中,他还指出:"夫霸王之所始也,以人为本,本理则国固,本乱则国危",这句话用我们今天的话说就是:治国必须以人为本,要不然国家就会大乱。由此可见,管仲对人的价值以及人在管理中的地位和作用这些问题的认识已经到了一个较高的水平。《管子》一书把"为天下"与重民富和重国富紧密地联系了起来,书中说:"欲为天下者,必重其国;欲为其国者,必重用其民;欲为其民者,必重尽其民力。""敬而待之,爱而使之。"即为管子对于人才的管理思想。它表明了管子已经把人当作人来看,把人真的看作是一种非常重要的管理资源,而对于企业来说,企业开发、利用和管理人力资源的总原则就是"敬而待之,爱而使之"这八个字。众所周知,在现如今的社会,商场如战场,企业间的竞争非常激烈,它就像是一个没有硝烟的战场,在这样的社会里,我们要想在竞争中取得绝对的优势,那很关键的一个策略就是用好企业丰富的人力资源。如果一个企业能够充分尊重自己的员工,从本质上做到管子所说的"敬而待之,爱而使之",那么这个企业就一定能充分发挥每一个员工的潜力,使他们心甘情愿、满心欢喜地为企业赢得诱人的效益,使企业能够得到健康长久发展。

另外,《管子》一书中对人才以及人才的管理和运用也给予了足够的重视,他在书中说:"一年之计,莫如树谷;十年之计,莫如树木;终身之计,莫如树人。一树一获者,谷也;一树十获者,木也;一树百获者,人也。"如果能够管理和运用好人才的话,那就可以收到"一树百获"的效益。然而对于企业来说却不仅仅是这样,因为企业不仅要考虑怎样吸引人才,还应该想办法如何把人才留住。对于这一问题,管子说:"贤不可以威,能不可留,杜事于前,易也。"这句话的意思是,对于人才,我们不能采取"威制"的方法,另外,对于有真才实学和能力很强的人不可以压抑着不予以采用,我们应该尊重知识,敬重人才,对于有德行、能力强的人,如果事先就把相关问题考虑周全,就不愁留不住人才。如果企业用对待贤者的态度来对待人才,这样就会留住人才,企业也会因此而获得更好的效益。

2.儒家的人本思想

以儒家传统思想为正统思想的文化价值体系是中国数千年丰富的传统文化的核心,也为现代企业管理当中的人本管理思想体系的建立提供了重要的理论支撑和历史借鉴。在我国的传统儒家思想中,重视人的发展、倡导以德服人是其最主要的特点。在重视人的发展、倡导以德服人的基础上,为了更好地平衡、规范和协调与他人之间的良好人际关系,儒家又提出了"仁""礼"以及"和为贵"等思想。传统的儒家思想是以中国传统文化的"人"作为基础和核心的,主要体现在两个方面:一方面,对于个人修养,传统的儒家思想强调的是修身、齐家、治国和平天下;另一方面,对于处理谋事,传统的儒家思想则强调天时不如地利,地利不如人和。孔子在他的思想理论中就非常重视人的价值和强调人对社会的作用和贡献,孔子说过:"天地之性人为贵",从这句话,我们就可以品味出孔子在他的思想理论中对人的自我价值的充分肯定。孔子在他的思想理论中倡导人本主义精神,其人本主义精神的深层含义即为"仁""仁者爱人",孔子的这一理论就充分体现了他非常重视人的人本主义思想倾向。传统的儒家正统人本思想认为,统治阶级要切实关心百姓生活中存在的疾苦,切实保护人民群众的正当利益,水能载舟亦能覆舟,否则统治阶级就会失去人民的拥护,最终必将会因为广大人民群众的反对而彻底失去统治权,所以,必须采取措施保护人民大众的正当利益,从而获得民心,这就要求统治者实施仁政,使人民富裕,进而保证人们"丰年终生饱,凶年免于亡"。《尚书》一书中也明确提出了:"民可近,不可下;民为邦本,本固邦宁"。这句话就已经说明人民群众才是国家的根本,只有百姓安居乐业,国家才能得到长久发展。对于在企业中进行人本管理而言亦是如此,广大员工就是这个企业的根本所在,只有使广大员工的生活稳定了,企业才能在社会激烈的竞争中得到健康长久的发展。

人本文化是传统的儒家文化中的一种,具有群体性和协调性的特征。传统的儒家文化,不但重视人与人之间协调发展的关系,而且也重视人自身个体价值的真正实现,与此同时,还强调个人对整个社会所负有的责任意识、应当有的奉献精神和为广大人民群众进行服务的观念。儒家人本思想,作为传统文化的组成部分,在我国古代产生了重要影响,也深刻地影响着我国的当代文化的发展,并且依旧产生着巨大的不容忽视的影响力。传统儒家文化所提倡的人本主义文化中,还包括义与利并重的价值观念、以和为贵的人际关系处理方式、埋头苦干的工作作风以及实用主义等思想,这些传统思想都与现代管理当中的人本管理发展形势相一致。以上这些就是传统的儒家文化对现代企业人本管理产生巨大影响力的重要因素。

传统的儒家思想强调社会中的个体对所生存群体的责任、奉献服务意识和行动,希望通过个体的共同努力来达到群体和谐的目的,但这一思想也并不是完全忽视人自身的独特个性,只是个体和整体相比较而论,它更强调整体部分。与此同时,传统的儒家思想还重视把个人利益得失同家庭和谐、国家发展、天下统一结合起来,从而在整个社会关系中实现个人的社会价值,倡导先集体后个人、先大家后小家的人生追求和人生价值观念,提倡个人对整个社会、整个国家的责任意识和发自内心的使命感。在现代企业管理中,管理者不但要在基本的物质条件方面满足员工的需求,而且还要尽力满足企业员工们在心理和精神方面的要求,只有这样,才能使每一个企业员工充分发挥自己的工作积极主动性和个人的创造创新能力,为员工实现自我发展提供良好的外部环境和机遇,使员工对企业的满意感和内心的自豪感不断增强。与此同时,企业还要想办法大力提升其高度的责任感、归属感和员工的集体主义意识,不断提升企业内部的向心力和凝聚力,尽力培养每个企业员工对本企业高度的奉献精神和生死与共的独特情感。做到这两个方面的结合,就可以使企业成为实现个人人生价值的场所,也使企业有了更加坚定的基础和更加坚定的发展方向。

传统的儒家思想强调以和为贵,主张人本主义。孟子提出了"天时不如地利,地利不如人和"这一重要思想,与此同时,还把领导者的人心向背问题看作是统治者是否具备人本思想的重要条件,体现在"得道者多助,失道者寡助"这一思想中。企业的正确运营需要一个良好的人际交往环境,这种人际交往是以和谐为最高处理原则的,用来处理人与人和人与企业之间的关系,这样企业的生存和发展才能有一个良好的内、外部环境,大家才能把心拧成一股绳,共同努力,提升本企业的综合竞争力。

虽然孔子的儒学思想倡导"和为贵"的思想,但是孔圣人与此同时又提出了"君子和而不同,小人同而不和"的思想。这个思想中,君子的"和"是指寻求整体的结合而摒弃外表的不同因素,而小人的"同"则是失去自我,不考虑两者之间的差别,盲目追求一致,这种"同"是不应该提倡的。在现代的众多企业中,如果一味地盲目模仿,不顾一切地追求一致,其结果将是不得而知的。这个问题是中国大多成功企业管理者遇到过或正面临着的一个共性问题。如果这个问题解决得好,现代企业就会得到发展和壮大,否则,企业就会出现危机。因此,企业要尽力为员工创造和谐的人际关系环境,在这种环境里,员工们可以张扬他们的独特个性,与此同时,企业要允许不同声音的存在,听取各方的意见和建议,在差别中进行取长补短,这样企业才能够在管理过程中长久地发展,并实现企业的自我良性循环。

儒家传统文化的人本主义思想,在现代企业管理过程中影响深远,就连儒家传统文化注重人际关系的这一理念也隐藏其中,社会伦理关系也不知不觉融入企业的日常管理模式之中,因此,给企业营造相对安定和谐的外部环境和企业氛围,建立文明协调的内部人际关系,从而逐渐弱化企业员工与企业管理者之间的对立关系,以进一步地促进本企业的生产力稳定发展,这些是现代企业人本管理思想的重要源泉。当然伴随着社会的不断进步,我们也要根据实际情况对儒家传统文化进行理性的选择和舍弃。

总的来说,中国传统管理哲学思想是一种相对稳定的管理哲学,管仲和儒家的思想都包括在这一范畴之内。传统管理哲学主张稳定、寻求稳定,并且以自己特有的方法保持稳定。中国封建社会维持了两千年之久,与这种管理哲学的影响有巨大关系。正确对待这种管理哲学,并在当前的社会急剧变动时保持清醒,取得优势,是管理界与学术界共同的话题。然而,这种管理哲学的最根本的弱点也在于此,缺乏创新意识,缺乏发展观念,从而造成了中国社会发展多年来的相对停滞。因此,在试图弘扬中国传统管理思想时,对此不可不非常慎重。

二、西方文化中的人本管理思想

西方社会文化环境和价值观念是西方人本管理思想的根源,西方人本管理思想并不是从东方的人文土壤中直接移植过去的。西方的人本主义思想起源于文艺复兴时期,与资产阶级在政治上的兴起完全呼应。西方人本主义强调一切从人本身出发,一切为了人,这种哲学理论是以人为出发点和中心的。西方社会的人本主义思潮是由西方马克思主义、弗洛伊德主义、存在主义、人格主义等许多流派构成的。客观地说,西方的人本主义思想比中国要浓厚得多。以上这些思想流派尽管形态各异,但是它们有个共同点,那就是它们都强调以人为本、以人为中心。

因为各种管理理论和思想都涉及管理中的人和对人的管理这一个贯穿管理始终的核心问题,企业管理者在其管理过程中,没有办法回避对于人的基本看法这个问题,它是各种管理理论思想建立的出发点。因此,了解和分析西方的管理理论,应该从思想家对人性的基本看法和西方管理者这两个方面出发来考察。

具体来讲,以下几种人性观是西方管理理论中对人的本性的基本看法。

1."经济人"与科学管理理论

早期的企业管理者是依据经验对人进行管理,这是西方人本管理思想的孕育与萌芽时期。随着企业规模的发展,经验管理已不能适应企业的继续发展。19世纪末20世纪初,美国著名工程师泰勒将科学管理方法引入管理领域,其依据是科学实验和"经济人"这一假设,并且创立了一套操作程序和科学管理方法,使企业的生产效率得到了明显的提高。泰勒的"经济人"假设,和人性观相比较,是一种"物本管理","经济人"假设重视物的作用,忽视人在管理中的作用,人被当作是机器的附属物,缺乏人应该有的人性。"科学管理"思想对工作中人的心理因素和社会因素都没有很好的把握和足够的重视。但客观而言,泰勒的科学管理理论毕竟还是意识到了人在工作中的重要性,第一次将人在工作中发挥作用纳入管理的范畴,其中蕴涵了丰富的朴素人本主义的管理思想。泰勒将实验法首次引入管理领域,用更加理性的方法更真实地了解现代企业组织中人们的普遍行为,现代企业的人本管理研究方法得到了创新。另外,他还指出个别工资制度只是激励员工更加积极工作的从属要素之一,个别工资制度并不是提高员工工作生产积极性的唯一原动力,对于采取的物质激励法,泰勒提倡"适度"激励原则,并不是无止境地滥用,他还注重于非物质激励,满足工人成长的需要等其他方面需要。

2."社会人"与行为科学管理理论

管理学家梅奥于20世纪30年代初在霍桑实验中,通过实验总结出以下的观点:企业员工工作的福利好坏和物质环境,与企业的生产效率关系并不是特别明显,然而出乎意料的是,如果企业员工的社会地位不高,那么他们工作的自觉性和创造力就很难得到充分地发挥,由此可见,对企业员工生产积极性影响最大的因素是企业员工的心理因素和精神需求是否得到满足。根据以上观点,管理学家梅奥创立了人际关系学说,这种学说的基础是"社会人"假设。梅奥的人际关系学说认为:追求金钱和物质不只是人的行为动机,而在于人的全部社会需求要得到满足,因此,要想让企业员工通过改善工作关系而得到工作的乐趣,那就要使员工的全部社会需求要得到满足。此项假设特别指出人与人之间处于友好的状态,企业员工得到企业集体的认可比得到任何物质性的东西都更有效。社会人际关系理论倡导劳动与得到相结合,并且进行利润分红,以求得人与人之间处于良好的社会人际关系之中。在"社会人"这一假设理论当中提出了企业的被管理者也就是员工在企业组织中所享有的平等与民主的问题,从而开启了人的社会属性的研究大门,使最初研究的人从被动地位提升为主动地位,更有利于人发挥其主观能动性,更好地解决所发生的问题。从最开始的以物的东西为中心慢慢转化为以人本身为中心,从而冲破了将企业员工看作机器的附属品、忽略了企业员工在心理层次上的需求和要求在社会中进行人与人协作这些科学的人本管理理念在伦理观念上的束缚。正确处理人际关系理论的创立和"社会人"假设学说的提出,在现代人本管理思想史上首次明确提出,人这个具有主观能动性的个体在企业人本管理中具有重要的地位,从而在本质上深刻地揭示了人在企业管理中的地位。

3."复杂人"与现代人本管理科学理论

美国行为科学于1949年提出概念,社会人际关系理论已发展到了行为科学这一阶段。在"复杂人""自我实现人"等人性假设学说在管理学家梅奥"社会人"假设的基础上被行为科学提出。马斯洛的"自我实现人"假设在需要层次理论的基础上提出来。此后阿吉里斯的"不成熟——成熟"理论被相关人员归纳整理出来,阿吉里斯的"不成熟——成熟"理论认为,从不成熟到成熟是人个性发展的一个过程,由于太过依赖正式组织所以人保持在一个不成熟的状态,从而影响到个人的自我实现过程。在现代企业管理中员工的工作范围应该得到扩大,领导方式应该采用以员工为中心,让员工积极主动参与,以便更好地发挥企业员工的主观能动性,最终使企业员工达到自我协调和自我管理,使企业员工的个性从不成熟发展到成熟。马斯洛的"自我实现人"和阿吉里斯所提出的个性成熟,理论上是一致的。阿吉里斯、马斯洛等众多学者的"自我实现人"假设,组成了现代企业管理当中的自我管理、关怀管理、价值实现管理的理论基础。麦格雷戈在1957年将企业内的人性假设理论总结成"X理论""Y理论"这两种基本模式。针对以上理论家提出的管理理论,沙因也提出了自己的"复杂人"假设理论,理论家沙因的"复杂人"假设理论认为企业管理中的员工的工作动机不但具有复杂性,而且是多变的,它会根据时间和地点的不同而进行变化。人的心理需求是否能够得到满足,是否愿意全心全意为企业发展服务,都取决于他的动机和他与企业所产生的相互关系。沙因作为一位研究行为科学的理论家,他同其他研究行为科学的理论家一样,都是把人放在企业日常管理活动的重要乃至中心位置,提倡将组织预期目的和个人心理预期结合起来,不断激起人们内心自觉性和原动力来达到组织的最终目的。

1970年莫尔斯和洛希又提出了"超Y理论",这一理论是在"X理论""Y理论"的基础上提出来的,因为最初人们进入企业当中时有着不同的需求和目的,进入企业后就产生了需求的多样性,因此,对于不同对象应采取相应的变通的管理模式,从而改造理论界传统的"X—Y理论",进而对以前所研究的行为科学的"复杂人"假设理论进行发展。在此研究阶段理论家们采取更加丰富多样的研究方法对人本管理思想进行了更加深入地探究,他们把多种研究方法加以综合运用,对企业人本管理活动中的行为活动进行综合研究分析,使得人本管理思想不断得以完善。

4."全面发展的人"与现代人本管理理论

威廉·大内于1981年在原来的"X理论""Y理论"等人本管理理论的基础上提出了"Z理论"。"Z理论"对企业的日常管理工作产生了深远的影响,它把企业组织结构形式、企业日常运行方式、企业文化和对企业员工的日常管理工作等紧密联系起来,将原有理论界里"社会人"的概念扩展到了"文化人"的范畴,提出了企业内部传统的价值观,这已经超越了一般的对人性的分析,开始与社会伦理学观点相结合。一年以后,艾伦·肯尼迪和特伦斯·卡尔收集相关资料,对美国数百家企业进行了充分的数据调查分析,最后得出结论:企业文化做得越出色,企业成功的概率就会越大。与此同时,1982年托马斯·彼得斯等数位理论家给"企业文化"做了最初的界定,并指出在众多企业管理要素结构中处于核心地位的是企业文化,顺理成章也就有了"文化人"的概念。从这些都可以看出,无论是"Z理论",还是企业文化,理论家们提出的理论最终实质都是为了对企业员工在企业管理中进行"文化人"的这一理论假设。主要包括以下三方面的内容:(1)表明了具有主观能动性的人是企业管理中的宝贵财富、重要资源,进而有了精神需求和个性需要理论,以及人本观点。(2)从组织文化环境本身来研究企业工作效率、企业自身的长远发展与企业员工的自我价值的实现之间存在的关系。(3)把跨文化企业人本管理的方式引入进来。"文化人"概念的提出,在现代科学理论研究的基础上,企业文化在企业日常管理中日益得到重视,人本管理这一新的管理思想和方法被提炼出来,从此,人本管理思想在现代企业界受到普遍的重视和关注。

三、现代企业人本管理

企业是以盈利为目的而构筑的经济性组织,因此,企业管理从根本的意义上说,就是对人的管理,即调动企业中的人对物质资源进行有效配置和主动、积极盈利的能力,为企业创造最大利润。企业领导者要善于通过激励手段的运用,激发、调动企业职工的积极性,引导和促使企业职工为实现企业共同目标作出贡献,重视企业文化建设,塑造企业形象,提高企业的竞争能力。

(一)人本管理概述

1.人本管理的理念

世界上一切科学技术的进步,一切物质财富的创造,一切社会生产力的发展,一切社会经济系统的运行,都离不开人的劳动、服务和管理。

人本管理,就是首先确立人在管理过程中的主导地位,继而围绕着调动企业中人的主动性、积极性和创造性去开展企业的一切管理活动。通过以人为本的企业管理活动和以尽可能少地消耗获取尽可能多产出的实践,来锻炼人的意志、智力和体力,通过竞争性的生产经营活动,完善人的意志和品格,发展人的智力,增强人的体力,使人获得全面的自由发展。

2.人本管理的要素

人本管理是以人为中心,以人为管理目的的管理,主要有企业人、管理环境、文化背景及价值观四项基本要素。

(1)企业人。在企业经营管理活动中,人是管理活动的主体,也是管理活动的客体。在管理的主体和客体之间有着人、财、物、信息等管理活动和管理联系,正是这些活动才使企业管理的主体与客体发生着紧密依存、相互联系的管理关系。管理关系首先是人的关系,首要的管理是对人的管理。

①管理主体。人作为管理主体,必须有管理能力,并拥有将管理知识、技能付诸管理实践的权威和权力。管理能力包括管理主体对企业问题进行观察、判断、分析、决策的能力,不同层面的管理主体对上述能力的要求各有不同。此外,管理主体还必须具备从事管理活动的权威和权力。

②管理客体。管理客体是接受管理的人、财、物、信息,是管理主体施行管理活动的对象和不可缺少的因素。管理客体可分为人与物两类。财与信息是以物质的衍生形态存在的,因此可以列入物这一类。由于接受管理指令的第一对象是人,因此人是第一管理客体。人是整个管理活动中最能动、最活跃的因素,具有客观性、能动性的特征。人作为管理客体,除了作为生物体而客观存在之外,其知识、技能、欲望、价值倾向、思维定式等因素,相对于管理主体而言,也是一种客观存在物。同时,人作为管理客体,从来不是仅消极地接受管理主体的作用、影响和管理指令,而是表现出主动或被动、全部或部分地遵从管理主体的要求,甚至可能漠视或抵制管理主体的管理指令。再者,管理主体与管理客体作为生物体的同质性,决定了管理客体与管理主体的相关性。这种相关性能够有助于客体人理解、协助主体人的管理工作,也可能会抵制主体人的指令,尤其当

客体人有自己的主见、非正式组织目标和设想中的管理主体时,更是如此。

③管理关系。由管理主体和客体的相关性,得出管理中的首要问题是对人的管理、对人的行为的管理。这是确立人本管理基本架构的必要前提,也是在人本管理中管理主体在管理诸要素的认识方面应当达到的最基本、最核心的要求。从客观上分析,这种相关性在企业的生产过程中则形成一种生产关系,实质上是生产过程和管理过程中的人与人的关系。从主观上分析,管理关系是人主观活动的结果,管理主体主导着管理关系,于是管理主体对人的价值和效用判定及其领导方式,将极大地影响到管理主体和管理客体在管理中的效用发挥。

(2)管理环境

管理活动是在企业的物质环境与错综复杂的人际关系环境两者相结合的系统中进行,这些综合起来就叫做管理环境。

①环境的类型。根据划分原则的不同,人本管理的环境则可以划分为自然环境与社会环境、直接环境与间接环境、静态环境与动态环境等多种类型。无论怎样划分管理环境,基本上可以分为物质环境与人文环境两类。

②环境因素的作用。人对一定的工作环境会产生一定的心理状态,创造一个良好的工作环境是提高工作效率的必然前提。

③公众关系的影响与作用。人是企业的主体,企业内部有形形色色的人,将这些不同类型的人组织在一起,就产生了公众关系。通常,公众关系有如下影响:首先是对团结的影响,企业内部员工能否团结一致、精诚合作和拥有健康的企业气氛是衡量一个企业素质高低的重要标志之一;其次,对工作效率的影响很大,工作成绩跟人数并不成正比关系,每个人仅凭个人的才能是无法保证事业成功的,而必须依靠团体内各成员的有效合作,因此组织内部人际关系的协调跟工作成绩的关系极为密切。

④改善企业内部的公众关系环境。为了以最小的耗费获取最大的工作效果,企业应着重培养员工的集体主义思想,不断改善企业内部的公众关系环境。具体途径是:努力增强员工的共同目标与利益的主导意识,创造条件增强集体的"向心力",协调领导与员工的关系,帮助建立健全各项规章制度以保证企业的正常运行,同时还要开展健康的文体娱乐活动以增进全体员工的感情融洽度。

(3)企业文化。企业文化是在一定的历史条件下,企业及其员工在生产经营和变革的实践中逐渐形成的共同的思想、作风、价值观念和行为准则,是一种具有企业个性的信念和行为方式。

(4)价值观。价值观是人类在社会活动中产生的关于客观现实的主观意念,具有稳定性和持久性。现代企业的价值观是企业在追求经营成功的过程中所推崇的基本信念及奉行的行为准则。在企业发展过程中,企业价值观经历了三个阶段的演变:第一阶段是最大利润价值观;第二阶段是合理经营利润价值观,即在合理利润条件下追求企业的长远发展和企业员工自身价值的实现;第三阶段是企业与社会互利的价值观,即在确定的利润水平上,将员工、企业、社会的利益统筹考虑,也就是把社会责任看作企业价值体系中不可缺少的部分。

①企业价值观形成的要素。时代特征;经济性。作为一个经济组织,企业的基本功能和生存基础就是有效地利用资源,尽量生产出社会需要的合格产品,这就要求企业价值观中必须有一定的成本效益观念;社会责任感。作为社会的一个成员,企业必须对社会发展承担责任,要使自己的产品令绝大多数社会成员满意并注重社会效益,符合环保要求、可持续发展要求和精神文明建设的要求。

②价值观对企业人的影响。价值观对于企业人的影响有着多种多样的具体表现,例如个人主义行为、乐于助人的合作行为、试图超越他人的竞争行为等。

③价值观的作用。价值观的一致性、相容性,是企业人在管理活动中相互理解和协作的思想基础,也是企业人实施管理、接受管理、实现企业目标的前提和保障条件,因此,应着眼于企业人的价值观倾向变化和行为方式的状态及变化的相关性,努力营造适合于本企业发展目标的价值观体系,使其充分发挥内化、整合、感召、凝聚、规范、激励等作用。

3.人本管理的理论模式

(1)确立人本管理理论模式的依据。企业人是一个完整意义上的人,具有社会人的角色。人本管理应该始终坚持把企业人本身不断地全面发展和完善作为最高目标,为个人的发展和更好地完成其社会角色提供良好的条件、选择的自由。企业人的心理、动机、能力和行为都是可以塑造、影响和改变的,社会和企业的环境、文化及价值观的变化也同样可以影响企业人的心理和行为方式。管理主体和客体之间具有相关性,其目标是可协调的。

(2)人本管理的理论模式。人本管理的理论模式是:主客体目标协调——激励——权变领导——管理即培训——塑造环境——文化整合——生活质量管理——完成社会角色。

①主客体目标协调。作为管理主客体的人具有其生物存在和社会、人际关系的相关性,只要企业人的目标趋于一致,即管理主客体目标协调,就可以在确保各自利益不招致较大损害的前提下,开展非零和协作,使人本管理在实施管理和接受管理的双方之间达成共识,于是就开始了人本管理。

②激励。激励就是企业人为实施管理、接受管理、完成人本管理目标而制定的激发企业人工作动机、努力程度并保障管理实效的各项措施。

③权变领导。权变领导就是企业管理者以影响管理的各种因素为依据,抓住以人

为本的前提,采取有利于企业的领导方式。

④管理即培训。人本管理的过程,也就是培训员工,教会他们怎样完成企业人的职能和义务,传授他们作为社会角色进行活动的专长、技能。更重要的是,通过培训,使员工把完成自己担当的企业人和社会角色的任务看作自己的理想和追求。

⑤塑造环境。在企业和社会范围内,塑造有助于人的主动性、积极性、创造性的充分发挥和人的自由全面发展的环境氛围,以建立企业人的劳动绩效与获得相称的生活资料、物质和精神奖励相联系的有效机制,使个人感觉到自己的劳动为企业和社会所承认。

⑥文化整合。文化整合指企业文化对企业人的心理、需要和个人行为方式的形成和发展,起着引导、规范、激励等制约和影响作用。人本管理正是要利用文化整合功能,培育和塑造企业人的文化特质,使其受到有利于个人发展和企业目标实现的积极的文化熏陶。

⑦生活质量管理。生活质量管理就是企业在确定目标时,在承认企业需要利润的前提下,充分考虑企业员工的利益要求并保障社会利益,从而使员工利益、企业利益与社会利益一致起来。

⑧完成社会角色。完成社会角色是指企业人在担任企业角色的同时也要完成其所扮演的社会角色。企业实施人本管理,从根本的意义上说,是确立人在管理过程中的主导地位,以调动企业人的主动性、积极性和创造性,以此促进企业、社会和个人发展目标的实现。

4.人才管理

人才是一个广泛的概念,一般是指在一定的社会条件下和一定范围内的社会群体中具有一定创造能力的人。

在现代企业中,发展靠技术,技术靠人才,领导者要爱才、求才、识才、举才、用才、容才、护才、育才。人本管理的中心是发挥人的优势和专长,调动人的积极性和创造性,去实施既定的决策,最终完成企业的共同经营目标。

(1)人才的基本特征。

①社会性:人是社会的人,这是人的社会属性。人才更是社会需求和社会认可的产物。

②广泛性:各行各业有人才,各种层次有人才,各种途径出人才。

③层次性:人才有高低之分,层次之别。从人才本身的能级可分为一般人才、优秀人才、杰出人才;从担负的领导职务可分为高层领导人才、中层领导人才、基层领导人才。

④相对性:人才总是在一定历史条件下适应某种时代需要而产生的,人才又随着时间、地点、条件的变化而变化。人才的相对性要求领导者必须用辩证的观点去识才、选

才、用才、育才。

⑤潜在性：人才有显性人才和潜在人才之分，领导者要善于识别潜在人才，更好地发现和使用人才。

（2）人才的类型。人才从不同的角度可以分出不同的类型，现从心理学的角度将人才分为三种不同类型：

再现型人才：是指能较准确地再现客观事物，能运用已有的知识，努力完成本职工作的人才。

发现型人才：是指不仅能运用已有的知识，还能在此基础上有所发现、有所提高，将工作提高到一个新的层面的人才。

创造型人才：是指有很强的创造能力，富于幻想，敢于否定，善于开拓，能使工作开创新局面的人才。

5.识才必须坚持的原则

识才是当代领导者能力的一个重要体现，识才必须做到：察言与观行，以行为主。察言与观行，就是通过考察一个人的言论和行动来识别一个人的才能，察言与观行是两种并行不悖的识别人才的方法，二者可以互补，但不能互相替代。相比之下，观行比察言更重要，这样可以避免有些人言行不一致而导致的弊端。

长处与短处，以长处为主。每个人总是既有长处，也有短处，二者比较分析，取其长，避其短，就可以人尽其才。

历史与现实，以现实为主。每个人都有他的过去、现在与未来。应参考过去，侧重现在，展望未来。

企业领导要从企业出发，任人唯贤，能用超己之才、违己之才、远己之才、人疑之才、有过之才、年轻之才。正确使用人才，才能做到人尽其才，才尽其用。

案例1：IBM——终身教育

IBM的教育和培训是企业文化的重要组成部分，其显著的特点类似于孔子提倡的"有教无类"——不论是现行在职人员，还是临近退休的职工，甚至连已经离开公司的人员都作为教育对象。对临近退休的职工或是已离开公司的职工，所进行的教育主要是一般品格修养方面的教育，而不是人事管理、工程技术或销售方面的教育。这样做的目的是提高IBM的职工或曾在IBM工作过的职工所必须具备的教养和知识。IBM希望这些离职的员工无论走到哪里，都能以他们出色的风采、才能、气质得到这样的口碑："此人不愧曾是IBM的人，各方面都很能干。"

（二）激励原理

1.激励的作用和要求

激励是指组织或领导者通过一定的管理措施激发企业员工的工作动机，调动其积极性,促使其有效完成组织目标的过程。

激发、影响和改变企业员工的行为有两大途径。一是针对员工的需要、动机,提供能够满足其需要的各种物质和非物质因素,满足个体需要,以调动其积极性;二是设法影响和改变个体行为的动机。在企业实际工作中,必须从两个方面综合考虑。激励作为一种内在的心理活动过程或状态,不具有可以直接观察的外部形态,但由于激励对人的行为具有驱动和导向作用,因而可以通过行为的表现及效果对激励的程度加以推断和测定;人的行为表现和行为效果在很大程度上取决于他所受到的激励程度或水平。激励是现代管理的主要职能之一,激励水平越高,行为表现越积极,行为效果也就越好,二者呈正相关关系。

(1)激励在企业管理中的重要作用。

①激励有助于激发和调动企业员工的工作积极性。积极性是职工在完成工作任务时一种能动的、自觉的心理和行为状态,这种状态可以促进企业员工智力和体力能量的充分释放,并导致一系列积极的行为后果。受到激励的员工,可以在工作中始终保持高昂的士气和热情。

②激励有助于将企业员工的个人目标导向实现企业目标的轨道。个人目标及个人利益是企业员工行动的基本动力,激励能以个人利益和需要的满足为基本作用力,引导企业员工把个人目标统一于企业的整体目标,从而促进个人目标与企业目标的共同实现。

③激励有助于增强企业的凝聚力,促进企业内部各组成部分的协调统一。企业是由若干职工,即个体、工作群体及各种非正式群体组成的有机结构,运用激励的手段,满足职工的需要,协调人际关系,可以增强企业的凝聚力和向心力,促进各个部门、群体、个体之间的密切协作。

(2)对激励的要求。

①促使个人选择合乎组织目标要求的行为。激励因素的综合应用,最终要有利于引导人的行为向组织目标靠拢。

②综合运用管理者可以使用的激励手段,最大限度地激励个人努力做好本职工作,激发个人的工作热情,使其为组织作出最大贡献。

③使企业中的人在工作中具备团队精神,从集体、协同工作的团体出发,积极与他人配合,提高团队的工作效率。

④鼓励企业中的个人学习、进修,要创造一种努力提高个人能力、争创一流业绩、积极进取的组织风气,为企业发展培养人才。

⑤信息沟通有效、畅通,使组织中的个人对变化、对新情况有较强的敏感性,使环境条件的变化及时反映到相关决策层,保持组织的活力和弹性。

2.激励机制

激励是通过影响职工个人需要的实现来提高他们的工作积极性,引导他们在企业经营中的行为。因此,激励机制的研究大多是围绕人的需要实现,以及需要的类型和特点来采取措施影响他们的行为而展开的。

(1)马斯洛的需要层次论。马斯洛是美国的管理心理学家。他认为,人类的基本需要可分为五类:生理的需要、安全的需要、社交的需要、尊重的需要以及自我实现的需要。它们由低到高共有五个层次。

①生理的需要。人类为了生存,首先必须满足最基本的生活要求,如衣、食、住、行等。人类的这些需要得不到满足,就谈不上还可以有其他的需要。

②安全的需要。最基本的生活要求得到满足,生理需要就不再是推动人们工作的最强烈力量,取而代之的是安全的需要。一是现在安全的需要,就是要求自己现在的社会生活的各个方面均能有所保证。二是对未来的安全的需要,就是希望未来的生活有保障。

③社交的需要。人们希望在社会生活中得到别人的注意、接纳、关心、友爱和同情,在感情上有所寄托。

④尊重的需要。这是一种心理需要。尊重包括自尊和受别人尊重。自尊是指自己取得成功时感到自豪;受别人尊重是指当自己做出贡献时,能得到他人的认可、赞扬等。

⑤自我实现的需要。这是一种更高层次的需要,这种需要就是希望在工作上有所成就,在事业上有所建树,实现自己的理想或抱负。自我实现的需要通常表现为:在胜任感方面:有这种需要的人力图控制事物或环境,希望一切事物在自己的控制下进行。在成就感方面:人们在工作中常为自己设置一些有一定难度,但经过努力又可以完成的目标。工作的乐趣在于成果或成功,成功后的喜悦比其他任何报酬都重要。

马斯洛认为,一般情况下,人们按照上述层次逐渐追求自身需要的满足,并从中受到激励,但已经得到满足的需要不再具有激励的作用。同时,占主导地位的优势需要会随着人们经济状况的变化而改变。

企业管理者可以按照需要层次理论,对企业员工的多种需要加以归类和确认,针对未能满足的或正在追求的需要进行有效激励,从而提高员工的积极性,很好地实现组织的目标。

(2)期望理论。维克托·弗鲁姆(Victor H.Vroom)是一位著名的心理学家和行为科学家。他认为:人之所以能够从事某项工作并达成组织目标,是因为这些工作和组织目标会帮助他们达成自己的目标,满足自己某方面的需要;某一活动对某人的激励力量取决于他所能得到结果的全部预期价值乘以他认为达成该结果的期望概率。

弗鲁姆的期望理论辩证地指出了在进行激励时要处理好三方面的关系,这也是调动人们工作积极性的三个条件。第一,努力与绩效的关系。人们总是希望通过一定的努力达到预期的目标,如果个人主观认为达到目标的概率很高,就会有信心,并激发出很强的工作力量,反之如果他认为目标太高,通过努力也不会有很好绩效时,就失去了内在的动力,导致工作消极。第二,绩效与奖励的关系。人总是希望取得成绩后能够得到奖励,当然这个奖励也是综合的,既包括物质上的,也包括精神上的。如果他认为取得绩效后能得到合理的奖励,就会产生工作热情,否则就可能没有积极性。第三,奖励与满足个人需要的关系。人总是希望自己所获得的奖励能满足自己某方面的需要。然而由于人们在年龄、性别、资历、社会地位和经济条件等方面都存在着差异,他们对各种需要要求得到满足的程度就不同。因此,对于不同的人,采用同一种奖励办法能满足其需要的程度不同,能激发出的工作热情也就不同。

对期望理论的应用主要体现在激励方面,它启示管理者不要泛泛地采用一般的激励措施,而应当采用多数组织成员认为效价最大的激励措施,而且在设置某一激励目标时应尽可能加大其效价的综合值,适当加大不同人实际所得效价的差值,加大组织期望行为与非期望行为之间的效价差值。在激励过程中,还要适当控制期望概率和实际概率,加强对期望心理的引导。期望概率过大,容易产生挫折,期望概率过小,又会减小激励力量。而实际概率应使大多数人受益,最好实际概率略大于平均的个人期望概率,并与效价相适应。

(3)公平理论。亚当斯是美国行为科学家,他提出了公平理论。该理论侧重于研究工资报酬分配的合理性、公平性及其对职工生产积极性的影响。他认为:当一个人作出了成绩并取得了报酬以后,他不仅关心自己所得报酬的绝对量,而且关心自己所得报酬的相对量。因此,他要进行种种比较来确定自己所获报酬是否合理,比较的结果将直接影响今后工作的积极性。

一种比较称为横向比较,即他要将自己获得的"报偿"(包括金钱、工作安排以及获得的赏识等)与自己的"投入"(包括教育程度,所做努力,用于工作的时间、精力和其他无形损耗等)的比值与组织内其他人做比较,只有相等时,他才认为公平。否则,他可能要求增加自己的收入或降低自己今后的努力程度,或者希望减少比较对象的收入或让其今后增大努力程度以便达到心理上的平衡。

除了横向比较之外,人们也经常做纵向比较,即把自己目前投入的努力与目前所获得报偿的比值,同自己过去投入的努力与过去所获报偿的比值进行比较。只有相等时他才认为公平。

人们对于公平的感受是一种普遍的心理现象。为实现有效的激励,企业管理者必须了解企业职工对其劳动报酬是否感到公平,并通过合理分配奖酬、调节奖励形式、纠正认知偏差、适当减少比较机会等方式消除不公平感,力求使每个职工都得到应有的报酬和待遇,进而增强其满足感,激发企业职工的积极性。

3.激励的方法、途径和原则

(1)激励的方法。根据激励的理论,在实际工作中,应针对企业职工的个体特性,采用不同的激励方法,常用的激励方法有以下四种。

①工作激励:指通过分配恰当的工作来激发职工内在的工作热情。

②成果激励:指在正确评估工作成果的基础上给职工以合理奖励,以保证职工行为的良性循环。

③批评激励:指通过恰当的批评来激发职工改正错误行为的信心和决心。

④培训教育激励:指通过思想、文化教育和技术知识培训,通过提高职工的素质,来增强其进取精神,激发其工作热情。

(2)激励的途径。为了达到激励的效果,企业管理者可以选择以下途径。

①目标激励:指管理者通过设置一定的工作目标,或帮助、指导企业职工制定和树立一定的工作目标而达到激励目的。

②参与激励:是通过广泛吸收组织成员参与组织决策和内部管理来激发组织成员工作热情的一种方法。

③竞争激励:是通过比赛的方式激发人的积极性,由于这种形式具有较强的直观性和"输赢感",因而能够较好地满足一些人的成就欲和自尊心。

④榜样激励:是通过典型示范作用来激励人的行动的一种激励方式。

⑤影响激励:是指管理者通过自我行为方式来带动和引导企业职工的一种方法。管理者优良的思想作风、工作作风与生活作风,能感染、教育和带动群众更积极地为组织目标工作。

⑥情感激励:是通过情感的和谐交融来激励人们努力奋发的一种方式。亲密融洽的人际关系可以使人心情舒畅、活力倍增。

⑦危机激励:是通过让企业职工认识到组织与自身所面临的险境和困境,从而激发其进取精神的方法。危机感和忧患意识不仅可以激发人们奋起抗争、克服困难的高度积极性,而且可以极大地激发人们的创新精神和创新能力。

⑧尊重激励:尊重各级员工的价值取向和独立人格,尤其尊重企业的普通员工,可以激发员工努力工作,更好地回报企业。

⑨物质激励:增加工资、生活福利、保险,发放奖金和生活用品,奖励住房及工资晋级等。

(3)激励的原则。企业管理者运用激励手段,激发企业职工的积极性,要遵循以下原则。

①系统性原则:即系统地对待企业各个层面的职工、各个方面的问题。

②差异性原则：各个职工的个性心理特征千差万别，管理者只有因人而异，施以适当的诱因，才能取得最佳激励效果。

③物质激励和精神激励原则：物质激励是有限度的，当职工的生理需要得到满足后，他们的第一需要转为心理的需要，这时物质激励就不再会对他们起到很强的激励作用，而精神激励可以使企业职工获得满足感，因此在企业实际工作中，应兼顾物质激励和精神激励。

④公平性原则：健全、完善绩效考核制度，公平合理地对待每一位员工。

案例 2：适当的激励才可能起到预期的作用

微软公司是世界上最大的股票期权使用者之一。公司为董事、管理人员和员工订立了股票期权计划，该计划提供非限制股票期权和激励股票期权。

微软是第一家用股票期权来奖励普通员工的企业。微软公司员工可以拥有公司的股份，并可享受 15% 的优惠；公司高级专业人员可享受巨大幅度的优惠；公司还给任职一年的正式员工一定的股票买卖特权。微软公司员工的主要经济来源并非薪水，股票升值是主要的收益补偿。在全球 IT 行业发展持续向上的时候，微软运用这种方法吸引并保留了大量行业内的顶尖人才。但是，高科技行业的衰落加剧了人才流动，公司人才竞争的压力不复存在，微软通过股权激励来吸引人才的压力也大为降低，同时美国股市也一蹶不振，使得股权激励的效果大打折扣。微软主席比尔·盖茨表示，微软公司将限制使用股票期权，因为股票期权的激励作用并不像有些人所想的那样大。比尔·盖茨还表示，除非法律有要求，微软还不打算将股票期权作为一项费用处理，从而削减净收入。这充分显示出，在行业景气出现大幅衰退时，不仅公司盈利出现滑坡，而且公司吸引人才、激励人才的成本也会大大降低，股票期权的高成本问题压倒了它的激励作用，成为公司决策层首要考虑的问题。曾经在创造微软辉煌过程中起过重要作用的股票期权制度现在也在微软管理制度的紧缩范围内，可见股票期权的激励作用要与其成本相比较，只有适当的激励力度才可能起到预期的作用。

（三）企业文化建设

1.企业文化的内容和功能

企业文化是一种弥漫于企业组织各方面、各层次的价值观念、思维方式和行为准则，是企业的风气、风格，是一种具有企业个性的信念和行为方式。在企业内部，企业文化起着不可或缺的作用。它不仅对企业组织的运转是一种必不可少的润滑剂，而且能够创造良好的组织气氛和组织环境，能从观念、信仰层次调动企业职工的工作积极性和忠诚心，是其他管理手段无法取代的。

现代企业文化主要由四个层次所构成：表层的物质文化，是现代企业文化的第一个层次，是由企业员工创造的产品和各种物质设施等所构成的器物文化。浅层的行为文化,是企业员工在生产经营、学习娱乐、人际交往活动中的文化,这种文化是企业精神、企业目标的动态反映。中层的制度文化,是企业文化的第三个层次,主要是指现代企业生产经营活动中形成的与企业精神、企业价值观等意识形态相适应的企业制度、规章、组织机构等。这种文化被称为一种强制性文化。深层的精神文化,是现代企业文化的核心层,主要是指企业在生产经营中形成的独具本企业特征的意识形态和文化观念,它往往是在企业多年经营中逐步形成的。

（1）企业文化的内容。①企业价值观。企业价值观是指企业及其员工的价值取向,简言之,即对事物的判断标准。因为有了这一判断标准,所以,员工知道什么是重要的,什么是可有可无的;什么是该做的,什么是不该做的;什么是可贵的,什么是要抛弃的。

②企业的经营哲学。企业经营哲学就是企业的指导思想,体现出企业的历史使命感和社会责任感。企业的经营哲学是长期形成的,是全体员工共同接受的思想,是企业成功经验的总结。企业的经营哲学反映出企业领导者的信念、抱负以及工作重点,是企业一切活动所刻意追求的目标。

必须注意,对任何一个企业来说,有效的经营哲学的重要性远远超过技术、资源、组织结构等要素。

③企业精神。企业精神是指企业所拥有的一种积极向上的意识和信念。企业精神是一种个性化非常强的企业文化构成要素。每个成功企业都有自己独特的企业精神,比如,著名的索尼公司的"不断开拓精神"、IBM公司的"IBM就是服务"的精神追求、惠普公司的"尊重个人价值"的精神,等等。尽管如此,大凡成功的企业都有相似的企业精神内核,这些精神大致包括以下一些内容:爱国精神、创新精神、竞争精神、服务精神、团结精神、民主精神。

④企业的道德规范。企业的道德规范是用来调节和评价企业和员工行为的规范的总称,通常包括以下内容:以公正、正直、诚实等道德规范来评价企业和员工的行为;调整企业与企业之间的竞争关系,防止不正当竞争;调整企业与顾客之间的关系,讲究职业道德,维护消费者权益;在员工与员工之间形成良好的企业风尚。

⑤企业制度。企业制度即企业行为规则的总和。企业制度是一种显性的企业文化;企业制度最明显的特征是它的目标性、稳定性和连续性;企业制度的内容体现了员工的权利和义务;企业制度的执行具有权威性和强制性;企业制度的目的是保证企业目标的实现。

⑥企业的产品。企业的产品是企业文化的凝固。通过企业产品的整体形象可以了解企业文化;企业产品的质量以及企业的质量意识反映企业文化的内涵;企业产品的设计反映企业的品位。

⑦企业的生产环境。企业生产环境是一个企业精神风貌的直接体现,是企业的"衣

妆"。整洁、优美的环境是企业整体形象的组成部分,也是认识企业的开始;良好的生产环境是现代化生产的必要条件。生产环境在很大程度上影响员工的情绪:良好的环境激发员工"爱厂如家"的自豪感、献身企业的责任感。良好的环境是建设企业文化的开始。

⑧文化传统。企业文化是一个民族的文化传统在企业中的发扬。相应地,企业文化又折射出一个民族的文化传统。民族文化传统中既有优良的一面,如中华民族的勤劳、朴素、重道义、善良等,可以对企业产生正面效应;也有不良的一面,如我们文化传统中的家长制作风、等级观念、平均主义等,会对企业产生负面效应。

(2)企业文化的功能。

①导向功能。导向功能是指企业文化能够对企业整体和企业每个成员的价值取向及行为取向起引导作用,使之符合企业所确定的目标。

②约束功能。约束功能指企业文化对每个企业员工的思想、心理和行为具有约束和规范的作用。这不是硬约束,而是一种软约束,它产生于企业中弥漫的企业文化氛围。

③凝聚功能。当一种价值观被企业员工共同认可之后,它就会成为一种黏合剂,从各个方面把成员团结起来。

④激励功能。企业文化具有使企业成员从内心产生一种高昂情绪和发奋进取精神的效应,使每个企业员工从内心深处自觉地产生为企业拼搏、献身的意愿。

⑤辐射功能。企业文化一旦形成较为固定的模式,它不仅会在企业内部发挥作用,对本企业员工产生影响,而且还会通过各种渠道对社会产生影响。

2.企业文化的类型

企业文化或企业内某一局部组织的文化可初步分为四种典型类别,即:高度和睦交往与低度团结一致的网络型组织;低度和睦交往与高度团结一致的利益型组织;低度和睦交往与低度团结一致的分裂型组织;高度和睦交往与高度团结一致的公社型组织。四种文化类型各有利弊,具体如下:

(1)网络型组织:高度和睦交往,低度团结一致。在网络型组织里,员工们有时就像一家人,他们常常驻足在门厅里谈话,互相参加婚礼庆典、庆祝晚会,共进午餐甚至晚餐,连居所可能都很近。在开会讨论问题之前,小集团就已弄明白有关问题的决策。这种非正式的方式可以给组织以灵活性,是避免官僚主义的一种好办法。

首先,由于网络型组织的团结一致程度低,因此意味着管理人员在行使职能或使公司协同工作时往往会遇到麻烦;其次,非正式组织往往使组织内政治气氛很浓,以至于其中的个人和小集团要花很多时间去完成他们自己的计划;最后,因为几乎没有对共同业务目标的奉献精神,网络型组织的员工经常对绩效标准、工作程序、规则和制度有不同看法。

由于和睦交往的关系需要用相当长的时间才能建立起来,所以,一般说来,几乎没有哪个企业从建立之初就处于网络型组织象限,许多企业都是从其他象限逐步发展到网络型组织象限的。据观察,当企业长期战略较为稳定明确,局部的市场知识是取得成功的关键要素时,比较适合这种企业文化形式。

(2)利益型组织:低度和睦交往,高度团结一致。利益型组织很少有在门厅里聚会恳谈的现象,大家都围绕一个明确的目标而努力工作,企业内几乎所有的交流沟通都是针对商务问题,员工们将工作与生活明显区分开来,并且通常不能容忍低劣的工作绩效。这种高度团结一致的企业文化使企业能够对出现的市场机会或威胁做出迅速、一致的反应,保证企业抓住机会,避免危机。

但是,利益型社团也有其不足之处:一心追逐特定目标的员工们往往应强制性要求才去进行协作、分享信息、交流新的想法。而做到这些又会使人分心,因此,目标不一致的单位之间的协作几乎是不可能的。

根据利益型组织的特点,当企业所处竞争环境清晰,企业目标明确且可度量,或企业经营环境发生迅速而剧烈的变化时,比较适合采用这种文化方式。

(3)分裂型组织:低度和睦交往,低度团结一致。分裂型组织最明显的特点就是员工表现出较低的组织成员意识,如大学教授和律师,他们通常认为只是在为自己工作,或者他们只认同职业团体——通常是专业团体;在工作行为上,分裂型组织成员多喜欢独自闭门工作,与同事之间的交往极少;相互之间很少就组织目标、成功的关键要素以及工作绩效标准达成共识,组织内和睦程度很低。

分裂型组织听起来像是一种非常恶劣的办公场所,管理人员都不愿意为一个分裂型组织工作,但是,的确存在着要求建立这种文化甚至是受益于这种文化的情况。

在以下几种情况下分裂型组织能够成功运作:在高度依赖付酬换取外部计件工作的制造企业中;在专业组织,如咨询机构、法律事务机构中,因为那些训练有素的专业人士具有独特的工作风格;在那些已经虚化了组织形式的组织中,如在家办公、移动办公等。概括起来,这些情况具有以下特点:工作本身几乎不存在相互依赖关系,工作主要由个人而不是小组完成,通过控制投入就能达到目标,个人之间几乎没有互相学习的机会等。

(4)公社型组织:高度和睦交往,高度团结一致。在公社型组织中,员工都表现出强烈的组织意识和成员意识,如在苹果公司初创时,员工们欣然将自己视为"苹果人"。员工们往往是风险共担,利益共享,而且对竞争的认识非常清晰。

在企业初创阶段,人们目标一致程度非常高,比较容易表现出公社型文化;在成熟企业中,员工们共事多年,建立了友谊和共同的利益目标,也可能建立起公社型文化。事实上,在企业生命周期的任何阶段都可以发展为公社型文化。

　　许多管理人员将公社型文化视为理想。但是,高度和睦与高度团结并不一定能产生最佳效果,在和睦交往与团结一致之间可能存在着一种固定的张力,它使得公社型企业有一种天生的不稳定性。在动态、复杂的环境下,需要多部门协同工作、互相学习时,比较适于公社型组织,如信息技术、电信以及药物等部门的创新活动。

　　四种类型的文化并没有明显的好坏之分,它们各有优劣,因此也各有各的适应场所。对于企业管理人员而言,关键是要弄清楚自己的企业处于什么样的环境,需要建立起什么样的企业文化,如果当前的企业文化类型与面临的经营环境不适应,那么就应该想办法破旧立新。

　　3.企业文化的形成机制和建设

　　(1)企业文化的形成机制。企业文化通常是在一定的生产经营环境中,为适应企业生存发展的需要,首先由少数人倡导和实践,经过较长时间的传播和规范管理而逐步形成的。

　　①企业文化是在一定环境中适应企业生存发展的需要而形成的。存在决定意识,企业文化的核心价值观就是在企业图生存、求发展的环境中形成的。例如"用户第一、顾客至上"的经营观念,是在商品经济出现买方市场,企业间激烈竞争的条件下形成的。大庆油田的为国分忧、艰苦创业、自力更生的精神,在某种程度上是在20世纪五六十年代我国面临国外封锁、国内经济困难,石油生产又具分散性及一定危险性等环境下形成的。企业作为社会有机体,要生存、要发展,但是客观条件又存在某些制约和困难,为了适应和改变客观环境就必然产生相应的价值观和行为模式。同时,也只有反映企业生存发展需要的文化,才能被多数员工接受,才有强大的生命力。

　　②企业文化发端于少数人的倡导与示范。文化是人们意识的能动产物,不是客观环境的消极反映。在客观上对某种文化的需要往往交织在各种相互矛盾的利益之中,羁绊于根深蒂固的传统习俗之内,因而一开始总是只有少数人首先觉悟,他们提出反映客观需要的文化主张,倡导改变旧的观念及行为方式,成为企业文化的先驱者。正是由于少数领袖人物和先进分子的示范,启发和带动了企业的其他人,形成了企业新的文化模式。

　　③企业文化是坚持宣传、不断实践和规范管理的结果。企业文化实质上是一个以新的思想观念及行为方式战胜旧的思想观念及行为方式的过程,因此,新的思想观念必须经过广泛宣传、反复灌输才能逐步被员工接受。例如日本经过几十年的宣传灌输,终于形成了企业员工乃至全民族的危机意识和拼搏竞争的精神。

　　企业文化一般都要经历一个逐步完善、定型和深化的过程。一种新的思想观念需要不断实践,在长期实践中,通过吸收集体的智慧,不断补充、修正,逐步趋向明确和完善。

文化的自然演进是相当缓慢的,因此,企业文化一般都是规范管理的结果。企业领导者一旦确认新文化的合理性和必要性,在宣传教育的同时,便应制定相应的行为规范和管理制度,在实践中不断强化,努力转变员工的思想观念及行为模式,建立起新的企业文化。

(2)企业文化的设计和贯彻。根据企业文化的形成机制及国内外的成功经验,在企业文化建设中应抓好以下主要环节。

①科学地确定企业文化的内容。在确定企业文化内容的过程中,应考虑以下几点。

根据社会发展的趋势和文化的渐进性,结合国家、企业的未来目标和任务考虑文化模式。生产方式、生活方式的变化和进步,必然导致人们心理及行为模式的发展和变异。文化的渐进是一条客观规律,也是实现民族的、企业的新目标、新任务的必然要求。

根据企业的外部客观环境和内部现实条件,形成企业的共性文化和个性文化。例如,社会化大生产要求协作精神、严格的纪律和雷厉风行的作风;商品经济要求与用户搞好关系,保证产品和服务质量。这些都是不以民族和企业特点为转移的。但各企业在自然资源、经济基础、人员构成等方面存在差异,客观上会产生和要求不同的文化特点。例如投资大、见效慢、风险性较大的企业,一般需要远见卓识、深思熟虑、严谨的态度和作风,而生产生活消费品的企业则要求灵活、机敏的作风。

对源远流长的民族文化和现有的企业文化采取批判地继承的态度,取其精华,去其糟粕,采用辩证分析的方法,不能简单地肯定或否定。特别要善于发扬本企业的优良传统。

a.博采众长,借鉴吸收其他民族和企业的优秀文化。日本松下电器公司就十分注重荟萃世界优秀企业文化。它规定在国外的子公司有研究各国企业文化的使命,子公司领导人回国述职或参加培训,首先要报告所在国家和地区企业文化的特点。对于外来的企业文化,也不能简单地采取"拿来主义",而应持认真鉴别、分析研究、有选择吸收的态度。要搞清楚哪些是优秀的,哪些是适用于自己的。同时,采借别人的长处、精华,还必须进行一番改造,才能适用于自己的企业。如20世纪50年代初,美国人向日本企业家传授的产品质量管理的考评和测量技术,很快被日本人改造成世界著名的QC小组活动。

b.重视个性发展。一个企业的文化个性,是这个企业在文化上与其他企业不同的特性。它只为这个企业所有,只适用于这个企业,是这个企业生存、发展条件及其历史延续的反映。国内外的优秀企业,都是具有鲜明的文化个性的企业。同是美国文化区内的企业,惠普公司文化便表现出许多与众不同的地方。它倡导团体主义,主张建立轻松、信赖、和谐的人际关系。公司宗旨明确写着:"组织成就乃系每位同仁共同努力之结果。"我国企业自觉的文化建设刚刚开始,一般企业还不具备自己独特的文化风格,更需要重视企业文化个性的发展。要认清自己的特点,发挥本企业及其文化素质的某种优势,在自己经验基础上发展本企业的文化个性。

c.着眼企业发展战略,注重培育企业精神。企业文化要配合企业发展战略的需要,为促进企业发展服务。企业精神是企业文化的核心,是企业的精神支柱。企业精神的内容要与企业发展战略相适应。例如,40多年来,株洲时代集团公司员工辛勤耕耘,铸就了"团结和谐,求实创新,拼搏奉献"的企业精神,正是有了这种精神,株洲时代集团公司事业的发展才有了不竭的精神动力和力量源泉。

②宣传倡导,贯彻落实。

a.广泛宣传,达成共识。大庆油田1205钻井队是"铁人"王进喜生前领导的钻井队,以后虽换过不少届领导班子,员工也不断更新,但由于坚持对工人进行艰苦创业传统的宣传教育,"铁人精神"得以一直保持并发扬光大。领导带头,身体力行。企业领导者是企业文化的龙头,企业领导者的模范行为是一种无声的号召,对员工起着重要的示范作用。因此,要塑造和维护企业的共同价值观,领导者本身应成为这种价值观的化身,并通过自己的行动向全体成员灌输企业的价值观。首先,领导者要注重对企业文化的总结塑造、宣传倡导。其次,要表率示范,在每一项具体工作中都体现企业的价值观。

b.完善制度,体制保证。企业文化是软硬结合的管理技巧。在建设企业文化时应"软硬"兼施,相辅相成。在培育企业职工整体价值观的同时,必须建立、健全、完善必要的规章制度,使员工既有价值观的导向,又有制度化的规范。同时,在建设企业文化时,要调整好企业内部的组织机构,建立和形成文化建设所要求的组织体系。

c.树立榜样,典型引导。发挥榜样的作用是建设企业文化的一种重要而有效的方法。把那些最能体现价值观念的个人和集体树为典型,大张旗鼓地进行宣传、表彰,并根据客观形势的发展不断调整激励方法,有利于优秀企业文化的形成和发展。迪尔和肯尼迪在其合著的《公司文化》一书中,把英雄楷模人物作为企业文化五大构成要素之一,认为没有英雄人物的企业文化是不完备的文化,是难以传播和传递的文化。

d.加强培训,提高素质。一个企业若员工的基本素质不高或缺乏良好的职业道德,那么生产力的健康持续发展是不可能的,企业文化建设也只能是纸上谈兵。加强培训,不断提高企业员工基本素质,是建设企业文化的基础保证。在日本松下电器公司,每一个即将走上工作岗位的年轻人,都必须首先接受职业道德、经营思想、集体意识、自我修养的集训,进行语言、待人接物的礼节教育,考试合格后才被录用。

③积极强化,持之以恒。企业员工的价值观、信条、口号、作风、习俗、礼仪等文化要素,是不断进行积极强化的产物。强化指的是人们的某种行为因受到一定刺激而继续或中断的过程。使行为继续下去的强化,叫作正强化或积极强化;使行为中断或中止的强化,叫作负强化或消极强化。积极强化的刺激使人们获得奖赏性情绪体验,而消极强

化的刺激带给人们惩罚性情绪体验。趋乐避苦,趋利避害,是人类行为的基本法则,在建设企业文化时也应遵循这些法则,对员工的正确行为给予积极强化。

企业文化建设应是企业的长期行为,靠短期突击不能奏效,而且是有害的。由组织的少数人创造、倡导的某种文化质,传播到组织的每个团体,再由一个个团体传播给每一个人,使之在企业的每个角落里生根、开花、结果,这是一个长期的过程。改变企业文化的模式,不仅要长期积累新文化质,而且要同旧文化质的"惰性"进行反复较量、作长期斗争。学习、采借别的文化质,不仅要经过鉴别,以决定取舍,而且要经过长时间的加工制作、消化领会,才能把它吸收进自己的文化里。因此,进行企业文化建设必须长期努力,持之以恒。

④面对变化,适时调整。事实上,管理人员一直面临着调整其企业文化以适应环境变化的挑战。迫于竞争的压力,许多具有强大的忠诚与共同奋斗传统的规范的大企业已经被迫由网络型文化变成利益型文化。

既然面对变化的环境,需要不断调整企业的文化,那么,怎样才能在不遭受太多损失的情况下完成企业文化类型的转变呢?管理人员如何提高和睦或一致的程度呢?管理人员可以采取以下步骤。

通过招募兼容性强的人(那种看起来很可能自然地成为朋友的人)来提高分享思想、利益以及感情的程度;通过组织办公室内外的比较随意的聚会活动,比如晚会、远足甚至读书俱乐部等,来增进员工之间的社会接触;减少员工之间的繁文缛节;缩小等级差别;管理人员对员工要像对朋友一样,关心有困难的员工,树立一种和蔼亲切的榜样形象。

要提高一致程度,管理人员可以采取以下步骤。

通过简报、通信、录像带、备忘录、电子邮件等,启发员工对竞争对手的认识;制造一种紧迫感;激发员工必胜的斗志;鼓励员工为共同的企业目标而献身。

成功的企业不仅需要认识目前的环境状态,而且还要了解其发展方向,并能够有意识地调整和睦交往程度以及团结一致程度,选择合适的企业文化,以适应挑战。

第二节 人本管理是现代企业管理的灵魂

马克思主义哲学认为,人是生产力中最活跃的因素;人民群众是历史的创造者,是推动社会发展的根本力量。企业管理中最重要的要素也是人,没有企业就没有生命,就没有创造生产的可能性,然而没有人就没有企业的发展与未来。人本管理要求将"以人为本"的核心理念贯穿到组织的各项管理活动中,让"以人为本"这一理念组织管理和组织运作,以此激发人的积极性与创造性,从而成为企业发展的灵魂。

一、人本管理的内涵及特征

1.人本管理的内涵

人本是指"以人为本"突出人的本质和地位,人本管理是指在管理过程中确立"以人为本"的核心地位,表现为管理组织以满足人的各种需要和尊重人的个性,创造适合组织内人的生存发展的环境,强调人员积极参与管理和进行有效的自我管理,以此调动人的积极性和创造性,通过竞争与合作以实现人的全面自由发展为目标。人的全面自由发展是人类的进步,同时也是社会发展的表现和经济发展的转型,也更是"以人为本"管理的内涵和本质。

"以人为本"既是一种管理理念和方式,也是管理的最终目标。人本管理有两方面的意义:第一,确立人在管理过程中的核心地位和突出人的本质作用,从"工具人"回归到人之所以为人的本质性层面。管理实践表明,管理首先是对人本质的根本性的价值认同和判定,再确定管理的"程序"和方式。即使在生产力方式落后的社会中,管理根本上也是对人的管理。可是在生产社会发展、市场竞争日益激烈化后,对物质资源的管理才成为管理的核心部分,从而忽略对人的管理。第二,随着对"人为什么要创办企业、为什么要从事经济活动"此类的问题的探讨,管理的实践发现,仅仅停留在调动人对物质资源的追求和盈利为目的的自主性、积极性和创造性层面,从而提高人力资源作为一种生产要素的利用效率来确定人本管理的本质和最终意义是有失偏颇的。约翰·穆勒指出,"人民不应当作财富,因为财富正是为了人的缘故而存在"。人本管理的终极意义是通过以人为核心的管理方式和生产经营活动以满足人的全面需求,使人超越物质层面的需求和获得精神与物质全面需求的发展。

"以人为本"的核心理念具体反映在管理过程中为:第一,尊重人之为人的人本核心价值,提倡人的能力,使管理方式从刚性控制转为柔性组织。第二,企业组织及社会的投入由物质资本向人力资源的开发转变,以此提高人的自主性、积极性和创造性。第三,组织内的人力资源开发成为一项核心和基本的工作。第四,积极构建优秀的企业组织文化,使文化成为企业的重要组成部分。第五,强调通过发挥人之为人的本质力量,创造社会效益,提高企业的成效。

人本管理是从"以人为本"的核心理念和思想高度出发,构建起来的管理理论与方法,其不仅是强调人存在的价值,也从尊重人、关怀人、理解人、认识人的角度调动其从事生产活动的积极性,建立良好的人际关系,同时进行人力资源的开发。如果仅仅是从调动人的积极性以帮助企业组织实现其盈利目的,这就不是真正的人本管理。

2.人本管理的基本特征

讲以人为本,并不是说否定其他"管理思想",在企业管理当中,如果仅仅搞调和人际关系为主,而忽略企业组织行为及目的,往往也会影响企业组织的生存及发展。"以人为本"的管理和传统的以事管理相比较而言,"以人为本"管理的特点就在于它强调:

第一,管理基于人的本质。人之为人的本质才是管理的核心,企业组织首先不是物质和体制的堆积,而是人与人组成的集合,组织目标是通过对人本质存在的认可和调动人性中积极、自主、创造的本性从而控制物质资源的调配来实现的。人本管理强调:管理必须是针对本质人为主,任何管理的原点都必须从强调人之为人存在的前提出发。基于此,管理不仅是对人的组织和调配,也是实现人的价值的过程;组织确定经营目标,不仅仅要考虑获取利益,更要为整体社会的向前发展做出贡献。这是人本管理的首要前提条件之一,同时也是管理主体在管理各要素的认识方面最为必要的要求。

第二,关注人的需求。与是否关注和重视组织成员的合理需求相关,这是区别人本管理与非人本管理的重要途径之一。满足员工的需求和自由(个性)的全面发展要求,应包括员工个人的知识、技能的更新与提高,个人思维定式、心智模式、认知结构的改变与完善,还包括员工个人的身心健康。

第三,尊重人的个性差异。每个人与其他人之间都有差异性的一面,尊重每个人的个性差异是实现人的全面发展的重要要求,人本管理更强调对人的个性尊重为首要前提。人本管理强调在尊重人的个性的前提下实现组织的协同,"自由发展"不是员工个性的任意发展,个性发展必须与组织发展相吻合。这种"吻合"是通过员工自身内在要求而实现的,是在以人为本的管理理念指导下,有目标、有组织、有计划地开展实践,而不是在外在强制和压迫的环境下实现。但在管理实践中,许多管理者主要考量组织的功利性目标,往往视员工为某一岗位的"螺丝钉",以牺牲员工的个性为代价实现组织的协同。其实人的价值,尤其是人的创造性价值,主要源于人的个性,只有人的个性得到充分发挥,组织才真正具有活力,否则组织就会成为"机器人工厂"。

尊重人的个性,主要体现在四个方面:允许个性的存在,不在工作环境和福利待遇等方面歧视或排斥具有个性的员工;在成员的岗位安排、教育培训、工作生产环境、文化气息、资料分配等诸多方面,既要考量组织的功利性目标,还要考量组织内部成员个人意愿、特长优点发挥及其个人的长远发展;在组织允许的条件下其组织成员提出合理要求发展技能时,组织应积极支持和帮助成员实现其要求;能够为组织成员个性化发展的投入给予直接的回报和激励。

第四,员工参与管理。随着社会文化、经济、技术、竞争的发展和人的素质提高,有效管理的主要模式已从"高度集权,从严治理"转向"适度分权,民主治理,依靠科学管理和员工参与"。这两种模式的根本不同之处在于,前者把成员视作"工具",成员处在被使用的地位;后者把成员视作管理过程中的参与者,使成员处于主动参与管理的地位。后者更符合人性完善的趋势,更能有效调动员工的自主性、积极性和创造性。但需要说明的是,以人为本的管理重视成员在管理过程中的参与,积极发挥成员在组织发展和管理中的能力扩张,但并不一定是"放任自流"或是"一拥而上"参与所有重要决策。

第五,导向性管理。人本管理提倡和重视组织成员的个性发展,因此,人本管理必定是具有导向性的特质。所谓导向性管理是以建议引导为主、权威和控制为辅的管理。既不同于其他管理理论中的权威和控制主义,也不同于不要权威和控制的放任自流式的管理,因为组织成员的"自主管理"意味着管理权力的完全分权化。人本管理运用导向性管理,主要是通过共同的价值理念认同来实施的。

第六,成员与组织共同发展。人本管理的理念主要体现在其成员与组织共同的成长。任何单纯的个体独立发展或强调功利性的发展都不能推动组织的健康发展。所谓组织与成员共同发展是指:一方面组织的发展需要人本管理的指导,组织机制、构架及运行功能都要逐步凸显人的价值,适应组织成员个性需求的发展模式;另一方面,组织成员要主动调整自己的发展模式、价值观念来适应组织发展的需要,兼顾组织的整体利益和发展模式;通过建立企业文化机制,实现成员个性化发展的基础上,保持组织持续健康的发展。

第七,使人性完美发展。人本管理以"双赢""共享""守信"为人际关系的重要原则,并以遵守此原则为评价成员人性是否符合标准,任何管理活动都以此为最高准则。因此,人本管理强调:在使人性完美发展的过程中同时实现组织的目标。管理主体在执行每一项管理体制、方案、措施时,既要看到发展效益,同时还要考量对成员的全面发展需求,分析其是否促使成员向更加健康、人性更加完美的方向发展。

二、人本管理是现代企业最科学的管理方式

首先,企业管理是随着社会经济发展和企业不断进步而不断改善的。在科技信息变革的推动下,现代企业管理模式也在不断向前发展,同时产生了与时代相应的新特征,在此基础上形成了一条新的发展道路。在研究企业管理历史演变过程中表明,现代企业管理的核心是"人之为人"的人本管理,强调人的主观能动性和尊重人的价值。现代企业管理发展的趋势已经变为从过去简单的对物进行机械管理转移到对人这个具有能动意识的动物的管理上,而且趋势将会越来越明显。人本管理理论,重新定位人在企业组织中的地位和作用,企业管理的核心主要围绕着人的本性、人的尊严和人的价值来展开。人本管理理论是在继承原有的企业管理理论的基础上提出的,是符合现代社会企业组织发展趋势的管理理论。使企业管理逐步走上人性化、科学化和规范化,走出传统"以事为主""以物为主"的企业管理模式,从而实现企业组织持续健康的发展和企业员工的全面发展。

其次,现代社会是以知识经济发展为主。在当代全球化、知识化、信息化、多元化、

人性化背景下,组织间的竞争主要取决于人才的竞争。在企业组织管理中,如何培养人才、开发人才、利用人才、留住人才是企业组织关心的核心问题。不遵循人本管理、不尊重人的价值、不关心企业成员的成长和发展,企业组织将难以在日益激烈的竞争中生存和发展。重视人、尊重人、关心人和塑造人在企业发展过程中具有的重要作用,实现企业成员的各方面的发展,包括物质和精神等其他各个方面的需求,最终实现成员的全面发展。这也正是人本管理理论具有强烈的科学性的一面,同时也印证了人本管理是现代企业管理最科学的管理方式。

最后,从我国企业组织所面临的实际问题看,片面追求产值、片面追求高速发展的影响,在企业组织生产过程中过分强调了"重物轻人"的管理模式。实施改革开放以后,许多企业为了提高生产效率开始利用物质利益进行刺激,从而使很多人萌发了钱能得到一切的观念,忽视人在精神方面的追求和自我价值的实现。甚至有一些现代企业只注重企业本身的经济效益,对一些自身本应当承担的社会责任与社会义务不闻不问,例如不注重减少污水排放、不注重减少噪音、不注重反馈社会等情况。对于以上这些问题,需要用以人为本的理念去统领企业的一切工作,贯彻实施人本管理,改变企业在社会经济发展中扮演的消耗资源、榨取人力的形象。重塑企业发展是为社会创造物质财富,为了让人们生活得更加幸福。从这方面来说人本管理在现代企业组织管理和社会发展中具有重要现实意义。

因此,在我国企业组织管理中让管理主体充分认识人本管理所具有的人文性、科学性、规范性,以及实行人本管理在当前社会发展形势下的重要性和必要性,同时也要认识人本管理对于我国企业组织改革发展所具有的重要影响。

三、人本管理是调动企业员工积极性最有效的方法和途径

在现代企业生产实践中的任何一项管理职能的实施,任何一项工作任务的顺利完成都是在人发挥主观能动性下通过劳动来进行完成的。"以人为本"的组织推动了企业组织实现其盈利目标。在现代企业组织的管理中,对企业成员进行有效激励是重要举措之一。然而激励措施实施的适当与否会直接影响到整个企业在生产经营过程中的好坏。通过激励措施充分调动人的自主性、积极性、能动性和创造性,可以促进企业组织的生产效率和持续的发展。

一切生产经营管理活动以物为运行对象是传统企业在进行人事管理的模式下实施的。这样,在日常的管理活动中,员工只是被看作一种为了保持企业的生存和发展的"工具",企业的日常管理方式也更是以强制命令为主要形式,采取强制性的机制来使成员完成组织目标,忽视企业成员的人本性、自主性、积极性、创造性和能动性,从而影响企业组织的健康持续的发展。在现代企业管理过程中,许多企业都会采取各种激励措施

激发员工的积极性。但是在具体的实施过程中并没有考虑到组织成员的个体差异性，实行多元化的激励机制，而是通过采取"一刀切"的方法，对企业内部所有人采取相同的激励措施，有的企业管理者甚至还会错误地认为，在企业组织管理中只有通过物质的刺激才能够达到预期目标。所以，在企业管理中管理主体在人本管理理论的指导下，制定多元化的激励机制，而不是认为激励措施的全部就是物质奖励，只有这样管理或许能达到预期效果。比如，有的企业员工希望自身的所有价值得到实现，有的希望能够得到管理者的充分信任，这些到最后却都没有得到满足。如果不能考虑到成员的个性差异满足，仅采取激励手段就不可能取得预期的激励效果。

人本管理思想对传统的企业管理理论产生了深刻的影响，人本管理提倡的"以人为本"的管理理念，主张人是企业管理中的核心，并指出人在企业管理中的作用比其他因素重要得多。对企业员工进行正确的选拔、合理的任用、精心的培养以及有所区分的激励是达到企业预期的重要保证，通过对企业成员进行多层次、多方面、多技能的培训，逐步提升企业员工的综合素质水平，以达到企业与成员的共同发展。人本管理模式更提倡在企业日常管理经营中管理者通过民主化、协商式的管理方法，鼓励员工积极参与到企业组织的各个环节中，达到成员和管理主体处于平等地位。对员工进行多方面的激励引导，既要有物质方面的鼓励，也要加强精神层次上的关怀，构建多元化激励机制和人性化管理模式，以促进企业组织的可持续发展。

四、人本管理是实现现代企业目标最正确的选择

在单纯以经济增长为目标的片面发展观影响下，企业组织的目标大都囿于经济管理体系中，企业的经济活动成为组织研究分析的唯一要素，从而忽略企业活动中其他要素，只考虑如何获得最佳的经济利益。同样，其管理的目标也仅仅限于经济社会的发展目标，认为只要企业的经济利润增加，社会整体的经济水平也会提升，社会因此也实现了发展。其原因就在于企业组织并没有把人本管理作为企业管理的最高目标。

尽管我国企业的具体情况存在较大差异，但是这种不同不能成为企业不实行人本管理的借口，努力贯彻人本管理思想理念是我国现代企业发展的必经之路。其中关键问题在于我国现代企业组织将如何全面实行人本管理理念与自身优势条件结合起来。管理的对象是人，无论持何种发展理念，采取何种管理手段，管理的预期目标都主要是通过调整和激发人的行为来更好地实现管理目标。一般而言，人类本性具有三重维度：自然性、社会性和意识性。然而，在以物为本的传统发展观指导下，传统纯经济管理理论的"理性人"或"经济人"的单一人性假设主要定位于人的自然性维度，只在经济学和管理学范围内探讨人的发展，很容易形成过分重视人的工具性价值的"物化"管理模式，导致人的异化和单向度化，最终走向人的发展的反面。只有坚持"以人为本"理念下的

人本管理模式,企业组织才会有效实现企业的可持续、健康的发展。

第三节 我国现代企业管理的人本检讨

当前"以人为本"的企业管理思想已被我国大多数企业管理者认同,但由于理解上不够深入,认识上不够到位,理念上不够成熟,从而有很多问题存在于企业管理的实践中,且出现一系列不尽如人意的实际效果的现象。我国现代企业经营的管理模式是在不断实践中建立起来的一套管理模式。其中有很多管理模式还达不到真正意义上的人本管理,甚至有些企业在经营管理活动中违背人本管理的基本原则,对企业管理造成不良影响。

一、我国企业实践人本管理取得的成就

经过新中国成立以来60余年,尤其是近20多年的发展,我国企业实践人本管理取得了一系列的成就,这主要表现在以下一些方面。

1.以人为本成为企业管理最基本的价值导向

在实施改革开放以后,我国的经济体制由计划经济向市场经济转变,企业管理呈现出越来越注重人本管理的趋势。1979年,国家将企业自主权试点的规模逐步扩大。1984年,十二届三中全会通过《关于经济体制改革的决定》,开始把增强企业活力作为经济体制改革的中心环节,并提出政府职能和企业经营分开、企业所有权与经营权分开的设想,企业的自主经营权得到了进一步扩大。承包经营制逐步在企业实践中被采用。1987年,十三大明确提出企业以自主经营、自我管理的原则,将经营权下放到企业,政府只是按照规划和政策为企业服务并对企业进行相应的监督。1992年,由于十四大对劳动力商品的肯定,人力资本正式成为市场化的重要生产要素。1993年,十四届三中全会明确指出,建立产权明晰、权责明确、政企分开、管理科学的现代企业制度是我国企业改革的方向,更加明确了政府与企业之间的关系问题。企业管理开始摆脱行政命令式的管理,管理理念也随之产生变化。一些企业开始尝试使用一些人性化的管理方式来促进企业的经济效益的实现,在一些大型企业和三资企业中也出现使用人本管理的理论来指导企业的经营管理。

2.企业管理的人本化整体水平取得了较大幅度的提升

改革开放30多年以来,我国企业管理的人本化水平取得了较大的进步。许多企业摒弃传统的经验管理方法,运用了人本管理这一科学管理方法,致力于企业的持续发展。我国企业管理人本化水平的提高,体现在以下一些方面。第一,大中型企业作为市场主体,在管理中大力推行以人为本的管理理念;第二,企业组织结构的多元化发展,在传统

企业直线职能制的基础上,事业部制、母子公司制、矩阵制等新的企业组织结构方式开始被企业采用,增强了企业对外部环境的综合适应性;第三,人本管理的一些因素在企业中普遍应用。年薪制、五险一金、股票期权、员工持股等激励方式在一些企业中得到充分运用,企业决策程序朝着科学化、民主化的方向发展,加强对企业员工的培训,注重人力资源的开发与创造在企业发展中的关键作用等。人本管理在我国企业中的运用,也使得我国企业在发展过程中摸索出的一些优秀的管理方法与人本管理相结合,对其企业起到了很好的作用,为企业的发展提供切实有效的方法论。

3.在人本管理理念的指导下,我国企业国际竞争力明显提升

改革开放,尤其是中国加入WTO以后,中国企业对人本管理越来越认同,对人本管理所带来的现代企业管理模式运用自如。部分企业逐渐培养出一批掌握人本管理知识的专业化人才,派往分支机构对经营管理人员进行培训和指导,人本管理理念得到进一步的提升。随着我国企业管理水平的提高,企业的整体竞争力和市场占有率也得以迅速提升。一大批企业特别是大中型企业在市场竞争中的优势越来越明显,经济实力得到大幅提升。以人为本的企业管理理念逐步取代以管理者经验为企业发展理念,这是我国企业在其发展中使用正确的管理理念结果,企业中人的作用得到了全面自由的发挥,促使了企业内部效益最大化,从而提升了企业竞争力。

二、我国企业在人本管理方面存在的问题

长期以来,我国企业管理大多采用以行政命令为主的管理模式,而造成在认识上轻视以人为本、在用人上淡漠人的道德品质、管理上缺乏人性化、激励上忽视人的心理和精神需求,导致企业整体发展与企业员工的个人发展相脱节,没有得到有机的、统一的发展。我国企业中对人缺乏合理有效管理的情况,正是实践人本管理所存在的问题,主要表现在以下几个方面:

一是认识上轻视以人为本。目前,虽然人本管理得到了愈来愈多的企业的认可与运用,但还有很多的企业还没有把人本管理放在突出的位置,普遍对人本管理思想认识不足。国内企业实践人本管理还没有形成一套完整的人本管理理论体系,用人本管理统领企业管理中的一切工作。大多数企业普遍认为人本管理是一项可有可无的工作,对企业发展有好处的时候就做,对企业发展用处不大的时候就舍弃,缺乏理论的前瞻性和战略性。这种"人本管理"不是真正的人本管理,只是从提高工作效率的角度来谈人在管理中的作用,带有一定的功利色彩,不能起到作为企业文化的整合和控制功能,因而企业的管理工作注定不会取得人本管理的绩效。

二是用人上淡漠人的德行品质。有些企业在用人上,只看重这个人能给企业带来多大的经济效益,而轻视其道德品质。这样就导致企业在发展的过程中会陷入一种恶

性循环。企业的眼前利益虽然得到了实现,但从长远来看企业的发展必将会遭受损失,甚至可能导致企业经营失败,面临破产。另一方面,员工的道德品质会受道德品质低下的员工的不良影响,而导致企业员工总体素质的迅速下滑,最终致使企业的生产效益的下滑。这种用人的实质是把人当作"经济人",违背了以人为本的管理理念。

三是管理上缺乏人性化。企业管理的发展从"以物为本"到"以人为本",是现代企业管理理论的一个飞跃,为现代企业的飞速发展奠定了基础。人是生产力各要素中最活跃的要素,现代企业管理也只有真正的重视人才,在企业中牢固树立以人为本的管理思想,企业才能在正确的理念的指导下得到发展。近年来我国一些企业开始意识到企业经营管理中人的核心作用,但由于对人本管理的相关概念的认识还存在许多不足,在具体的实践中没有得到足够的重视,这样就导致很多企业虽然制定了一些涉及人本管理的管理制度,但是仍然没有取得应有的成效。最终企业人本管理缺失了个性化的内容,将员工视为"经济人"和"社会人",导致在真正落实相关管理措施时,很难达到应有的效果,也难以激发员工的工作积极性。

四是激励上忽视人的心理和精神需求。虽然目前很多企业提出了"以人为本",但一些企业管理者仍然使用传统的管理模式,没有破除行政命令式管理的干扰,使用强制的手段、硬性的制度、严格的纪律、森严的等级来维系企业的管理,管理与被管理仍处于不平等地位,人格上的平等意识还只是停留在理论意义。而且,所谓的"以人为本"还局限于利用人的物质需求方面,常常采取单一的物质刺激,而忽视用精神和社会方面的需求来调动人的创造性;在激励人的方式上只注重货币一次性分配,而不善于利用股权、期权和其他手段综合激励;对人的管理针对的只是广大员工,管理者成了名副其实的特权阶层,对企业各层次人的管理缺乏统筹安排、整体考虑。这显然不符合以人为本的管理理念,而是把人当作物来处理。

第四节　推进我国现代企业人本管理的意义

准确理解并实行人本管理,是企业走出困境、不断进步、走向成功的必由之路,也是我国经济转变增长方式和建立与国际接轨的现代企业制度的必经阶段。企业人本管理作为一种管理原则,有利于构建"以人为本"的现代企业制度;作为一种新的管理方法,也有利于提升企业的经济效益;作为一种管理哲学理念,有利于建立和谐、协调、可持续的现代企业。

一、有利于构建"以人为本"的现代企业制度

建立现代企业制度是我国企业改革的目标。人本管理是建立现代企业制度的核心

程序之一,也是现代企业管理的客观形势所需。所谓企业制度安排,就是对企业制度进行设计,因而通常也可以称之为企业制度设计。企业制度安排对企业来说是很必要的,企业本身是各种生产要素的组合,依靠的就是一整套企业制度。企业制度的重要性就主要体现在这几个方面:第一,企业制度的基础性作用。企业是作为各种生产要素的联合体而存在的,这就是说,各种生产要素的合理安排是按照合同和契约来实现的。因此,企业制定的各种规章制度在生产要素的组合过程中,起着决定性的作用。第二,企业制度的导航性作用。企业制度的实施执行就奠定了企业及企业的各机构的行为方向,企业及各机构都必须遵守企业制度订立的目标,并朝着企业的战略愿景发展。第三,企业制度是企业得以生存发展壮大的源泉。企业通过相关契约合同来调动企业中的各种生产因素的协调运转。

改革开放以来,由于传统计划经济体制下的企业制度与市场经济体制的要求严重脱节,特别是计划经济体制管理下的国有企业面临着产权结构、管理体制等多方面的问题与弊端,因此,我国企业要与国际接轨就必须建立产权清晰、权责明确、政企分开、管理科学的现代企业制度。不仅经济、社会体制和法律制度影响现代企业制度,而且不同地区的文化也影响现代企业制度的建立发展。因此,我国企业改革就是要吸取"照搬全抄"的经验教训,必须在符合现代企业制度基本原则和通行法则的基础上,与我国基本国情相结合,建立适合本土化环境的现代企业制度,为我国完善社会主义市场经济发挥作用,避免出现"水土不服"的局面。不同国家地区的企业在产生、发展、改革的过程中所面临的情况不尽相同,这就要求在建立现代企业制度时也应与当时当地的实际情况而有所区别,我国企业发展与改革过程中建立现代企业制度也要针对我国的基本国情相吻合,努力用人本管理的管理理念为我国企业建立本土化现代企业制度。人本管理在我国企业的具体实践,是证明企业的管理方式是否行之有效的重要标准。不论是在当前,还是在未来,人本管理都是企业战略发展管理的导航仪。

二、有利于提升企业经济效益

以人为本的企业管理是提高企业经济效益的重要途径。企业作为一个生产性经济组织,是社会经济发展的根本动力,它的目标就是利润最大化,成本最小化。经济效益的好坏与企业的管理模式具有直接关联性。它通过计划、组织、领导和控制等管理环节来协调好组织的各项经济业务活动,以期达到企业盈利的目的。以人为本的现代企业理念的提出强调了人在企业获得经济效益的过程的重要作用。当前处于知识经济时代,企业开展的各项竞争,归根结底是对高端知识型人才的竞争。现代企业采用的是社会化机器大生产,只有掌握先进科学技术,才能转化为先进的生产力,实现企业的战略目标。人本视角下的企业管理就是通过人性化的科学管理,促进组织各项经济活动的有序协调进行,从而达到提高企业的经济效益的目标。

人性化的管理方法可以十分充分地把人的积极性、自觉性和创新性调动起来,有效地协调好组织的各项运营性活动和资源,真正意义上做到"人尽其才,物尽其用",使企业最大限度地获益。所以说,人本管理促进了企业经济效益的提高。

三、有利于建立和谐、协调、可持续发展的现代企业

在我国当前经济形势背景下,创新是一个企业持续发展的动力源泉,知识资源是创新变革中最重要的资源,员工的头脑是知识资源的载体,因此人才在技术创新过程中具有决定性作用。当前经济全球化时代,所有生产要素的竞争都将集中在人才竞争上,人成为知识经济时代竞争的核心。人的素质和能力的提高,需要长时间的培养和提高,在培养人的素质和能力的过程中要充分尊重人、解放人、发展人,这样才能创建符合企业持续发展的企业文化,才能逐步提高员工的素质和能力,建立和谐、协调、可持续发展的企业,实现企业员工的全面协调发展。人本管理的管理模式从管理理念的高度给企业的发展指明了发展方向,企业只有在人本管理的指导下才能建立新型的现代企业模式,才会建立和谐、协调、可持续发展的现代企业。

第五节　实现我国现代企业人本管理的科学路径

一个企业进行具体的日常经营管理的前提是企业管理理念的形成,制定企业相关的发展目标和发展规划,首先要确定合理、正确和科学的现代企业日常管理理念。"以人为本"思想具体到企业日常经营管理中去应该包括以下几个方面。

一、认真学习和贯彻以人为本的科学发展观

1.现代企业的人本管理的实现需要切实贯彻落实科学发展观

科学发展观提出以人为本的管理思想,将会促进社会、经济和人的全面发展。科学发展观的提出主要包括三个方面的内容:"坚持以人为本,这是科学发展观的本质和核心;促进和实现经济、社会的全面发展,协调可持续发展和人的全面发展这是科学发展观的主要内涵;统筹城乡发展,统筹区域发展,统筹经济社会发展,统筹人和自然和谐发展,统筹国内发展和对外开放,这是科学发展观的根本要求。"科学发展观的核心与本质是以人为本,从我国改革开放的实际和社会建设来看,是我国现代企业发展的内在要求和企业管理观念进步的重要标志。

第一,以人为本的社会发展理念是我国现代企业发展的内在要求。我国的现代企业制度建立的时间还不长,各种配套体系及相应的体制法规还不健全,所以,企业中的

负面影响所导致的盲目崇"物"、以人非本的现象有其不可避免性。这就提醒我们必须坚持以人为本的思想,重视素质和文化的提高,用适用于现代企业需要的伦理道德美化人的心灵,真正实现人对自我的伦理关怀。同时,我们也要看到,我国的现代企业建设已取得令世人瞩目的成就,这就要求我们重视个人所具有的多方面能力的培养和人在企业发展过程中所注重的质量,突显、张扬人的个性发展,尽一切可能地打造使个人发挥主动性与积极性的社会空间,尽一切可能地实现创造人的自由而全面发展条件,以确保人的自由而全面发展的顺利实现。

第二,以人为本的企业管理观念进步的重要标志。企业管理观念每一次进步都在行为思想领域给企业里的员工带来解放,同样,企业管理观念的进步和发展也需要企业员工的思想的解放或进步。以人为本观念的提出预示着企业日常经营管理观念已经艰难地走过以物为本等诸多艰难的历史进程,正进入以人为本的阶段,在企业管理过程中还人以应有的尊严和独立、自主的地位,这是企业管理观念发展的重要标志。目前,我国企业正努力构建以人为本的现代企业,并促进现代企业以人为本的思想建设,以加快实现构建社会主义和谐社会,企业中人的现代化建设步伐,实现人的自由而全面发展。

2.切实贯彻科学发展观有助于正确认识以人为本促进企业协调发展

在实施以人为本管理以前,我们把企业发展简单地认为是"征服自然与改造自然的能力",这是一种典型的"征服论"观点,忽视了人在企业发展过程中的全面发展。再加上地域、民族等其他一些原因,企业发展的水平极为不均衡,导致一部分企业中的人得到了全面自由的发展,而另一部分企业中的人却因多方面原因全面自由发展受到了限制,忽视了人的协调发展。所以,在我国目前还存在一批工人生存状况极为不佳,他们虽然解决了温饱问题,但在受教育、社会保障、医疗等方面还存在不少问题,生活水平还处于基本线之下,必须加大企业改革力度,增强企业活力,加大城乡一体化规模,并在此基础上,伴随着生产力的发展,企业员工收入逐步增加,生存面貌得到改善。总之,促进企业的迅速发展,就要正确认识在企业以人为本管理中科学发展观发挥的重大历史作用,更要注重机会均等发展和人的协调可持续发展。

在"以人为本"的企业管理理念中坚持科学发展观为指导,始终坚持理解人、关心人、尊重人,切实维护在企业中的根本利益,才能建设以人为本的现代企业。

二、大力构建以人为本的企业文化

企业文化是指企业组织在发展过程中形成的其成员共同遵循的精神理念、价值观念和行为规范。在企业文化中形成"以人为本"的理念不只是为了调动人们的积极性参与企业组织的盈利性目标,更为重要的是为了人的全面发展。要把尊重人、发展人、关怀人和理解人作为企业文化管理的核心内容。也就是把"以人为本"的思想贯穿到企业文化和企业管理中去,形成企业文化的内涵。

良好的企业文化不仅是提高企业成员的综合水平,更重要的是企业成员获得发展的根本性动力,是企业的灵魂之所。致力于企业文化的构建和积淀,加强"以人为本"在企业管理理论中的贯穿,把"本质人"放在管理活动的核心地位,才能激发企业成员在对其所从事的事业追求和实现个人价值中的热情,同时增强企业组织吸引人才的力度,这既可以提高企业的核心竞争力水平,也能加强员工对企业组织的情感归属。"以人为本"强调了本质人在管理过程中的首要作用,强调"人是生产力中最活跃的因素,是实现创新的唯一支柱"。在企业文化的构建中,我们必须认识到优秀的企业文化是企业的"门面",只有坚持优秀的企业文化才能使企业形成可持续的"战斗力"。

开发人力资源,是企业发展的关键所在。在企业发展的重要资源中包括自然资源、物质资源和人力资源等,其中人力资源具有再生性、永续性、开发性和塑造性,而自然资源、物质资源都不具有这样的特性。在构建企业管理的观念中,强化"以人为本"的核心理念,加强人力资源开发和人才的科学管理。现代企业间竞争的实质是人才的竞争,即企业中员工综合能力的竞争,而人才开发能力已越来越成为企业发展不竭的"动力"。企业在竞争中要生存和发展,就必须构建企业自己本身的企业文化和开发人才的核心竞争力。在构建企业文化进程中,应以"权威型"管理者为主体向"以人为本型"管理者为主体转变,主要着手点在于员工综合能力提升为培养方向,提高员工在激烈的市场经济竞争中所具备的各种能力,从而规避市场所带来的负面影响。企业文化的管理核心在于人,企业文化的中心是人所具备的思维意识。"以人为本"不是一句口号,其关键在于如何在企业文化建设中具体地体现和落实。

第一,要做到对组织内部以组织成员为本,对外以社会成员负责。二者相辅相成,缺一不可,这样才能促进企业良性健康发展。

第二,充分发挥员工在企业中的核心地位。企业组织成员是企业的构成要素,是企业组织取得发展的根本性要素。在我国社会主义市场经济条件下,企业组织成员不只是企业构成要素,还是企业的主体。只有彻底实行"以人为本"的企业管理模式,员工才会对企业有归属感,才会充分发挥其自主意识和主动精神,激发其创造性才能。

第三,企业积极致力于开发人力资源。企业组织发展的目标不仅要考虑经济效益的增长,还应考虑组织成员的全面自由发展,培养创新型人才,使人力资源得到最大限度的开发。

第四,创造良好的人际关系和企业文化氛围。不断协调各种关系,为"人能尽其才"创造良好的人际关系环境和企业文化环境。组织成员能动性的积极发挥,创造性成果的造就,往往会受到各种因素制约,其中以企业文化环境和人际关系的和谐为关键性因素。企业以创造良好的人际关系环境为首要前提,使每个成员工作顺心和舒心。这种成员才会尽力发挥其才能,才会有一种发自内心的归属感、责任感和自豪感。

企业文化的构建,只有实现尊重人、发展人、关怀人、理解人的价值理念,以团结合作的企业精神和良好的企业形象才能激励员工奋发进取和锐意创新,从而为推动企业快速发展创造良好的条件。

三、真正建立以人为本的现代企业管理机制

在我国经济高速发展的今天,真正建立以人为本的现代企业管理机制涉及很多方面,其中树立怎样的人才观,采用何种培训和提高员工的方式,怎样使用激励机制,怎样对待员工的利益,以及企业的管理者应该有怎样的素质,要求我们必须去面对。所以,真正建立以人为本的现代企业管理机制就主要从以下这几个方面出发。

1.树立正确的企业人才观

第一,在企业的选人用人上要打破传统的人才观。论资排辈、求全责备、任人唯亲、嫉贤妒能在很多企业中仍然是很常见的用人方式,也是企业发展壮大过程中的阻力。同时我们也要防止在选人用人时把安分守己、稳重听话作为选人用人的标准的人才观。现代企业要发展,人才是关键资源,在人才的选拔上提供公平、平等的机会,科学地配备人才,才会实现企业以人为本的用人。这就要求现代企业在选人用人上坚持"以人为本"管理理念为指导,同时还要特别注重人才的才能和道德品质。

第二,注重员工的个人发展。要树立在企业中的每一个员工都是人才,都是企业的财富的观念。要建立一种贯通的渠道,使每一个员工都可以反映他的建议和意见。同时要建立对有企业发展有益的建议要给予物质奖励和公开表扬的机制。人才使用得当,就是好人才;如果没有合理地开发利用,人才也会变成庸才。因此,"以人为本"的现代企业管理,就要求我们在人才的使用上将人放到合适的岗位上,管该管的事,干该干的活。只有这样,才可以人尽其才,企业和员工双到共赢。

第三,人才的合理流动。人才在人力资源的开发过程是会发生变化的,这就要求我们,当人才通过培训教育有了更高的素质,就要有适宜其发展的岗位,而不是一成不变。人才的合理流动既要及时也要合理,否则会导致人才的流失或者闲置。因此,在企业的发展过程中,要努力做到人尽其才,保证人才在人本管理理念的指导下合理地流动,人力资源得到充分的发挥和利用。

2.重视员工的培训与提高

人本管理要求在企业管理的过程中对员工进行合理有效的培训。培训是企业为将来的发展的一种投资,是比其他方面投资更重要的投资。"以人为本"的企业管理要求管理者必须为组织成员创造培训与提高的平台。企业对员工的培训应该与员工自身实际

相结合,既要着眼于培训和提高员工对目前岗位的要求,对工作的胜任度,同时也要着眼于培训和提高员工对更高层次工作的适应性和相关能力,着力于开发员工的潜能,推动员工个人自由全面发展。

3.健全激励机制,鼓励员工创新

激励是现代企业人本管理的核心,只有调动激发人的积极性和创造性,才能实施计划、组织和控制职能,维持企业的向心力,实现组织的目标。当今世界处于知识经济时代,物质资料得到极大丰富,人的需求层次也逐步发展到对自我实现需求的满足,自我价值的实现成为人们普遍追求的价值。因此,企业在激励机制的构建上必须让员工感受到自我价值的实现。在企业的发展中采取一些措施来实现员工的自我实现也是必要和可能的。例如,员工持有公司股权,员工参与企业的管理,使高技术人才能够享受较好的待遇等其他方面都可以实现企业中员工的自我价值。

创新是企业持续发展的源泉,员工的创新可以通过激励的方式来实现。员工在企业中的创新涉及很多方面,包括技术创新、制度创新、管理创新。员工因为是工作在第一线对实际情况更为清楚,这就为创新提供了可能。但是没有一套激励制度,就有可能使员工丧失创新的积极性。为员工提供施展才华的制度,让有创新才能的发挥聪明才智,并得到相应的回报(包括物质回报和精神回报)。从而使员工个人发展方向与企业目标形成合力,创造双赢的局面。

4.尊重员工权益

尊重员工权益,就是要从员工出发尊重和保护员工应该得到的权益,其中包括尊重员工的民主、劳动和精神文化权益。坚持"以人为本"的企业管理理念,首先要保障的就是要尊重员工的民主权利,同时企业也必须构筑民主管理机制,让员工参与到企业的发展进程中来,通过职工代表大会、合理化建议和意见等多种民主管理方式,给员工提供解决诉求的方式和渠道。坚持"以人为本"的企业管理理念,其次要保障员工劳动的经济权益,尊重每一位员工的劳动,企业的发展离不开员工辛勤的劳动。坚持以人为本的企业管理理念,还要关心员工的精神文化生活。企业在给予员工物质报酬和奖励之外,员工的精神、文化生活就显得十分重要。丰富的精神文化生活不仅可以促进广大员工之间的交流和联系,还可以形成一种潜在的企业文化,形成一种企业向心力,让员工对企业拥有一种热爱感、责任感、荣誉感,为企业的发展增加活力。

5.人本管理中对管理者能力的要求

在日常企业经营管理中,对管理者素质和能力要有更高的要求是现代企业管理中运用以人为本的管理理念的要求。企业的成败关系于企业领导人的素质。员工受到企业领导人全身心投入事业的奉献精神和对企业的感染,员工的干劲得到激发,从而使整个企业内部文化与活动充满朝气。如果企业日常经营管理者能与企业员工同甘共苦,即使在企业亏损的情况下,员工的热情也会被激起。企业内部在日常经营活动中实行人本管理的管理理念,就要从企业日常经营活动中的管理者做起,管理者的水平就决定着企业人本管理的实施结果,企业日常经营活动中的人本管理最终的实施效果受管理者决策的能力、水平的高低的直接影响。管理者的综合素质包括智慧(智商)、人格(品质)、情感(情商)等因素。企业管理者首先必须智力超人。在知识爆炸性膨胀的今天,企业管理者的必备条件之一是拥有高智商、高学历。再者,企业管理中受企业管理者的高尚品格、道德情操、人格魅力的影响,在企业中为了更容易推行人本管理,企业管理者也应更善于情感管理,企业的管理也会因此而发生转变,为取得良好的经济效益提供先决条件。

四、切实深化企业的全面管理改革

我国当前正处于社会转型期,在企业中推行人本管理,还有很多的不适应因素。因此,必须围绕公司全面管理改革的核心,通过切实深化企业的全面管理改革,逐步建立起一整套现代企业人本管理模式,主要改革要从组建现代企业经营管理制度、工资分配制度和社会保障等工作方面入手,从而从根本上改变企业因制度的缺陷所带来的束缚,这样才能充分发挥企业中人的作用,确保企业在激烈的市场竞争中处于优势地位,努力使企业得到发展,员工个人得到全面自由发展。

1.建立现代企业经营管理制度

实施人本管理的前提是建立现代企业经营管理制度,采用有限公司、有限责任公司、股份制公司等现代企业经营管理模式来维持企业的运行。在我国建立产权清晰、权责明确、政企分开、管理科学的现代企业制度成为我国国有企业改革的方向和发展的目标,也是我们在未来很长一段时间内必须坚持的一项基本管理思想。我国当前正在开展将政府管理职能和企业经营管理剥离开来,减少政府对企业经营管理的干预,牢固树立什么是政府该管的,什么不是政府该管的,在改革中寻找合适点。这将对我国企业改革发挥风向标的指导作用,也更加利于在企业中推行人本管理,提高企业的管理水平。坚持规范化、科学化的公司制度改革,使企业真正成为市场竞争的主体,迎接市场的挑战,在改革中不断壮大、不断发展。

2.改革企业的工资制度

工资作为员工付出劳动应有的回报,工资制度关系到每一个员工的切身利益,既是一项重要的工作,也是一项复杂和长期性的工作。我国也有很多法律和规章制度对员工的工资做出了明确的规定,如《劳动法》《公司法》《国有大中型企业建立现代企业制度和加强管理的基本规范》等。企业要实现经济效益,要实现可持续发展,就要突出员工劳动的重要性,使用工资这一杠杆来拉动员工的积极性,可采用管理岗位工资、技术岗位工资、关键岗位工资、艰苦岗位工资等不同形式来促进工资改革,同时也要确立以"平稳过渡、逐步完善、效率优先、兼顾公平"为原则,员工工资在稳定的前提下略有差距,确保企业在发展中完善各项制度。

3.加强社会保障工作

在企业管理改革中,要根据国家和当地的有关规定,努力做好劳动保障工作,保障员工的合法权益。员工的社会保障问题关系到员工当前生活和将来退休之后所面临的实际问题,企业应该积极为所有与其签订劳动合同的员工办理养老保险、失业保险、工伤保险、医疗保险等社会保险,同时也要办好其他社会福利,注重对员工本人和其家人的关注和关心,这样就更容易调动员工的积极性,使员工无后顾之忧地全身心投入到工作中去,为全面完成企业发展的各项目标尽职尽责,更加会推动企业的人本化改革,促进企业的发展。

现代企业人本管理理论为现代企业的发展奠定了理论基础,是建立在对企业科学管理的基础之上的。在我国社会主义市场经济体制下运用现代企业人本管理为指导,结合我国企业管理实践,发展成为具有中国特色的企业人本管理思想,要以马克思主义人学思想为理论支撑,在具体的运用中要注重人的需要、尊严和价值的实现,关注人的发展和社会整体发展的和谐统一,只有这样才能达到预期的目的,更好地为我国企业提供强大的理论支持,建设好我国的社会主义企业,实现伟大的强国富国梦。

第四章 企业创新与创新管理

第一节 企业创新的含义及作用

一、企业创新的含义

有关创新的论述始于20世纪初,由著名的美籍奥地利经济学家约瑟夫·熊彼德最早应用于经济学分析中。在熊彼德看来,经济活动有两种类型,一种是经济循环,在这种状态下,企业的总收入等于总支出,整个生产过程循环往复,周而复始,企业没有发展。另一种是经济发展,它的基本动力便是创新。熊彼德在其所著的《经济发展理论》一书中提出了"创新"的概念,并将其定义为"企业家对生产要素的重新组合"熊彼德指出:"创新活动是在经济活动本身中存在着的某种破坏均衡而又恢复均衡的力量。"熊彼德在其创新理论的分析中,将企业的创新活动划分为以下五个方面:

(1)采用一种新的产品,也就是消费者还不熟悉的产品,或一种产品的一种新的特性。

(2)采用一种新的生产方法,也就是在有关的制造部门中尚未通过鉴定的方法,这种新的方法绝不仅仅建立在新的科学发现的基础之上,它可以存在于商业上处理一种产品的新的方式之中。

(3)开辟一个新的市场,也就是有关国家的某一制造部门以前不曾进入的市场,不管这个市场以前是否存在过。

(4)掠取或控制原材料或半制成品的一种新的供应来源,也不问这种来源是已经存在的,还是第一次被创造出来的。

(5)实现任何一种工业的新的组织,例如,造成垄断地位(如通过"托拉斯化"),或打破一种垄断地位。

在熊彼德的眼中,创新才是推动企业成长的根本途径。创新绝不等同于过去传统意义上的技术革新。一种新的变革只有当它被应用于经济活动时才能成为真正意义上的企业创新活动。

德鲁克进一步指出,创新可以认为是"使人力和物质资源拥有新的更大的物质生产能力的活动","任何改变现存物质财富,创造潜力的方式都可以称为创新","创新是创造一种资源"。因此,按照德鲁克的观点,创新绝不仅是一项原有产品和服务的改进,而是提供与以前不同的经济满足,并使经济成为更加有活力的、创造性的活动。

在社会经济发展过程中,现代市场经济使企业自身的地位和利益受到多种复杂因素的影响,包括外部环境和自身条件。企业处于经常的变动之中,没有创新它就不能保持原有的地位和相对稳定的市场份额。因此,对于现代化而言,创新的动力和愿望是以保持企业生产和发展为出发点的。

总之,创新是指创造新的生产经营手段和方法,创造新的资源配置方式或组织方式,使资源效率更高,创造出新的符合消费者需求的产品和劳务。

二、企业创新的作用

企业创新是企业可持续发展的必然要求,企业获得长期竞争优势所依赖的企业核心能力根源于企业的创新活动。企业的创新活动直接促进了企业核心能力的形成、发展、维护和再发展。创新活动使得企业的生存能力大大增强,这不仅体现在企业内部新的生产组织方式所带来的资源配置能力的提高,还体现在企业在外部竞争环境中能够领先于竞争对手,获得更大的生存空间。

具体地讲,企业的创新具有以下四大作用。

1.创新活动使企业能够形成自己的核心能力,成为行业中的领先者

不论是成本、技术或是其他方面的领先都能使企业拥有比竞争对手更大的回旋余地。位于其后的竞争对手需要花费一定的时间和精力来追赶,行业外的四种竞争作用力所造成的竞争压力至多持续到位于第二位的企业难以维持生计为止。相对于竞争对手,行业领先者能腾出更多的人力、财力和物力来谋划企业日后的生存与发展。

2.创新有利于企业增强竞争力

知识作为一种不可忽视的力量加入生产中,计算机技术的迅猛发展又使信息在企业中的传播较以往有了很大的不同,人力资本作为一种不可或缺的生产要素,以往的机械式管理对其已不再适用。企业自身的种种变化要求企业的生产组织形式做出相应的改进。企业从集权到分权,U型组织结构、D型组织结构以及M型组织结构的出现,组织再造理论的流行都是企业创新的结果,其是为了实现对资源的更有效的整合,提高企业的竞争能力,以实现企业的可持续发展。

3.创新活动有助于推动企业的发展

企业的创新活动能促进企业核心能力的形成与发展,能增强企业的竞争优势,能为企业的发展创造有利条件。需要指出的是,创新并不仅仅是指企业根本的、全面的革新,企业进行适应性调整也是一种创新。因为这也是企业经营者对生产要素进行重新组合

的一种形式。调整后的企业能更适应生存环境的要求,企业资源配置的效率自然也能有所提高。适应性调整不会减小企业现有的规模和业绩,却能为企业日后的发展铺平道路。调整后的企业能有一个更高的发展起点,因此,适应性调整本身就是一种创新性的发展。

4.创新能给企业创造出奇制胜的机会

在日益激烈的市场竞争中唯有创新才能出奇制胜,才能使企业获得巨大成功。在企业的创新活动中第一个吃螃蟹者不仅是英雄,更会是成功者。创新能使企业或其产品与众不同。竞争对手对于有别于传统的竞争方式需要花费一定的时间来适应。这就使创新企业在竞争中获得了主动。另外,新奇的出发点往往也是竞争对手防卫的薄弱之处,使企业能较轻易地克敌制胜。简单地说,创新能使企业在竞争中拥有"易守难攻"的优势。

第二节　企业创新的内容

企业创新的内容非常广泛,主要涵盖着技术创新、制度创新、市场创新和管理创新这四个相互区别又相互联系的领域。

一、技术创新

1.技术创新的内涵

技术创新的概念和定义自1911年熊彼德提出"创新"概念以来,有多种主要观点和表述,缪尔塞在20世纪80年代中期作了较系统的整理分析。在其收集的300余篇相关论文中,约有3/4的论文在技术创新界定上接近于以下表述:当一种新思想和非连续性的技术活动经过一段时间后,发展到实际和成功应用的程序,就是技术创新。在此基础上,缪尔塞将技术创新重新定义为:技术创新是以其构思新颖性和成功实现为特征的有意义的非连续性事件。这一定义突出了技术创新在两方面的特殊含义:一是活动的非常规性,包括新颖性和非连续性;二是活动必须获得最终的成功实现。应当说,这一定义是比较简练地反映了技术创新的本质和特征,但至今国外仍未形成严格统一的技术创新的定义。

2.技术创新的基本类型

技术创新的分类方法基本上可以归结为两大范畴:一是宏观与微观分类法,主要划分依据是创新层次与范围。有代表性的宏观分类法是英国科学政策研究机构的技术创新产出/应用分类法;微观分类法主要有厄特巴克等人的过程创新与产品创新分类法等。二是创新客体与主体分类法,主要划分依据是创新活动的技术变动强度与对象,主要有弗里曼的客体分类法和帕维特的主体分类法。技术创新还可以按技术开发型和市场开发型进行分类,这里不一一讨论。下面仅简要介绍渐进性创新和根本性创新、产品创新和过程(江艺)创新这两种分类。

(1)渐进性创新和根本性创新。根据技术创新过程中技术变化强度的不同,技术创新可分为渐进性创新和根本性创新。

渐进性创新(或称改进性创新)是指对现有技术的改进引起的渐进的、连续的创新。

根本性创新(或称重大创新)是指技术有重大突破的技术创新。它常常伴随着一系列渐进性的产品创新和工艺创新,并在一段时间内引起产业结构的变化。

(2)产品创新和过程(工艺)创新。根据技术创新中创新对象的不同,技术创新可分为产品创新和过程创新。产品创新是指技术上有变化的产品的商业化。按照技术变化量的大小,产品创新可分成重大(全新)的产品创新和渐进(改进)的产品创新。产品用途及其应用原理有显著变化者可称为重大产品创新。重大的产品创新往往与技术上的重大突破相联系。

渐进(改进)的产品创新是指在技术原理没有重大变化的情况下,基于市场需要对现有产品所做的功能上的扩展和技术上的改进。我们不能轻视渐进或改进式的创新,正是这类创新,不断地吸引大量的顾客,为企业产品开辟了广阔的市场前景。过程创新,也称工艺创新,是指产品的生产技术的变革,它包括新工艺、新设备和新的组织管理方式。过程(工艺)创新同样也有重大和渐进之分。

技术创新的经济意义往往取决于它的应用范围,而不完全取决于是产品创新还是过程(工艺)创新。

二、市场创新

市场是企业生存发展的生命线。从市场实现的角度来讲,企业一般的市场行为往往只能保持今天的市场,只有不断地创新才能开拓企业未来的市场。企业重视市场最重要的举措就是进行市场创新。市场创新是企业市场营销技巧发展的必然。

结合企业市场营销发展的历程,所谓市场创新,是指"管理人员把社会需要转化为有利于企业的各种机会"。市场创新过程的本身涉及企业的各项内部活动,其最终目的依然是如何从根本上使顾客和社会需求得到更高的满足。

结合当前的市场状况和管理理论的最新进程,现代企业的市场创新可通过以下四条基本途径来进行:

(1)开拓一个全新的尚未被人们认识的市场,满足人们潜意识的市场需求已成为企业广泛实践。企业要在未来的竞争中胜人一筹,还需认识并满足人们未意识到的市场需求。这一实践的灵感往往来自人们对现有产品的不满以及对生活的想象。

(2)创造企业在市场上的持久竞争优势。企业间的竞争主要通过市场竞争展开,企业的竞争优势最终也是在市场上得以体现。企业的市场创新活动要有利于企业在市场上获得持久竞争优势。

（3）谋求占有更大的市场份额的创新策略。企业市场份额的提高意味着企业销售的增加。销售的增加就一般而言能为企业带来更多的利润。这不仅是企业发展的最直接的表现，更为企业日后的发展积累了所必需的物质基础。

（4）营销手段的创新。优秀的市场营销与普通市场营销的最大区别在于服务。营销手段的创新关键在于服务创新。服务创新是指一切能增加产品附加价值、便利消费者的新举措，如服务项目的增加、服务态度的改善、服务设施的改进及服务方式的推陈出新等。

三、制度创新

社会的经济制度结构可分为产权制度、企业制度、市场制度和宏观管理制度共四个子系统。企业制度是一个多层次制度体系，它包含企业产权结构、组织结构和管理结构。关于"制度"的含义，诺思将其表述为"是一系列被制定出来的规则、服从程度和道德规则"。具体地包括企业的组织方式、产权结构、管理体制、市场规则等。企业制度创新有狭义和广义之分：狭义的制度创新，亦称组织创新，是指随着生产的不断发展而产生的新的企业组织形式；广义的制度创新不仅包括组织创新，而且包括管理创新和市场创新。

熊彼德创新理论在着重阐述"技术创新"的同时，也提出了"实现任何一种工业的新的组织"这一创新内容，但他并未就这个问题进行专门论述。诺思和戴维斯率先在制度创新领域进行了实质性开拓。针对新古典学派的市场经济理论以价格制度为中心，产权学派的奠基人科斯提出了异议，他认为在市场经济中，除了价格制度外，政府的法律制度、企业的组织制度以及社会文化制度等属于生产的制度结构的东西，对市场经济的运作具有十分重要的意义，而生产的制度结构的核心则是界定和保障产权。所谓制度创新，是指引入一项新的制度安排。

制度是企业顺利运转的产权规范、管理规则之集合，是调节人与人关系、人与物关系以及现代企业在生产经营过程中的行为关系的重要规范与准则。

制度创新包括产权制度创新、管理体制创新和利益分配体制创新三方面的内容。

1.产权制度创新

所谓企业产权制度，简单地说就是围绕企业财产权利的运营而发生的相关主体间权、责、利关系的制度安排。它规定着企业内所有者、经营者、生产者在一定条件下的地位、相互关系以及各自的作用。它的实质在于说明，企业是通过何种权利框架和组织方式来实现自己的目的的。

从历史角度来看，企业财产组织形式经历了由个人业主制到合伙制再到现代公司制的演进。企业产权制度的这一演进是一个自然的历史过程，即它反映着生产力进步的要求，并总是向着更有效率的方向进行调整。

2.管理体制创新

企业的管理体制决定了企业资源的配置方式以及资源的利用效率。从整个社会的角度来看,在不同的经济体制下,企业的管理体制也各不相同。在计划经济体制中,政府直接干预企业的资源配置,国家的宏观经济政策决定了企业的资源利用率。企业管理体制在很大程度上表现为一种所有权与行政权的统一,企业的资产管理依靠庞大的行政管理系统直接进行。在市场经济体制中,市场通过价格机制来调配资源,理论上企业的资源可以得到充分的利用。与此对应的企业管理体制以市场的运作为导向,以企业自身效益的最大化为目标。混合经济体制中的企业管理体制,介于上述两者之间。企业管理体制的建立既受企业自身的效益影响,又受到社会的整体利益的约束。在实践中,其实既没有纯粹计划经济体制下的企业管理体制,也没有纯粹市场经济体制下的企业管理体制。

从历史的角度来看,企业的管理体制经历了以自由经济为指导到以政府宏观调控为主,再到重新审视宏观调控下的企业管理体制这样一个过程。管理体制的每一次创新都是以更合理地配置资源、实现资源的有效利用为目的的。

3.利益分配体制创新

企业的制度创新实质就是要改革人与人之间的利益关系,企业利益分配体制的创新就是要通过新的利益安排实现企业整体利益的最大化。在利益的调整中总会有人利益受损。这主要是由以下三方面的原因造成的:一是制度变革导致一部分人失去旧体制下的种种既得利益,又不可能在新体制下获得相应的替代物,因而,发生了实际收入水平的绝对下降;二是由于改革虽说最终能使社会上绝大多数人获利,但人们最终获益的相对多少是不同的,只要有人在社会收入结构中与他人相比,收入的相对水平下降,他们就会反对制度创新;三是即使把补偿因素也考虑进来,人们可以用改革所带来的高额收益对受损者进行一定的补偿,也不能解决问题。因为"完全补偿"不可能实现。人们的相对收入水平总要发生变化,否则旧的利益格局不会变,制度创新也就失去了意义。因此,企业利益分配体制的创新必然会遇到各种各样的阻力。克服阻力,实施企业利益分配体制的创新是保证企业制度创新顺利进行的关键。

四、管理创新

管理创新是指创造一种新的更有效的资源整合范式,这种范式既可以是新的有效整合资源以达到企业目标和责任的全过程式管理,也可以是新的具体资源整合,即目标制定等方面的细节性的、局部性的管理。管理创新在现代企业发展中所起的作用主要体现为:提高企业经济效益;降低交易成本;稳定企业、推动企业发展;拓展市场,帮助竞争;有助于企业家阶层的形成。

企业的管理创新有如下五个重点。

1.构建共同愿景

企业的共同愿景是指企业所有员工共同愿望和共享的景象。这种景象是企业中所有成员发自内心的共同意愿,这种意愿不是一种抽象的东西,而是具体的、能够激发所有成员为组织的这一愿景而奉献的任务、事业或使命,它能够创造出巨大的凝聚力。企业的共同愿景包含企业的发展蓝图、价值观、使命和组织目标。

构建企业共同愿景的基本途径主要有培养组织成员的共同语言、进行团队学习、深度会谈以及实现自我超越等步骤。

2.把握产业先机

迈克尔·波特在其所著的《竞争优势》《竞争战略》等书中提出了产业领先的概念。即现代企业若想在市场上获胜,那么,首先,是选择那些能够为企业提供长期盈利可能的产业,然后,才是在市场上、在企业资源的整合上如何努力的问题。另外,波特在其所著的《竞争优势》一书中还谈到技术变革带给企业的各种率先行动者优势,这种优势"在其技术已不再领先后仍会存在"。波特研究的企业领先是以现有的产业为基础的。可以认为现代企业在把握人类基本需求欲望的条件下创造人类未来的需求,由自己来开创一个产业从而在产业演化更替中获得领先。

3.开展资产运作

资产运作是指运作资产以达到一定目的的过程。这里所说的资产不同于资本的概念。资产是指企业由于过去的活动所形成的、现在拥有或掌握的、能够以货币计量的并在未来能够产生效益的经济资源或财产。企业的资产在运作的过程中能更快地得到增值,从而使得资产的配置效率更高。在企业的经营实践中,战略目标的变动、企业所处环境的变动等都要求企业的资产作相应地运作。

4.再造工作流程

美国管理学家迈克·哈默和詹姆斯·钱皮于1993年出版了《再造企业》一书,引起了企业界与实践界的再造热潮。在他们看来,20世纪80年代以来,尤其到了90年代,企业生存与发展的空间环境发生了巨大的变动,这种变动可以用3C来描述,即顾客(customer)、竞争(competition)和变化(change)。这3个C对企业产生了很大的冲击。亚当·斯密创建并盛行了200多年的分工理论需要重新审视。

哈默认为流程再造是根本重新思考,彻底翻新作业流程,以便在现今衡量表现的关键点上,如成本、品质、服务和速度等方面获得戏剧化的改善。这一定义中包含了四个关键词:根本、彻底、戏剧性和流程。

5.回归人本管理

人本管理作为管理创新的重点之一,一方面,是因为人力资本将在企业众多资本要素中扮演越来越重要的角色;另一方面,是因为人本身的发展将呈现很大的空间与需求,也就是说人们将对自己本身的发展更加重视。事实上,当经济发展至一定水平之后,当人们的发展已不再受到物质条件的更多限制时,工作、生活与发展对人们而言,也就发生了本质的变化。

人本管理概念是建立在对人的基本假设之上的,"管理人"的假设实际上就是把人看作是一个追求自我实现、能够自我管理的社会人。人本管理是指以人的全面的、自在的发展为核心,创造相应的环境、条件和工作任务,以个人自我管理为基础,以企业共同理想为引导的一整套管理模式。

第三节　企业创新管理

一、技术创新管理

1.企业技术创新过程模型

企业技术创新过程涉及创新构思产生、研究开发、技术管理与组织、工程设计与制造、用户参与及市场营销等一系列活动。在创新过程中,这些活动相互联系,有时要循环交叉或并行操作。技术创新过程不仅伴随着技术变化,而且伴随着组织与制度创新、管理创新和营销方式创新。因此,在广义上,企业技术创新还包括组织与制度创新、管理创新和市场创新。从20世纪60年代以来,国际上出现了五代具有代表性的企业技术创新过程模型。

(1)技术推动的创新过程模型。人们早期对创新过程的认识主要源于研究与开发(R&D)或科学发现,技术创新是由技术成果引发的一种线性过程。这一过程起始于R&D,经过生产和销售最终将某种应用新技术的产品引入市场,市场是研究开发成果的被动接受者。体现这种观点的是技术推动的创新过程模型。

事实上,许多根本性创新确实是来自技术的推动,对技术机会的认识会激发人们的创新努力,特别是新的发现或新的技术常常易于引起人们的注意,并刺激人们为之寻找应用领域。例如,无线电和计算机这类根本性创新就是由技术发明推动的。

(2)需求拉动的创新过程模型。20世纪60年代中期,通过对大量技术创新的实证研究和分析,人们发现大多数创新特别是渐进性创新,并不是由技术推动引发的。实证研究表明,用于R&D的资源投入大,创新成果并不一定多,如果只强调R&D投入而忽视创新过程其他阶段的管理和市场导向,技术成果就可能没有商业价值,技术创新就无法实现。研究表明,出现在各个领域的重要创新,有60%~80%是市场需求和生产需要所激发的。市场的扩展和原材料成本的上升都会刺激企业创新,前一种创新的目的是创造更多的细分市场,抢占更大的市场份额,后一种创新的目的是减少相对昂贵的原材料的用量,于是有人提出了需求拉动(或市场拉动)的创新过程模型。在需求拉动的创新过程模型中,强调市场需求是R&D构思的来源,市场需求为产品和工艺创新创造了机会,并激发为之寻找可行的技术方案的研究与开发活动,认为技术创新是市场需求引发的结果,市场需求在创新过程中起到了关键性的作用。

（3）技术与市场交互作用的创新过程模型。20世纪70年代末和80年代初期,人们提出了第三代创新过程模型,即技术与市场交互作用的创新过程模型。技术与市场交互作用的创新过程模型强调创新全过程中技术与市场这两大创新要素的有机结合,认为技术创新是技术和市场交互作用共同引发的,技术推动和需求拉动在产品生命周期及创新过程的不同阶段有着不同的作用,单纯的技术推动和需求拉动创新过程模型只是技术和市场交互作用创新过程模型的特例。

（4）一体化创新过程模型。一体化创新过程模型是20世纪80年代后期出现的第四代创新过程模型,它不是将创新过程看作是从一个职能到另一个职能的序列性过程,而是将创新过程看作是同时涉及创新构思的产生、R&D、设计制造和市场营销的并行的过程,它强调R&D部门、生产设计部门、供应商和用户之间的联系、沟通和密切合作。波音公司在新型飞机的开发生产中采用一体化创新方式,大大缩短了新型飞机的研制生产周期。实际上,我国在两弹一星的研制中也采用了这种一体化创新的方式。

（5）系统集成网络模型。20世纪90年代初,人们提出了第五代创新过程模型,即系统集成网络模型,它是一体化模型的进一步发展,其最显著的特征是强调合作企业之间更密切的战略联系,更多地借助于专家系统进行研究开发,利用仿真模型替代实物原型,并采用创新过程一体化的计算辅助设计与计算机集成制造系统。它认为创新过程不仅是一体化的职能交叉过程,而且是多机构系统集成网络联结的过程。

例如,美国政府组织的最新半导体芯片的开发过程就是多机构系统集成网络联结的过程。技术在飞速地变化,技术创新过程模型也在不断地更新。创新过程正变得更快,更灵活,更有效率,并越来越多地使用新的信息技术。同时,由于创新过程涉及的因素比以前更多,创新过程也变得越来越复杂。这就要求在创新过程中要有高素质的技术人员和管理人员,使组织管理更具柔性,建立具有高度适应性的有利于创新的组织结构。

2.技术创新过程管理

技术创新过程在逻辑上分为六个阶段:

（1）产生创新构思。创新构思可能来自科学家或从事某项技术活动的工程师的推测或发现,也可能来自市场营销人员或用户对环境或市场需要的感受。

（2）评价创新构思。根据技术、商业、组织等方面的可能条件对创新构思进行评价,综合已有的科学知识与技术经验扩充创新构思,提出实现创新构思的设计原型的可实现性。

（3）进行原型开发。按商业化规模要求进行工业原型开发,制定完整的技术规范、进行现场工艺试验和新产品试生产,并进行市场测试和营销研究。

（4）商业化试生产。其是指创新技术的初步实际应用或创新产品的初次商业化生产。

（5）大规模生产。创新技术的广泛采用或创新产品的大规模生产，产生显著的商业效果或社会效果。

（6）创新技术扩散。创新技术被赋予新的用途，进入新的市场，如雷达设备用于机动车测速、微波技术用于烹调等。在实际的创新过程中，阶段的划分不一定十分明确，各个阶段的创新活动也不一定按线性序列依次进行，有时存在着过程的多重循环与反馈以及多种活动的交叉和并行。

创新过程管理主要涉及创新计划的制定、创新构思的形成与评价、研究与开发活动的组织与控制以及创新过程的阶段整合。下面以产品创新为背景阐述创新过程的管理。

（1）第一步，创新计划的制定。创新计划的制定是 R&D 管理的起点。制定正确的创新计划可提高创新过程的效率和成功率。

创新计划要服从企业的总体目标。创新计划的制定要综合考虑企业的近期目标（如增加当前利润）、中期目标（如改善企业竞争地位）和长远目标（如提高创新能力），通过深入分析企业的外部环境和内部条件，弄清问题，发现机会，选择正确的创新方向和路径，明确具体的创新目标，确定切实可行的实施计划。企业进行产品创新主要包括以下几个方面的工作：

①确定产品竞争领域。确定产品竞争领域需要分析四个方面的因素：产品的类型、产品的最终用途、顾客群和技术资源。这四方面因素的各种可行组合就是产品竞争领域的备选方案，最终确定产品竞争领域，需要综合考虑各种备选方案对企业总体目标的贡献。

②明晰产品创新目标。具体的产品创新目标包括三个方面的内容：一是发展目标，发展包括四种选择，即率先进入市场，迅速发展；形成竞争优势，受控发展；逐步更新现有产品，保持竞争地位；转移阵地，受控收缩。二是市场态势，市场态势反映创新产品在市场上体现竞争优势的方式，也包括四种选择：开拓型态势，即通过产品创新创造新的市场机会；发展型（或进攻型）态势，即通过产品创新扩大市场占有率；维持型（或防守型）态势，即用创新产品替代即将退出市场的产品，保持市场份额；收缩型态势，即放弃部分市场份额，通过产品创新巩固其余市场。三是特殊目标，包括产品多样化，产品结构合理化，避免被收购，取得满意的投资回报率，维持或改善企业形象等。

③实现创新目标的具体规划。实现创新目标的具体规划包括四个方面的内容：一是确定关键性创新要素的来源，关键性创新要素是指企业进行创新活动所能利用的资源，主要有三类：第一类是市场和营销方面的要素；第二类是生产制造方面的要素；第三类是技术要素。二是确定创新方式和创新的技术变化程度，企业要根据自身的经济实力、技术能力、在市场竞争中的地位和创新目标等决定创新方式和创新技术变化的程度，

决定是进行根本性创新还是进行渐进性创新,是核心技术创新还是应用技术创新,是自主创新还是合作创新,是率先创新还是模仿创新,是开拓性创新还是技术引进再创新。三是选择进入市场的次序和时机,企业要根据对自身资源条件和能力的估计、对市场风险的判断和对创新产品投资报酬率水平的预测,决定创新产品进入市场的次序和时机。一般来说,有三种选择:第一种选择是率先进入市场;第二种选择是敏捷反应;第三种选择是谨慎反应。四是其他策略,实现创新目标的具体规划中还应包括对一些特殊方面的安排,如不同创新环节的资源配置,创新产品与企业原有技术体系的关系,产品质量和价格的定位,如何克服企业内部的阻力,如何规避某些法规的限制,如何避开竞争对手的优势,是否要获得技术专利等。

④应急计划。应急计划是指应付创新过程中出现的不利情况和突发事件的安排。这些不利情况和突发事件包括市场突然衰退,创新产品不被市场接受,竞争对手的产品受到严格的专利保护,市场被竞争对手控制,企业经营遇到困难,没有足够的资金支持创新,营销渠道难以打通,与合作伙伴的合作不顺利,所需要的外部技术无法得到,关键技术人员离开企业等。

产品创新计划完成后,还应组织企业的有关人员对创新计划进行评估。评估的方面包括机会的现实性、资源条件的可支持性、与企业总体目标的一致性、风险的可承受性、与政府政策的协调性、计划的可操作性等。如果认为创新计划不能令人满意,就要针对评估中提出的问题和建议,对创新计划进行修正和完善。

(2)第二步,开发过程控制。创新构思要通过后续的开发活动来实现。开发是一个有众多部门和人员参加,包括许多步骤和子项目,需要多个部门密切配合,实施计划要不断调整、修正的动态过程。对开发过程进行有效的控制是创新成功的重要条件。

①开发过程控制的任务和重点。开发过程控制的主要任务是:制定合理的资源配置计划、开发活动计划和各阶段的开发产出目标;根据项目实施过程中的反馈信息纠正偏差,调整计划和目标;协调各职能部门的活动;消除开发过程中企业内部技术转移的障碍;解决因意外情况出现或影响开发的企业内外部因素变化导致的有关问题。

②开发过程控制的方法。采用何种方法进行开发过程控制取决于开发项目的复杂性和控制不周密可能带来的损失。简单的开发项目的过程控制可以采用简单的方法,复杂项目的控制则需要采用相对复杂的方法。开发过程控制包括成本控制、质量控制和进度控制。开发过程中的成本控制和质量控制的方法与企业日常经营活动中的成本控制和质量控制的方法大体相同。

③开发过程中的技术转移。在新产品或新工艺开发过程中,新技术在企业内部从上游开发部门向下游部门的完整转移是个非常复杂和困难的问题。解决这个问题涉及四项相互关联的决策,这四项决策是:技术转移的时机、技术转移的去向、参与转移的人员以及上下游部门间的沟通方式。

技术转移的时机,决定上游开发部门何时将新技术向下游部门转移的因素有三个:一是产品设计是否符合潜在用户的要求;二是设计规范文件是否完备,技术参数是否足够明晰,测试结果是否稳定;三是市场竞争的需要。

技术转移的去向,当新技术在实验室开发成功后,有一个向哪个部门转移的问题。一种选择是直接向制造部门转移,但在许多情况下,现有制造部门担心未经检验过的技术可能会导致短期利润下降,不愿意接受由实验室转移出来的技术。另一种选择是建立一个新技术中转站,如新事业开发部、生产性实验室等。在这类"中转站"内实现创新技术的商业化。大的技术创新项目也可以进入政府设立的创新孵化器。

参与转移的人员,由上游部门的技术开发者和下游部门的技术接收者共同组成项目小组是确保技术平稳转移的最有效方式。如果技术转移的目标是实现商业化,企业高层领导必须主动地对转移过程进行监督和指导。

沟通方式,技术转移上下游部门之间的沟通方式一般来说有三种:一是设立一个由各个有关部门的人员组成的委员会负责整个开发项目的领导工作,在创新过程中进行信息沟通;二是伴随技术转移直接将上游部门的人向下游部门转移,如将R&D人员连同项目一起转移到制造部;三是通过正式的文件和资料进行信息沟通。

(3)第三步,创新阶段整合。创新过程分多个阶段,创新的各个阶段常常由不同职能部门来完成。工作组或职能部门之间存在着明显的界限。创新过程中的阶段整合往往成为企业创新过程管理的新问题。创新阶段整合的方式主要有三种:串行整合、交叉整合、并行整合。

①串行整合。串行整合是一种传统的创新阶段整合方式。在串行整合方式下,创新构思形成、实验原型开发、工程原型开发、小批量试制、商业规模生产、市场营销和售后服务等这些阶段依次完成。上游阶段的任务完成以后,创新阶段成果被移交到下游工作部门,下游阶段的工作才能开始。

串行整合方式的优点在于,在各个创新阶段中,职能部门的内部效率较高,也易于管理。由于部门之间缺乏信息交流,在移交创新阶段成果时缺乏责任的态度,创新思想在传递过程中会发生失真,造成工作反复,这样一方面增加了创新成本,另一方面延长了创新周期,最后可能导致生产出来的产品不被市场接受,从而给企业带来巨大损失。

②交叉整合。如果对创新过程的各个阶段仔细地剖析,就会发现下游阶段的工作往往可以不必等到上游阶段的工作完全结束以后再开始,上下游阶段的工作可以有一定的交叉。交叉整合方式就是基于这种认识提出的。交叉整合有两重含义:一是在上游阶段的工作还未完成时就开始下游阶段的工作;二是在每一个上游工作阶段都吸收一定的下游工作部门的人员参加,从而在不同创新职能部门的人员之间形成一定的交叉。

在交叉整合方式下,由于有下游阶段的人员参与上游阶段的工作,在上游阶段的开发过程中就会充分考虑下游阶段的要求,人员交叉也有助于下游阶段的创新职能部门加深对上游阶段创新成果的理解,这使得前一阶段成果向后一阶段传递的效率大为提高,从而减少了信息失真和工作反复,节约了费用和时间。交叉整合的方式非常适合于汽车工业等产品结构复杂、工序繁多的行业中的创新管理。

交叉整合并不能解决所有的问题。创新活动面向的市场环境是不断变化的,需求的变化、竞争产品的推出、政策环境的变化、原料供应条件的变化等都可能影响创新早期阶段工作的有效性,仅相邻的创新阶段之间的交叉仍难以完全避免因信息沟通不充分而导致的早期创新工作的失误。

③并行整合。并行整合是一种全新的创新协调与管理方式。并行整合方式也称为同步工程或并行工程,这是一种在创新过程中支持集成化并行作业的系统方法。它要求把创新看成是多职能部门并行推进的过程,各部门一开始就一起运行,一开始要考虑到创新过程中的全部因素,及早沟通消息,发现问题并及时消除。尽量缩短创新周期,降低创新成本。与交叉整合相比,并行整合方式的先进性在于强调尽可能早地开始下游阶段的工作,不仅相邻的阶段之间有交叉,不相邻的阶段之间也尽可能有交叉。

二、市场创新管理

1.市场创新域及其管理

市场是供求关系的总和。所谓新市场,即包含着新的市场供给、新的市场需求和新的市场关系等方面的新的市场要素。只要改变其中任何一种市场要素,就会改变市场状况,从而形成一个新的市场。所谓市场创新域,是指市场创新者可以选择的、能够引起现有市场发生变化并导致新市场出现的各种市场要素的总和。由于影响和制约市场变化的相关因素很多,所以,市场创新者可以选择的市场创新域也很多。由于各种相关的市场要素之间也是相互影响和相互制约的,所以,各种市场创新域之间的界限并不是绝对的,有些市场创新活动必须同时在若干个市场创新域里展开。

(1)产品创新域。产品是最重要的市场要素之一,产品变化是市场变化的一种主要表现形式。任何一个企业都要向市场提供一定种类和数量的产品,以满足顾客的需要,实现其企业的社会使命。从市场关系的角度来说,可以把任何一种产品看作满足不同市场需求的一种手段。因此,产品的市场意义不在于其本身的某一种特性,而在于其能够满足市场需求的某一种特性。改变一种产品的作用、结构、生产技术、市场形象、价格、服务或其他各种产品要素和产品属性,就会引起相应的市场变化,从而导致一种新市场的出现。我们把这些能够影响和制约市场变化并导致新市场产生的各种产品要素群称作产品创新域。由于产品的品种和规格的变化范围几乎是没有止境的,每一种产品又具有多方面的技术特性和市场特性,所以,产品的变化也是没有止境的,产品创新域是一个极其广阔的市场创新域。在选择产品变化域作为市场创新域时,还必须进一步分析产品的各种要素构成及其基本特征,充分考虑一种产品及其各种要素的变化方式、变化程度和变化后果的各种可能性。

第一层是产品的核心要素,也就是产品的使用价值。每一种产品都必须具有一定的使用价值,这实质上是为解决顾客的某种问题而提供的服务。在开发新产品时,市场创新者应该分析有关产品的核心要素,及其所具有的使用价值,为顾客提供新的使用价值,满足顾客新的需要。只要改变产品的核心要素,就可以开辟相应的新市场。第二层是产品的实体要素,也就是上述核心要素的载体。一种产品的实体要素主要包括该产品的质量水平、产品特性、式样设计、品牌名称、产品包装等不同方面的特征。改变其中任何一种实体要素,都可以引起相应的市场变化,创造出一种新的市场,这是一个更为广阔的市场创新域。第三层是产品的引申要素,也就是企业为产品用户所提供的各种附加服务和附加利益,主要包括产品的质量保证、购买信贷、运送、安装、技术指导、维修等。

总之,产品创新域是一个由多层次、多维度、多要素、多属性所构成的市场创新域,是一个十分广阔的市场创新域。面对如此广阔的创新天地,只要敢于创新,所有的企业都有能力不断地开发新产品,开辟新市场。

(2)需求创新域。需求是一种最重要的市场要素,需求变化是一种最根本的市场变化。就发展社会生产的目的而言,任何一种产品都只不过是满足某种市场需求的一种手段或工具而已。因此,立足于市场需求来进行市场创新和市场发展,也就具有更为深刻的战略意义。

市场需求是人的基本需要的具体表现,也是人的生存条件的客观反映。市场需求的发展要受到一系列相关因素的影响和制约,市场需求的变化必然会引起市场规模和市场层次的变化。市场需求变化的程度和范围几乎没有绝对的界限,各种市场需求的不断发展变化为市场创新者提供了大量的市场创新机会,开辟了前景十分广阔的市场创新域。虽然产品创新也要着眼于市场需求,不过,产品创新域主要是面向生产者。在选择产品创新点时,企业考虑更多的是本企业的技术能力和资源条件等因素。而需求创新域则是直接面向用户,企业在选择需求创新点时考虑更多的是市场需求的实际状况及其变化趋势。一般来说,一个需求创新点可以容纳多个产品创新点。当然有些产品具有多种功能与用途,同一种产品也可能满足多种市场需求。

总之,需求创新域是一个更为广阔的市场创新域。市场需求的多样性、广泛性、相关性和无限发展性,为各种企业进行市场创新开辟了广阔的道路。当然,市场需求的抽象性、复杂性、变动性又给我们识别和掌握市场需求的具体形态带来了一定的困难。因此,不同的企业应该认真进行市场调查研究,掌握市场需求的实际状况及其发展趋势,充分发挥本企业的市场竞争优势。选择适当的需求创新域和创新点,开展市场创新。

(3)顾客创新域。顾客是企业最重要的一种市场资源。从一定意义上讲,市场需求就是顾客的需求,从市场出发也就是从顾客的需要出发。因此,根据不同类型顾客的不同需求来进行市场创新,以满足各种顾客的实际需要,是所有企业在进行市场创新时应该充分考虑的一个基本原则。顾客是很多的,顾客之间又是千差万别的,不同的顾客有不同的需要。企业只要面向顾客的实际需要进行市场创新,就一定会有所发展。因此,抽象地说,顾客创新域也是一个非常广泛的市场创新域。不过,对于任何一个企业来说,其真正的顾客都是极其有限的,任何一个企业都无法满足所有顾客的全部需要。

因此,每一个企业都必须认识到自己的特殊使命。在制定市场创新战略时,应该进行必要的市场细分,确定本企业的服务对象,选择适当的目标顾客群作为本企业的目标市场创新域。

作为一个基本的市场创新域,对顾客群做出分类要比对产品做出分类更为困难,也更加复杂。在对顾客进行细分的时候,必须根据企业和市场的实际情况,确定适当的细分标准,从而选择适当的顾客创新域。

总之,顾客是企业的服务对象,选择适当的服务对象是关系到企业市场创新成功与失败的一个关键因素。任何企业都不可能满足所有顾客的全部需要,都必须根据自己的实际情况来进行市场细分和市场定位,以确定适当的顾客创新域,选择有利的市场创新点。

2.市场创新源及其开发利用

市场创新活动成功的一个重要前提是把握有利的市场创新机会。但是,有利的市场创新机会并不会自动地产生创新成果,人们要将市场创新机会转化为现实的创新成果,就必须利用这些机会,在企业的生产经营活动中引入某些能够改变现有市场状况、导致新市场产生的市场创新要素。因此,拥有相应的市场创新要素是进行市场创新的必要条件。所谓市场创新源,是指产生各种市场创新要素的源泉与获取这些市场创新要素的渠道。了解产生各种市场创新要素的源泉以及企业获取这些市场创新要素的主要渠道,有助于我们认识和掌握市场创新活动的基本规律,积极主动地开发和利用各种创新资源,开展市场创新活动。

市场创新是一个内涵十分丰富、外延也相当宽泛的概念,所有的市场活动都蕴含着创新机会,所有的市场要素都连接着潜在的市场创新领域,在讨论市场创新源这个问题时,我们必须充分认识到市场创新要素的多样性和来源的广泛性与复杂性。

通过采用一种新的产品设计、新的原材料、新的生产工艺、新的广告创意、新的产品包装、新的品牌商标、新的营销渠道、新的促销方式、新的组织形式、新的管理制度或其他新的市场要素,人们便可以改变现有产品的市场特性及其销售状况,或者开发出新的产品,开辟出新的市场,这就是市场创新。而那些能够改变现有市场状况、导致新市场产生的新技术、新方法、新思想、新制度、新的组织形式等都是市场创新要素。各种市场创新要素可以用不同的方式从不同的来源与渠道获得。

市场创新要素可以来自市场创新的主体。市场创新的主体是在市场中从事各种活动的人,包括企业内部的研究开发部门和市场营销部门的工作人员、企业外部的各类用户和供应商以及企业的市场竞争者与市场合作者等。各种人员都有可能从不同的角度提出市场创新的构想,提供市场创新所需的各种资源。因此,我们可以把所有与市场活动有关的人员都看作是潜在的市场创新源。

市场创新要素也可以来自市场创新的客体。市场创新的客体是市场,而市场状况是由市场供给和市场需求这两个方面决定的。所有能够影响市场供给和市场需求的生产要素和市场资源,所有能够影响市场供给和市场需求之间结合机制与结合方式的制度、组织、手段与方法,都是可以开发利用的市场创新源。市场创新要素可以来自市场创新活动的各个领域。市场创新活动涉及技术开发、产品生产、商品交易、消费和售后服务等市场活动的各个领域,在所有与市场创新活动有关的领域都存在可能产生各种创新要素的市场创新源。

市场创新要素可以从不同的途径获得。有些市场创新要素来源于企业内部,有些市场创新要素来源于企业外部。自主开发、联合开发、委托开发、引进吸收、企业兼并联营等都是获取创新要素的途径。

在市场经济条件下,作为商品的生产者和经营者,企业的一个主要任务就是要选择和优化各种生产要素与市场资源的配置方式,从而不断地提高生产效率和资源利用的效益。市场创新既体现在对现有各种生产要素与市场资源的重新配置上,也体现在对各种新的生产要素与市场资源的引入与应用上。随着科技进步与社会发展,各种新的生产要素与新的市场资源会不断被开发,生产要素与市场资源的结合方式也会不断变革。所以,企业可以利用的各种市场创新源是不会枯竭的。只要企业建立起有效的市场创新机制,重视市场创新信息的管理,强化企业的研究开发与市场营销职能,不断开辟和充分利用各种市场创新源,善于从各种相关的新事物中发现有用的市场创新要素,就能不断地推进市场创新活动并取得成功,使企业在激烈的市场竞争中立于不败之地。

三、制度创新与管理

1.企业制度创新与制度安排

企业制度创新已成为当今中国国有企业特别是大中型国有企业深化改革、建立现代企业制度的主流。在计划经济体制下的传统国有企业制度已走到了尽头,时代呼唤新企业制度产生。中国正面临着一场历史性的企业制度创新浪潮。在企业制度创新过程中要注意以下两个问题。

(1)企业制度创新的层次性。企业制度创新是一个多层次的体系,需要各不同主体(包括政府、企业和个人)形成“合力”才能完成。但是现实微观层次企业制度创新存在着多方面的障碍,主要表现在以下三方面:

①宏观层次上企业制度创新的时滞性。虽然一个时期以来建立现代企业制度已成为经济体制改革的中心,但与建立现代企业制度相配套的宏观企业制度创新滞后,例如,干部任用制度、税收制度、社会保障制度等,这是制约企业制度创新的根本原因。

②各级政府因其对各自利益的不同考虑,限制企业制度创新,仍然沿用计划经济时期的行政手段干预企业,致使企业制度创新无法进行。这是阻碍企业制度创新的主要原因。

③由于长期的计划经济的影响,企业内部一直实行平均的分配制度,各个层次企业制度创新必须协调不同层次上的企业制度创新关系,消除各层次上的时滞,给企业创造良好的制度创新外部环境,形成良性创新机制。

(2)企业制度创新的变形。企业制度创新成果是用一系列制度固定下来的,但在现实生活中经常出现制度创新的变形,即一种按照企业制度创新主体原来的设计形成的制度,在它产生的过程中,或者在它形成后不久,就发生了变化,同原来的设计有较大的差异,起不到它本来应当起的作用。例如,原来设计的股份公司既考虑股东的利益,又考虑公司法人的利益,并力求在经济发展中使企业有较大的活力,但在实际生活中发现同原来的设计有较大的出入。再比如企业管理创新中的人事制度的创新,目的是挖掘人力资源潜能,充分发挥人力资源优势,但在实际执行中发生了变异。这些情况不一而足。这就涉及制度变形问题。如前所述,各个不同层次创新主体根据其在企业制度创新中所获得的预期纯收入来决定其参加程度,并有意或无意在执行中进行调整,向着有利于自己的方向拉动,从而产生企业制度创新的变形。

2.我国企业制度创新

(1)有关公司法人制度现状。合理的公司法人治理制度可以综合地解决国有企业的一系列体制性矛盾,实现出资者所有权与企业法人财产权的分离,有利于政企分开、转换机制,形成科学的决策机制、执行机制和监督机制,有效防范经营风险,促进公司规范运作。

规范的公司治理结构通常是:资产所有者拥有公司的所有权;股东通过股东大会选举董事会,董事会成为由股东大会授权的公司财产托管人,拥有重大决策权及对以总经理为首的经理人员的任免权和报酬决定权;以总经理为首的经理人员受聘于董事会,作为董事会的代理人,具体负责公司的日常经营管理事务;监事会对公司财务和董事、监事进行监督,向股东大会负责。公司法人治理结构的功能是在所有者与经营者之间合理配置权力、公平分配利益以及明确各自职责,建立有效的激励、监督和制衡机制,从而提高公司效率,实现公司的经济效益目标。

目前,许多国有大中型企业已改制为有限责任公司或股份有限公司,建立了法人治理结构。由于体制和企业运行机制等方面的原因,很多公司的运行机制和运转方式并没有发生根本性转变,公司治理结构只是一个空架子,"形备而实不至"。原有的许多结

构性问题、矛盾和弊病,在新的机制下依旧存在,突出表现在以下五方面:

①治理结构不完善。股东大会、董事会、监事会、经理层的职责不明确、运作不规范,缺乏有效的约束和制衡机制。

②董事会的作用未能真正发挥。董事会的重要职能是进行重大决策、推动决策的实施和选聘经营者,但是公司治理的这一重要制度安排往往无法有效落实。在许多公司董事会内部缺乏制约机制,代表大股东的董事利用优势地位,左右公司决策,影响了公司决策的民主化和科学化。

③经理层缺乏独立性,董事会成员与经理人员高度重合。总经理没有得到充分、明确的授权。董事长、总经理之间"越位"和"缺位"的问题十分突出。

④监事会不能实施有效监督。监事会的职责主要是对公司的财务状况和经营管理者的违规、违纪、违法行为进行监督,但监事往往被视为领导职务和形式上的安排,监事会懂财务管理的人才极少,致使监事会常形同虚设。

⑤"新三会"与"老三会"难以协调运作。职工参与经营管理的渠道不畅,积极性不能得到有效发挥,新机制运行不顺。

在分析问题的症结时,应该看到,制度创新不仅仅是一项新制度的引进或制定,其实际效果还要取决于这一制度的运行规则和运行程序以及与内外部环境的协调。实践证明,仅有公司组织和实体方面的法律规定是不够的,必须有程序方面的法律法规作为制度的支撑。

(2)程序与程序创新。什么是程序,从法律学角度看,程序主要体现为主体按照一定的顺序、方式和手续来做出决定的相互关系,包括决定成立的前提和决定过程。实际上,程序是一种角色分派体系,程序参加者在角色就位之后,各司其职,互相间既配合又牵制,这即是公司法人治理结构的精髓所在。程序的作用在于引导和支持主体权力的行使,协调各个权力之间的关系,防止滥用权力和出现错误,克服决定过程的任意性,通过决定前提和决定过程的合理性来保障决定的合理性。

在现代经济组织的复杂关系中,制度的推行是通过程序体系的严密化实现的,程序的本质是使复杂变为有序,遵循程序行使权力。不仅如此,从程序入手还可以化解变动带来的冲突。新的制度为社会所接受和承认需要一个过程,在旧有的机制废除之后,需要新的程序来消化矛盾。在变革过程中,更需要大力强调程序的意义。

目前,国有大中型企业公司法人治理结构并非没有程序,问题是这些程序还较薄弱,不足以支撑整个制度结构。我国《公司法》对公司运作的程序只作了很少的原则性规定。具体到各个公司,能在公司章程或规章制度中对公司运作程序进行具体明确规定的更为少见。由于国有企业传统管理重行政程式而轻法定程序的习惯影响,使得对于仅有的程序,许多人也设法规避或不予以重视,因此,现代企业制度公司法人治理结构的程序设置,必须加强并进行创新,使程序符合并承载新制度的功能要求,具有合理性、确定性和易用性。根据我国公司制改制和法人治理结构运作的现状,我国应加快公司制度的程序创新和立法步伐,完善公司法人治理结构,以适应资本市场、证券市场规范化、市场化和国际化的要求。

（3）职工持股制与企业制度创新。职工持股制度是一种由企业职工拥有企业产权的股份制形式,在我国广泛存在的股份合作制就是这种制度的一种组织形式。职工持股制度起源于西方,一般被称为"职工持股计划",是由美国律师路易斯·凯尔萨在20世纪60年代最先提出的。可以说,职工持股制度在西方的发展历程并不长,但它带来的制度创新意义和显著的实际效果则显示出强大的生命力。对于现代企业制度改革正不断深化的中国而言,职工持股制度在理顺产权关系、提高企业经济效益等方面所具有的独特作用也日益受到各方面的重视。虽然中国的不少企业已经实行了职工持股制度,但职工持股无论在理论上还是在实践上都存在很多问题。由于中国企业,尤其是国有企业在股份制改组中实行职工持股制度,与西方对私人所有股份制企业进行的职工持股改制相比,其改组对象和所有制基础都有本质性的区别,因此,如何借鉴西方国家职工持股制度的长处,结合中国实际情况,建立健全符合中国国情、具有中国特色的职工持股制度,已成为我国企业改革的一个重要课题。

第五章　企业环境与组织创新

第一节　企业环境的界定及其特征

环境是独立于组织之外的外生权变因素,是对企业经营绩效产生持续显现或潜在影响的各种外部力量总和。企业与其相处的外部环境不相匹配,会对其生存和发展产生极大的反作用,所以环境是影响企业经营的重要因素。目前,对企业环境的界定存在着各种各样的方式。有的以时间为基准,从过去、现在和未来三个角度描述;有的以空间为基准,从宏观、中观和微观三个层面分析。

多数管理学文献将其分析为一般性环境和具体性环境(斯蒂芬·罗宾斯等),一般性环境是指具有普遍意义的因素,例如,社会的政治、经济、法律、文化、道德、技术进步与创新,全球化、一体化、信息化的发展以及由其创新经济范例等,它们对组织产生影响和作用,但这种影响和作用的机制处于潜在和间接状态,具有宏观性。具体性环境是指具有特定含义和特殊意义的因素,主要包括竞争对手、客户、供应商、员工、公众压力等,它们给予组织的是显现、直接、持续的影响和作用,具有微观性。另一些文献则把市场从环境中凸现出来,阐述市场环境给予企业或组织发展的决定性作用。在众多关于环境的分析中,格罗夫等人的二维界定得到了广泛的认可,他认为任何环境都可从"三个核心维度"进行分析。这"三维"就是:环境的动态性是指环境变化的速度和幅度,如果环境要素发生剧烈的大幅度变化则称之为动态性环境,如果变化很微小,渐进或缓慢地进行,则称之为静态性环境;环境的复杂性是指参与人的数量、规模、差别产品、技术差异及其应用的规模和速度、新产品的出现、新竞争者的进入频率、供应链、客户关系、政府干预经济的程度等;环境的容量是指环境能够为企业发展提供的资源支持和成长空间。对企业来说,市场是它所面对的环境系统中最集中、最直接的部分,因此环境容量可以通过市场容量的转换而得到说明。一般情况下,顾客的数量与规模、市场链、潜在消费者、市场份额与占有率、利润区、价值链与价值增长都能够直接或间接地表明市场容量。较大的市场容量能够创造较多的机会,有利于促进企业的发展,而较小的市场容量所创造的发展机遇也相对较小。但是,必须说明,任何机遇都是和风险并存的,而风险根本上源于环境的不确定性,因此,对于那些具有大容量市场前景的企业来说,其所面临的组织风险性也是巨大的。

格罗夫的"三维"概念,把环境作为独立于企业经营发展的外生权变因素,较为确切地说明了环境对企业经营发展的作用机制。但是,环境因素并不完全是绝对的外生权变因素,实际上环境和组织之间存在着一种互动性,对于环境的描述必须更深入地揭示这种互动性。考特里特、斯蒂芬·罗宾斯、迈克尔·波特、查尔斯·惠兹曼、卡隆等人在进一步的研究中,分别引入了"可预测性""程序化""自知之明""竞争性""信息分布""S-C-P范式"等概念,更深入地说明环境的动态性和互动性。

第二节　企业环境与组织创新的关系

在关于组织战略的研究中,始终面临着的一个重要问题,就是环境、组织结构和组织战略之间的相互关系。战略研究中,环境是外生权变因素,而组织结构是内生权变因素,组织战略是适应环境还是适应组织结构,对于战略的制定实施及其导向具有不同的意义。正因为如此,在战略管理的思想中,有所谓"结构追随战略"和"战略追随结构"的说法。"结构追随战略"的思想是由美国管理学家和工业经济史学家钱德勒提出,他在《战略与结构:美国工业经济史考证》一书中,分析了环境、组织结构和组织战略之间的关系,认为组织战略应当适应环境,而组织结构又必须适应组织战略,因战略变化而变化。"战略追随结构"是由另一美国著名战略管理学家安索夫提出,他认为组织战略行为是一个"有控制有意识的正式计划过程",其在《战略管理》一书中提出,组织战略行为是"一个组织对其环境的交感过程以及由此而引起的组织内部结构变化的过程",并认为大环境服务于组织,战略必须适应组织结构,因组织结构变化而变化。从他们的论述中我们可以看到,虽然他们的导向不同,但他们都将组织战略、组织结构置于组织环境之中,论述了环境对"组织战略-组织结构"关系的制约,认为组织战略必须基于环境的分析并与环境的特征保持高度的适应性和一致性。上述矩阵模型提供了四种不同特质的环境类型,与之对应的是组织战略必须择宜而取。但从现代经济的实践来看,动态复杂性环境是企业所面临的最具有战略意义的环境。从稳态环境向动态环境、从简单环境向复杂性环境变化是环境发展的必然趋势。新技术的发明和使用,导致市场周期和产品生命周期的缩短,新产品层出不穷,新竞争者进出频繁。随着我国经济的加速发展,信息产业的迅速兴起以及全球经济一体化进程的加速,尤其是中国入世,我国企业组织将面对日益动态化和复杂性环境,这就要求我们必须把对环境的分析和把握放在企业经营的战略高度上,从管理到战略的制定必须与之匹配,通过对环境的科学分析,增强对环境不确定性的认识。否则,将会给企业的发展带来巨大的障碍。

在现代管理学所有关于环境问题的研究文献中,都一致认为组织管理必须适应环境,这是因为所有的环境并非处于静态稳定性之中,而是动态的、不确定的、复杂性的。企业面临日益变动的环境变化,必须进行组织的变革与创新才能适应。这就是环境变动引起持续的组织变革与创新的过程。环境对组织创新的影响主要包括以下三层方面:

环境变动频率影响组织创新的速度。一般来说,环境变动超前于组织创新,且变动速度快于组织的创新,尤其是组织的管理变革,这就要求组织必须具有快速应变的知觉和能力。环境变动的方向引导组织创新的方向。环境变动尤其是对于动态复杂性环境的变化而言,既可能创造发展的机遇,也可能使组织陷入更加艰难的境界,这需要组织辨明环境变动的方向,在有利于发展的时候善于引导,在不利于发展的时候适时给予矫正。环境变动的范围制约组织创新的实现空间。环境变动使组织遭受越来越大的压力,同时随着变化的动态性和复杂性的增强,变革的阻力也越来越大。例如,新竞争者的不断涌入造成市场的重新分割,必然使得原有客户部分地流失,市场份额和占有率降低,这意味着企业可盈利的空间越来越小。这种情况制约了企业的变革特别是营销创新的可行性。如何在越来越紧缩的有限空间保持高盈利率,取决于其战略性、适应性调整。通过重构"价值链"和"业务流程再造",发现新利润区,对任何企业来说都应该是头等重要的大事。

积极有效的组织创新促进组织的自适应性,提高组织的效率,这就是组织创新的能动性。所谓"组织创新更好地适应环境变动",主要是指组织基于对环境的科学分析,准确把握环境的特征和环境变化发展的趋势,寻求组织最佳创新方式和路径,使组织和环境在更高水平上建立均衡,获得协同效应。这里的关键是:组织对其所处环境的科学分析,这要求组织尽可能拥有关于组织环境的完备知识和信息;组织在进行这种分析的时候,必须具有辩证观和系统观。在这方面,早期的管理学文献给出了SWOT、ETOP、SAPBST矩阵、GE矩阵等分析法,但这种方法假定组织预先拥有组织的知识和信息以及既定结构化的产业,因此,它相对适应于并非高度竞争性环境,许多管理学者已经认识到这些分析的局限性。基于20世纪80年代中后期以来世界经济的发展和新知识经济的出现,战略管理学对组织环境的分析出现了"长寿公司关键要素""竞争性环境""顾客矩阵""生产者矩阵""核心能力要素""战略资源""IS/IT分析"等分析法,这些分析法突破了旧的分析法的局限性,有助于我们增强关于环境分析的战略性意识。寻求组织最佳创新方式和路径,组织必须推进系统创新,才能立于经营不败之地。"路径依赖"理论强调"路径选择"与"组织创新绩效"的内在联系。阿里·德赫斯认为,现代许多大公司的致命弱点是缺乏学习能力,因此,面对高强度竞争性环境,表现出"适应性综合缺陷症"。他确定了长寿公司的四大关键要素是:第一,对周围环境保持高强度敏感性。第二,建立社区关系的能力。第三,建立外部人际关系的能力。第四,有效控制自我增长的能力。波特则强调"竞争战略"与"竞争性环境"的匹配。哈默尔和普拉哈拉德认为,传统的"基于产业结构定位,以其十分明确的市场细分产品来获得和防卫其市场份额,从而获得竞争优势的竞争战略"已经过时,在急剧变化和充满竞争的环境下,企业"战略的核心不在于公司的产品、市场的结构,而在于其行为反应能力;战略的目标在于识别和开发别人难以模仿的能力"。组织与环境的协同效应,应建立在环境变动与组织战略制高均衡上,因为这种均衡越高,协同效应越高。

第六章　动态复杂环境中的组织创新

第一节　企业组织创新的内容和方向

由于各个企业的具体条件不同,例如企业的环境、战略、技术、人员、规模、文化、成长阶段等主要制约因素不同,其组织变革与创新的内容自然各不相同。我们在这里所要阐述的,是根据组织理论与设计的一般原理,针对新世纪经济全球化、信息化、知识化等新特点,结合我国国情以及企业比较普遍存在的问题,探讨当前组织创新应予以重视的主要内容,并明确它的变革方向。

组织创新的主要内容概括地说,就是要全面系统地解决企业组织结构与运行以及企业间组织体系方面存在的问题,使之适应企业发展的需要,具体内容包括企业组织的职能结构、管理体制、机构设置、横向协调、以流程为中心的管理规范、运行机制和跨企业联系等7个方面的变革与创新。

1.职能结构的变革与创新

如前所述,组织设计的一个基本原理就是战略决定结构。但是,人们无法从战略直接推导出具体的组织结构,只有经过分析企业及其管理组织实现战略目标所必须具备的基本职能,并从这些基本职能中寻求确定对实现战略目标起着决定作用的关键职能,然后再进一步设计执行这些职能的机构,战略才能切实找到组织上的落脚点。

2.管理体制(组织体制)的变革与创新

所谓管理体制,就是指以集权和分权为中心的、全面处理企业纵向各层次特别是企业与二级单位之间的责任权利关系的体系,亦称为企业组织体制。管理体制关系到企业能否既保持必要的统一性,又具有高度的灵活性,因而是企业纵向结构设计的重大问题。我国企业过去的主要倾向是不问企业具体条件如何,一律实行高度集权,这同高度集中的计划经济体制是一致的。现在,随着经济转型,不少企业又出现了过度分权、联合企业变成了企业的联合的问题。这两种倾向其实都违背了现代组织设计的权变理论,没有从企业实际出发,根据企业的不同条件去正确处理集权与分权的关系。

3.组织机构的变革与创新

组织变革不仅要正确解决上述管理体制等企业纵向组织结构问题,还要同时考虑横向上每个层次应设置哪些部门,部门内部应设置哪些职务和岗位,怎样处理好它们之间的关系,以保证彼此间的协调配合,这些都属于企业横向组织结构范畴。长期以来,我国企业横向结构普遍存在分工过细、过死,机构过多,人浮于事,矛盾多,扯皮多,效率低,效益差的现象,问题十分突出。

对于机构设置,改革的方向之一是贯彻"一贯管理"原则,推行机构综合化。即针对分工过细、分段管理的问题,适当简化专业分工,力求在管理方式上实现每个部门对其管理的物流或业务流,能够做到从头到尾连续一贯的管理,达到物流畅通、管理过程连续。具体做法就是把相关性强的职能科室归并到一起,做到"一个基本职能设一个部门、一个完整流程设一个部门"。我国一些企业学习国外经验,采取以上原则和办法设置机构,并形象地将其称为"大部制",实践证明,这种做法是科学的,效果很好。

其次是推行领导单职制,即企业高层领导尽量少设副职,中层和基层领导基本不设副职。这是国外企业的通常做法,我国也有越来越多的企业在朝着这个方向努力。副职人员过多,必然引起机构臃肿、人浮于事:容易出现多头领导、多头指挥,下级无所适从,发生问题互相推诿,难以建立社会化大生产所要求的严格的责任制;协调工作量很大,决策拖延,企业常常因此在瞬息万变、竞争激烈的市场上贻误良机。

4.横向协调的变革与创新

组织变革除了要解决包括纵向结构和横向结构在内的组织结构问题以外,还要解决如何保证这一结构顺畅、高效运行的问题。这里首先要谈的横向协调,以及下面将要讨论的管理流程、运行机制,都属于组织运行方面的基本问题。我国许多企业搞组织调整与改革,往往仅局限于机构设置,而对机构变化以后如何有效运行,则缺乏系统设置与优化,这是造成机构调整与改革效果不佳、常有反复的重要原因之一,是我们应吸取的经验教训。

5.管理流程的变革与创新

管理流程是企业管理制度的核心部分,它是把各个管理业务环节,按照管理工作的程序联结起来而形成的管理工作网络。对管理流程进行设计与优化,实际上就是要建立健全以业务流程为中心的一整套管理制度(广义地说,就是管理规范)。

应该说,业务流程的概念早已有之,但是,通过业务流程再造而实现组织变革,大幅度提高效率、缩短周期、降低成本,这种理论与方法却是20世纪90年代初才兴起的。近些年来,国外许多大企业进行了业务流程再造,尽管成功率不高,但确有明显效果,并且也符合21世纪经济向着信息化、网络化方向发展而对管理提出的要求。因此,从市场需要出发,以用户为中心,充分运用现代化信息、通信技术,积极探索业务流程再造的成功之路,并且使这一西方传来的先进理论与方法中国化,这是当代我国企业组织创新的重要内容之一,应给予高度重视。

6.运行机制的变革与创新

无论是组织结构,还是横向协调或业务流程,都离不开人在其中起决定性作用,因此,组织变革与创新还必须建立同市场经济相适应的、有利于充分发挥各个环节和全体员工积极性的、具有企业特色的动力机制与约束机制。

第一,同前述加强部门间横向协调以及市场信息传递的各项措施相结合,建立企业内部的"价值链",不仅传递市场和用户的信息与要求,而且使上下工序之间、服务与被服务的环节之间,用一定的价值形式联结起来,从而相互制约,力求降低成本、节约费用,最终提高企业整体效益,克服那种对部门与岗位只有实物量或工作量标准,而没有同经济效益挂钩的缺陷。第二,改革旧的劳动、人事、分配制度,引入竞争机制,实行按劳分配和按生产要素分配相结合,真正做到经营者能上能下、员工能进能出、收入能升能降,激发每一个人的积极性、主动性和创造性,留住人才、用好人才、促进人才成长,彻底解决干多干少、干好干坏一个样的问题。第三,改革只有自上而下进行考核的旧制度,按照"市场链"和"价值链"的联系,实行上道工序干得好坏由下道工序评价、辅助部门干得好坏由主体部门评价、厂部科室干得好坏由基层单位评价的新体系,使之同企业经济效益取决于为用户服务好坏的市场经济规律相一致,从制度化的组织运行机制上增强企业市场竞争力。

7.跨企业组织联系的变革与创新

上述组织创新的几项内容,均属于企业内部组织结构及其运行方面的内容,除此之外,还要进一步考虑企业外部企业相互之间的组织联系问题。在我国,这方面的企业组织创新任务还很重。过去那种具备功能完备、有形实体、集中布局、规模庞大、人员臃肿、高度集权等特征的"大而全""小而全"的传统企业组织结构,面对今天的信息社会、知识经济时代,越来越不适应科学技术突飞猛进、市场需求复杂多变的动荡环境,各种弊端日益明显,最突出的就是适应能力差,组织缺乏活力。

第二节 电子商务与企业组织创新

随着Internet广泛使用,企业经营的内部流程和外部环境都发生巨大的变化,传统的企业组织结构很难适应这种快速多变的环境。激烈的竞争呼唤一种松散灵活而又具有高度适应性的企业组织结构,能够根据企业目标、环境及市场的需要迅速地做出调整。电子商务与现代化的信息技术,将为这一转变提供新的、更为强大的动力。

由于信息能够在许多地方的许多人之间快速而低费用地共享,所以决策和管理的集权化价值下降了。个人能够管理好自己,通过计算机网络联系的方式来与其他方面共同协调工作已日益普遍,企业既不需要控制众多的业务和功能也不需要聘用大批的生产和管理人员。从某种意义上说,新的协调技术使我们能够回到前工业时代独立的小企业组织模式,但是一个本质的差异是:Internet 使这些小企业能够利用过去只有大公司才能获得的信息、专门知识和资金。小公司享受大公司的许多益处,而又不牺牲小公司的精悍、灵活和创造性。一个极端的例子是美国拓普赛·泰尔时装饰品公司。它的年销售收入达 8000 万美元,却只有 3 名雇员,而且在其供应链的自始至终,都不与其产品直接接触。它与注塑公司签订合同,以制造其产品。它聘用设计公司进行包装设计,并通过一个独立承包商、分销商和销售代表组成的网络来分销其产品。电子商务将会给企业带来几乎每一个经营功能的变化,供应链将成为专门的结构,为了适应一个特定项目的需要而集中起来,项目完成后解散。制造能力将在公开市场上买卖,独立的专业化制造公司将从事小批量的生产,订货者将是形形色色的中间设计所,甚至是消费者。

随着社会的发展和时代变迁,传统组织结构已经不能适应当今时代尤其是日后变化迅捷的经营环境,电子商务导致企业组织变革已成为大势所趋。其变革主要趋势可概括为:扁平化、小型化、虚拟化、弹性化、网络化。

1.扁平化

传统企业的组织结构基本上是以等级为基础,以命令控制为特征的

"金字塔"型。这种组织结构对待环境变化的办法往往是制定新的或修改旧的规章,一方面阻止外界环境因素对组织成员的影响,另一方对外界环境的影响进行控制,使其固定化、常规化,即以确定性应付不确定性。这种体制最明显的特征是中层管理机构十分臃肿,如美国前 500 家大公司所设的经理阶层多达 1114 个,经理与工人之比为 1∶3.4,经理与秘书之比为 2∶1。由于它强调的是统一指挥与集权领导,存在着层次多、信息流动不畅、部门间难以协调、应变能力差等固有缺陷,越来越不适应日趋复杂的环境变化要求。在电子商务时代,多媒体、电子邮件、计算机会议系统、电子广告牌能将企业团队间以及合作成员间的工作进行协调,使他们的工作更加有效。计算机网络打破了传统的企业管理等级制度结构,将过去以功能分工的组织方式转变为以流程、网络为导向的组织,构成一个地域和工作单元更大范围的联合体网络。过去大型企业通常采用多层次的管理结构,极容易产生"公司内部的官僚主义",导致管理低效率;现在,计算机网络给企业管理机构带来的明显变化是组织层次减少,部门间有机结合,传统的部门界限不再严格地按原来的部门地域和层次划分,管理者可管理更多的下属。组织层次的减少,对辅助人员的需求也会大大降低,过去从事统计工作、编制表格报告和分析数据的人员成为多余。控制范围和养活辅助人员的双重作用使得管理组织机构扁平化,养活了中间层次,使决策层更加贴近执行层。另外,管理者可以放松集权控制,更多地授权给下属,而又不失任何控制。因为网络中的在线实时系统使管理者几乎可以在问题发生的同时就知晓,数据库存管理系统可以使管理者很快掌握事实真相,从而可以确保最高管理者能够迅速地进行决策。

2.小型化

近年来在美国发生了两种截然相反的经济现象,一方面是席卷全球的企业兼并的浪潮,如世界通信收购MCT通信公司,戴姆勒—奔驰公司买下克莱斯勒公司,以及美国在线与华纳公司的合并;另一方面,以中小企业为主体的纳斯达克证券市场空前活跃,中小企业的竞争力大幅度上升。在对美国不同规模的企业吸收劳动力的情况进行分析后发现,25年前,每10名美国工人当中就有一个受雇于《财富》杂志评出的500家大公司之一。今天这种比例已经下降到每10个人中不到1人。大公司的纵向生产一体化模式已远不如以前那样盛行,而是越来越多地依靠外部供应商生产零部件和提供服务。虽然大公司所控制的现金流量不断增大,但它们对实际生产活动的直接控制却越来越少。即使同一公司内部决策权也日益下放到较低的层次。许多大公司开始把自己分解为若干独立单位,这些单位间相互交易的方式就像是独立的法人公司一样。改革开放以来,中国企业组织结构已经发生了积极的变化,但目前仍然不尽合理,重复设置,大而全、小而全的问题至今仍未得到根本解决,企业专业生产、社会化协作体系和规模经济水平都还比较低,市场竞争力不强。之所以如此,其中一个重要的原因就是传统的"官本位"思想根深蒂固。长期以来,我们的很多企业也在一直追求组织规模,因为规模决定级别,级别决定待遇。随着电子商务的发展,这种一味追求企业组织规模的做法已经不合时宜了。

3.虚拟化

未来处于主导地位的企业组织形式将不一定是稳定和永久性的公司,而有可能是一种灵活性很强的"虚拟公司"。企业的虚拟性主要体现在:通过计算机网络,人们可以与工作设备、设计工具、软件连接起来,即使它们处于不同地点,属于不同的所有者。一个企业不需要正式雇佣许多人才,也不需要所有的工厂和设备,就可以选择和利用企业外部资源来完成生产经营过程中的任何一部分活动。企业可能只是一个空壳,它完全利用外部资源完成产品设计、生产,进行产品市场营销和策划,订单发行和会计核算。虚拟公司并非固定的组织,而是为了某种经济目的,由一些独立的经济实体组织起来的临时性公司。这种临时性公司没有固定的组织结构和组织层次,不具有实体形态,也无须进行法律登记和工商注册。虚拟公司不是法律意义上的经济实体,不具有法人资格,组织结构是一种虚拟公司,或加盟多个公司。加盟或退出没有严格限制,都可通过协商解决。这种生产需要通过企业间计算机网络实现各种协调,这种协调贯穿于企业合作过程的各个方面,其主要任务是对来自不同企业界的核心能力进行动态组合,来应付异常复杂的任务,生产产品或提供服务。

4.弹性化

所谓弹性化,就是说企业为了实现某一目标而把不同领域工作的具有不同知识背景的人集中于一个特定的动态团体之中,共同完成某个项目,等项目完成后团体成员解散。这种动态团队组织结构灵活便捷,能伸能缩,富有弹性;这种动态团队组织结构机动,博采众长,集合优势,不仅可以大大降低成本,而且能够促进企业人力资源的开发,还推动着企业组织结构的扁平化。近年来,香港一些企业已经不再按专业设置科室,而是改为按任务设置科室,除办公室、人力资源部等必需的常设机构外,其他非常设机构一律随任务的变化而变化。

5.网络化

企业组织结构的网络化主要体现在四个方面:一是企业形式集团化。随着经济全球化和经营国际化进程的加快,企业集团大量涌现。企业集团这种新的利益共同体的形成和发展,使得众多企业之间的联系日益紧密起来,构成了企业组织的网络化。二是经营方式的连锁化。很多企业通过发展连锁经营和商务代理等业务,形成了一个庞大的销售网络体系,使得企业营销组织网络化。日本花王公司80%的产品是靠世界各地设立的近30万个零售点销售的。德国西门子公司已在190个国家和地区建立了商务代表处。三是企业内部组织网络化。过去的"金字塔"型组织结构特点是直线框架,垂直领导、单线联系,很多机构之间老死不相往来。由于企业组织机构日趋扁平,一个管理层次的管理幅度在加大,执行机构增多,每个执行机构都与决策层建立起直接联系,横向的联络也在不断增多,企业内部组织机构网络正在形成。四是信息传递网络化。它表现为企业信息传递和人际沟通已经逐渐数字化、网络化。

第三节　企业环境变动与组织创新

在日益动态化的复杂环境中,企业必须实现从"被动适应"到"主动适应"的转变,才能保持组织的活力和培育核心竞争力,赢得可持续的竞争优势。唯有如此,方可经营不败。坐等有利环境出现是"守株待兔"的理念。在动态复杂性环境中促进组织的创新,主要包括以下四个方面。

一、促进企业战略创新

战略是企业经营的根本指导原则和长远发展计划,战略之于企业就是未来行动的纲领。而战略的制定和实施既要立足于自己的内部资源优势,又要充分地利用外部环境的变化。在一个高度变化的环境中,企业战略要保持其可持续性,就必须适时适度地进行创新,以此培养组织的现代理念。企业战略创新,应主要围绕两个方面来进行。首先,抛弃传统的经营理念,重视培养现代经营理念。其次,要培育并保持企业可持续的核心竞争力。核心竞争力不是与生俱来的,它是企业在自己的经营实践中长期学习而得来的。因此,是一个积累性的形成过程。企业核心竞争力的基础是企业所拥有的独特的资源,而这种独特的资源不仅仅只存在于企业组织的内部(如它的专有技术、人力资源、独创产品等),同时也存在于企业组织的外部(如它的客户关系资源、独创性营销资源、组织所拥有的政治资源等)。但是,任何组织都不可能长期垄断"独特资源",尤其是在高流动性的经济中,因而保持核心竞争力的可持续性就特别重要。从战略上来说,最优化组织的外部资源也许比积累其内部资源更有意义。企业核心竞争力的培育与企业的制度、组织结构和技术创新有关,同时企业的核心竞争力也与企业的多样化经营有着密切的联系,这尤其在当今的开放性全球化经济中更是如此。

二、促进企业组织创新

组织的效率由两方面的因素决定:一是组织的结构设计。二是组织内部的领导与权力机制。威廉提出"组织迟滞"的概念,认为组织内部由于存在着各种阻力的作用,使得组织的革新落后于外在环境的变化,从而组织变得行动迟缓,适应性减弱,造成巨大的管理效率损失。吉普森提出"组织内部危机"概念,认为组织在其自身的发展过程中,依次要经过"领导人危机——自主权危机——控制危机——烦琐危机",当环境变得越来越复杂时,组织的结构和权力机制也变得越来越复杂,这种危机便会周而复始地出现。组织如果不能控制和解决这种危机,组织将停止发展并趋于衰亡,解决上述问题的最好的办法就是促进组织持续地变革与创新,而这种变革与创新是由外部因素的促进并由外部因素传递至组织内部的。这里促进组织创新的外部因素主要包括:知识经济和信息经济的出现,日益迅速的技术进步与创新,经济全球化和一体化,日益增强的经济关联性,价值链转型,利润区转移,多元化和核心业务的对立等;外部变化传递至组织内部引起显现或潜在的"冲突";集权与分权的均衡解构,职能无序分化;组织内信息流动阻滞,人际冲突等。劳伦斯和洛希提出促进组织变革与创新的两种方式:整合和分化。应按照组织所面对的环境的复杂性程度和不确定性程度,来决定"整合"与"分化"的选择。他们认为一个有效的组织会不断地进行"整合"与"分化",以保持与动态复杂环境的有机适应。简单稳定的环境为,企业需要通过"分化"来刺激组织的"变迁",而当"变迁"使得组织的环境变得相对地不确定时,需要"整合"。随着环境的动态性和复杂性不断提高,组织的规模越来越大,结构越来越复杂,组织运行的效率减弱,进入更复杂的"分化"。"组织的冲突"越来越多,需要解决的问题也更复杂,要求组织应对复杂性环境进行战略性"整合",目的是为企业和组织的生存和发展创造"稳态的复杂性环境"。路子是"分化——整合——再分化——再整合"。变革与创新的根本目的是要"再设计"一种新型的组织形态和组织结构,这就是所谓的"企业再造"。

三、促进企业流程变革

业务流程是企业组织运行的基本体系,是形成竞争优势的重要来源。这里的业务流程(Business process)是指企业组织以价值链形成过程为逻辑,围绕价值创造的既分离又相互关联的行为过程。"价值链"是"将企业分解为战略性相关的许多活动。企业正是通过比其竞争对手更廉价或更出色地开展这些重要活动来赢得竞争优势",因此"价值链"是企业业务流程的主线。企业业务流程的设计以"价值链"创造为依托,遵循三条基本原则:最大化价值创造、最小化关联成本、最优化时序连接。通过对整个"价值链"中各环节之间的物流、信息流、人力流和资金流的计划、协调、控制和整合,实现"零缺陷流动"和"零缺陷连接",从而最大实现整个组织和生产体系的运作效益和效率。

四、促进企业文化创新

组织文化和组织价值观,是现代市场经济中两只"看不见的手",其最集中充分地反映了企业的战略愿景和经营理念,因而成为现代企业发展的精神向导。组织文化和组织价值观的意义在于建构企业精神,增强企业的凝聚力,优化企业的经营理念,实现组织的和谐,而这种和谐是企业绩效之重要所在。企业文化和组织价值观的形成是一个"自然历史过程",与组织的结构存在着内在的一致性。在传统等级制的科层体制组织中,组织文化和组织价值观是以"权力、权威、责任感、忠诚度、市场份额、职能化、群体意识"等为中心理念来建构的,它并不完全适应现代企业和组织发展的新情况。奥本格用"文化迟滞"的概念,说明了组织文化在应对组织结构变迁和环境变迁时的"滞后效应"。这就是说,在一定的意义上,面对迅速变化的日益复杂性的结构和环境,文化显示了某种程度的"惰性",对促进企业的战略性创新产生了一定的阻碍作用。同时,现代经济面对多元文化的冲击、碰撞和融合,在这一过程中,文化的"非理性"也会产生一定的作用。

第七章　企业运营

运营管理是企业三大基本管理系统之一,在企业管理中具有重要的地位。企业通过对生产要素的投入,经过一个或多个转换过程(如储存、运输、切割)可获得产品或服务,实现价值的增值。

随着科学技术和社会分工的发展以及人们对客观事物认识的深化,运营管理无论在理论、范围、实践等方面得以不断地延伸、拓宽和发展。

运营活动是在一定的生产(或服务)系统中进行的,生产(或服务)系统的设计对企业运营管理起着至关重要的作用,企业运营的许多参数都是由生产(或服务)系统设计决定的,如生产能力、单位产品成本、生产布置的空间和产品(或服务)质量等。

第一节　企业运营管理概述

一、企业运营管理的定义

运营管理是指对企业提供产品(或服务)的系统进行设计、运作与维护过程的管理。它包括对企业的生产(或服务)活动进行组织、计划与控制。

对运营管理概念的理解,必须注意两个问题:

第一,防止将运营管理与运筹学、工业工程概念混淆。

当人们从系统分析的角度研究运营管理时,往往容易将运营管理与运筹学、工业工程相混淆。运营管理与运筹学、工业工程是有着本质区别的。运营管理隶属于企业管理,是企业管理的一个分支;而运筹学和工业工程是各领域在实施管理过程中采用的定量分析方法(如关键路线法)。

第二,避免将运营管理等同于生产管理。

在传统的企业管理中,人们通常将运营管理等同于生产管理,认为"运营管理"领域几乎完全集中在制造业,强调的是工厂使用的生产技术和方法(参见表7-1)。

表7-1 生产企业运营管理举例

类别	基本运营管理问题	
	运作前	运作中
汽车制造企业	厂址选择、厂房设计、设备布置、流水线的设计等	物料需求计划、库存储备、人员安排、质量保证体系的建立
化妆品生产企业	生产设备的设计、生产线的设计等	原材料采购、制定生产作业计划、确定生产批量和质量控制体系等
多地点食品生产企业	选址,确定生产力、生产方式的选择,确定库存容量和运输方式	原材料采购、生产产品品种的确定、安全库存、运输方式的选择等
钢铁企业	选址、生产能力的设计、物流等	材料的库存、设备的计划预防维修,人员的安排等
计算机生产企业	设计设备使其提高产品质量和产品应变能力	计划各种产品生产线、安排顾客的定制要求、质量控制等
建筑工程企业	设备的采购、招聘熟练工人	安排活动次序、采购原料、安排工人工作日程等

近年来,人们对运营管理范围的认识大大拓宽了。生产的概念广泛地应用到制造业以外的许多活动中去。例如,医疗、饮食、娱乐、银行、酒店管理、零售、教育、运输以及政府等服务领域。一切以提高效率为目标的要素组合活动,都涉及运营管理(参见表7-2)。

表7-2 服务企业运营管理举例

企业类型	基本运营管理问题	
	运作前	运作后
航空公司	运营能力的确定、航线的选择、设备投资的决策等	对空运需求的预测,空勤、地勤、服务人员的计划和安排,食品、救生物资、报刊读物、毛毯等库存的确定,人员的激励和培训等
医院	设施规划、人员配备	患者就诊时间的安排,手术日程的安排,急诊室人员的配备,医疗质量的监控,维持血液和消耗品库存等
酒店	选址、服务能力的确定、人员配备等	营业时间的安排,各类食品、饮料的采购,服务人员的安排,食品卫生和服务质量的控制,员工的培训等
银行	信息流系统的设计、网点的选择和规划	维护和审计信息的质量,计划工作日程,人员的招聘和培训等

二、企业运营的地位和作用

企业组织有三个基本管理系统:财务、营销和运营。这三个管理系统和其他辅助管理系统分别完成不同的任务,但又存在相互联系的活动。这些活动对企业组织运营来说都是必不可少的。这三个系统承担着各自独立的职能,但是它们之间又是互相依赖的,正是这种相互依赖和配合才能实现企业的目标。

1.运营管理

运营管理的实质是在生产要素投入产品或劳务产出的转换过程中发生价值增值。对非盈利组织而言,产出的价值即是它对社会的价值,其对社会的贡献度越大,说明其运营效率越高。对盈利性组织来说,产出的价值是由顾客愿意为该组织提供的产品或服务所支付的价格来衡量,常言说优质优价。

2.营销管理

在市场经济条件下,生产要按照社会的需要来进行。市场需求是经常变化的,用户对产品的要求越来越高。

企业要在需求的不断变化中满足用户的需要,就必须及时掌握市场的动态。因此,营销系统必须及时向生产运营系统提供可靠的信息,并积极地为产品寻找市场。生产运营系统要适应营销管理的要求,为其提供适销对路的产品,对营销管理起保证作用。

3.财务管理

财务管理是以资金运动为对象,利用价值形式对企业进行综合管理。企业的生产运营活动是伴随着资金运动进行的。

财务系统要为生产运营所需的物资、技术、设施提供足够的资金,并从费用支出和资金利用的角度来控制生产运营。

运营管理水平的提高,在各方面减少消耗、节约资金,又为财务管理系统更好地利用资金,降低产品成本,增加企业利润,实现价值增值提供了重要条件。

对大多数企业来讲,运营管理是企业管理的核心。一个企业产品(或服务)的创造是通过运营职能来完成的。利用投入,经过一个或多个转换过程(如储存、运输、加工)可获得制成品(或服务)。

三、生产(或服务)系统与运营管理

任何运营活动都是在一定的生产(或服务)系统中进行的,生产(或服务)系统决定着企业的生产能力、单位产品的成本、生产布置的空间、产品(或服务)的质量。

(一)生产(或服务)系统的分类

不同类型的生产(或服务)系统具有不同的特征,了解这些特征有助于更好地理解运营管理的本质和范围。

1.按提供产品(或服务)的标准化程度划分

根据提供产品(或服务)的标准化程度,可以把生产(或服务)系统分为两类:标准化生产(或服务)系统和定制型生产(或服务)系统。

(1)标准化生产(或服务)系统。标准化生产(或服务)系统是提供标准化产出的系统。所谓标准化产出,即产出的产品(或服务)具有高度的一致性。如药品、计算机、盒装牛奶、汽车轮胎、牙膏的生产系统都是标准化的生产系统,电视广播、商业性航空运输、公交运输、专科常见病的治疗系统等则是标准化的服务系统。

(2)定制型生产系统。定制型生产系统提供的产品(或服务)是为某具体情况或按某个顾客的要求而设计生产的,具有个性化特征。如个性化的时装、火箭、万吨轮都是定制生产系统的产品,出租车运输、外科手术是定制服务系统的产品。

2.按组织生产(或提供服务)的重复程度划分

(1)单一生产(或提供服务)的系统。例如,人造卫星的发射或建造一栋商住楼、一辆待修的汽车、商务包机的飞行服务、为特定客户提供的资金运作。

(2)成批生产(或提供服务)的系统。例如,食品的生产、汽车制造、公交车运输、影城放映电影、大学提供专业教育、医院常规病例治疗。

(3)连续生产(或提供服务)的系统。例如,石油的提炼、钢铁冶炼、火力发电、24小时银行服务、星级酒店服务。

(二)产品生产系统与服务生产系统的比较

1.相似方面

产品生产系统与服务生产系统具有共性,两者都涉及系统的设计和运营决策。无论是产品制造商还是服务供应商,都必须在确定的生产系统条件下,对其生产规模、区位选址、进度安排和控制以及资源分配等运营问题作出决策。

2.区别方面

产品生产系统和服务生产系统又存在不同之处,由于产品生产系统是产品导向型的,服务生产系统是服务导向型的,于是它们在与顾客的联系程度、生产与消费的关系、投入要素的标准化程度、业绩的测评标准等方面都有着显著的区别。

(1)企业与顾客联系程度的区别。具有产品生产系统的企业,其生产活动过程与顾客对产品的消费过程存在时间和空间的分离。企业有专门的地点进行产品生产,然后顾客在其他地点实施产品消费。企业与顾客时间与空间的分离,使企业的产品生产过程具有相对独立性,生产过程的控制一般直接受顾客的牵制比较少。

提供服务产品的生产系统与顾客是紧密联系的,企业提供服务的过程也是顾客消费服务的过程。例如,对大楼外墙的清洗必须由提供清洗服务的人员在大楼外墙处进行;外科手术需要提供治疗服务的外科医生和接受诊治的病人同时在场;实施某项飞行服务时,空勤人员与乘客都在同一架飞机上。

企业与顾客的联系紧密,使其提供服务的主动权受到较大限制。顾客往往是服务生产系统的一部分。企业提供服务与顾客的消费需求直接接触,从而加大了企业对服务过程控制的难度。

(2)生产和消费关系的区别。具有产品生产系统的企业,制造产品可以在消费者不在场的情况下进行,这样就给制造企业在选择工艺流程、操作方法、资源分配、进度安排和作业控制等方面提供了相当大的主动权。同时,产品导向型企业通过建立库存,以缓冲即时需求变化,在一定程度上使供需矛盾隐性化。具有服务生产系统的企业,提供服务的过程也是顾客消费服务的过程。顾客在体验服务的过程中,对企业提供的服务数量、质量,则可具有高度的敏感性,容易使供需矛盾显性化。

(3)投入要素标准化程度的区别。具有产品生产系统的企业,由于采用标准化的工艺过程,这就需要投入的原材料、劳动量、资金消耗量等生产要素具有高度的标准化。

服务企业运营过程的投入,却具有很大的不确定性。如每个候诊的病人、每辆待修的汽车、每项需要提供咨询的业务都代表着某一特定问题,需经过仔细的调查、确诊后,方可考虑应该投入的要素。

(4)运营业绩评判的区别。由于产品导向型企业与服务导向型企业存在以上的区别,因此对它们业绩的评判应采取不同的标准和方法。

①产出效率。具有产品生产系统的企业,由于投入要素与产出产品的标准化程度高,因此可以采用机械化、自动化程度高的生产手段组织生产,取得较高的生产效率。

具有服务生产系统的企业,投入要素与产出的服务多变,转换过程难以控制,生产效率一般都比较低。

因此,在衡量不同性质生产体系的产出效率时,不能采用相同的评判方法与标准。产品生产企业与服务生产企业之间不存在类比性。

例如,产品生产企业可以用日产量、班产量来衡量生产单位的产出效率,但是医院不能以每天就诊病人的数量作为其产出效率的评判指标。

②产出质量。对具有产品生产系统的企业来说,产品的生产与消费存在时间和空间分离,因此企业可以采用检测系统和控制系统即时消除影响产品质量的隐患,以确保产品的质量。

具有服务生产系统的企业,服务的提供和消费是同时进行的,这就为质量保证带来了困难。服务企业不能像制造企业那样,出现的差错可以在顾客收到产品前消除,加上投入的多变性,将会使产出的质量更具不确定性,这给企业有效地控制质量带来一定的难度。

因此,服务企业更应该强调建立以人为本的质量保证体系,通过服务人员的顾客至上的理念、良好的职业道德和敬业精神,并通过提供精湛的服务技术,来体现服务质量。

第二节　企业运营的基本模式

企业运营系统的架构包括运营系统的决策、运营系统的设计、运营系统的规划、运营系统的控制。

一、企业运营系统的决策

企业运营系统决策是企业总体决策的重要构成部分。在进行企业的运营决策时,应该从整个企业系统出发,为实现企业的战略目标服务。具体地说,企业的运营决策就是指企业如何充分有效地利用其生产能力以实现企业的战略目标。

企业运营系统决策分为战略决策、战术决策、作业决策三个层次。

应市场需求变化而且与之相配套的企业战略包括财务策略、运营策略和营销策略,其中运营策略又可进一步上升到运营管理的高度,由此而构成整个企业的运营系统。

1.企业运营战略决策

企业运营战略涉及的内容是极其广泛的,它关系到企业运营的长期发展。如企业如何根据市场的需求和自身的条件来确定目标市场? 企业采用怎样的生产技术、加工方法和组织形式来生产产品或提供服务? 企业怎样进行生产设施的布置以缩短生产周期和提高柔性? 企业需要多大的生产能力既能满足市场需求,又能实现规模经济效益? 企业如何选择合适的生产能力扩大时机? 企业如何建立一个能稳定、持久的质量保证体系等。

企业制定运营战略通常需要3~5年,甚至更长的时间,但具体的时间要根据不同的行业而定。一般来说,高新技术产业,由于技术更新换代的时间较短,市场需求具有高度的不确定性,因此运营战略调整的时间都比较短;而投资较大、产品生产具有相对稳定性的行业,运营战略制定的间隔时间可以相对长一些。

2.企业运营战术决策

企业的运营战术决策是根据运营战略决策的要求对如何合理地利用企业的生产要素做出决策。如根据企业的生产任务的需要,如何确定对各个岗位以及各个时段对人员的需求? 如何进行工作轮班的组织以满足生产任务的需要? 如何对企业的物资流动进行合理安排以提高对物资的有效利用? 如何合理确定各个环节的库存量,既有利于企业适应市场的多变,又有利于减少资源的闲置?

企业运营的战术决策在整个运营系统决策中起到了一个承上启下的作用,它一方面是保证运营战略实现的基础,另一方面又成为制定企业作业决策的前提和约束条件。

3.企业运营作业决策

运营作业决策是对企业的作业计划和控制所作出的决策。相对于企业运营的战略决策和战术决策而言,作业决策所解决问题的时间段比较短,涉及问题的范围比较窄,是对某项具体任务的决策。如企业每月、每旬、每周、每日或每个轮班具体需要做哪些工作? 由哪个部门、岗位或哪个人来做? 在完成的程序上,先做哪些工作后做哪些工作?

二、企业运营系统的设计

企业运营系统是指从生产要素的投入、实施、转换,至产品或服务的产出系统。企业运营系统设计是企业运营管理的重要组成部分,包括产品运营系统规划或服务设计、生产过程设计、生产组织设计。

1.产品设计或服务的设计

产品或服务设计直接影响到顾客的满意度、产品或服务的质量以及生产成本,它对企业的生存和发展具有战略性的影响。

企业产品或服务设计包括,对产品理念的设计、开发策略的设计、开发过程的设计、开发组织的设计、开发原则的设计、绩效评价的设计。

现代管理理论认为,产品是代表顾客和潜在顾客能理解的并能满足他们需求的一种供给。它可以是一种物质实体、一种服务、一种意识(如价值观念),或者是三者的某种有机的结合。

现代企业都在极力寻求并沿着风险最小、最有可能成功的途径去开发新产品,即采取科学的产品开发策略。美国著名的管理学家帕西米尔教授认为:"新产品开发策略是一种发现确凿的新产品市场机会并能最有效地利用企业资源的指南。"正确地制定产品开发策略是产品设计的重要组成部分。

产品的开发是在一定的流程下进行的,开发流程代表的是一种管理理念和模式,我们需要研究的是,如何跳出传统的设计的流程框架,按照市场发展的需求去勾画崭新的设计流程。

产品开发的组织是成功开发新产品的重要保证。在产品开发过程中,确保纵向、横向信息的畅通,各个职能机制的相互渗透和协调,以缩短产品开发时间,提高产品开发功效,这是产品开发组织的基本目的。

在科学技术高速度发展、信息传播日新月异、经济日趋全球化的背景下,市场对企业产品设计的标准也会发生一系列的变化,迫切需要企业采取以变应变的开发和评价原则。以上这些问题都是需要我们在产品设计中进行认真思考和探索的问题。

2.生产过程设计

企业的生产过程是实施生产要素的转换过程,转换过程的有效程度对企业核心竞争力的形成具有重要的影响。

制造企业与服务企业由于提供的产品不同,其转换过程各具有特殊性。在进行企业生产过程设计前,首先需要确定企业的性质。

制造企业的生产过程设计主要包括制造工艺的选择、自制与外购的确定、生产过程的制动理念。科学技术高速度的发展,为企业生产工艺的改革提供了前提和条件。生产工艺由硬件系统和软件系统组成。硬件系统包括数控、程控机械装置,自动化的加工中心,工业机器人,物料传送装置,制造单元和软性制造系统等;软件系统包括计算机辅助系统、自动制造和控制系统等。生产过程设计的一项重要任务就是进行生产工艺的选择。在传统的制造企业生产过程中,物流的制动来自从上而下的指令,在现代制造企业的物流制动来自市场。企业运营的制动源不同,会影响企业生产过程的组织。

服务企业的生产过程提供的产品是服务,服务产品和实物产品不同,它不能储存,提供服务的过程也是企业与顾客接触的过程。因此,服务企业生产过程既具有一般企业生产过程的共性,也具有它的特殊性。服务企业生产过程设计最重要的是研究服务理念、服务流程、服务方式等设计。

3.生产组织设计

由于组织的绩效是战略、组织内容、个人行为相互作用的结果,企业生产组织的设计必须考虑上述三个动能因素。企业的生产活动又是在一定的技术体系中进行的,因此,在进行企业生产组织的设计时,还需分析企业的生产类型,企业属于连续生产还是间断生产。生产过程中自动化程度的高低都会在不同程度上影响着企业生产组织的设计。随着信息、互联网技术的发展,一些全新的理念正在企业生产组织中运用,如精益化管理、准时生产(JIT)、虚拟组织等,这将会产生企业生产组织形式全新的革命。

制造企业与服务企业的组织既有共性,又有个性。一般来说,制造企业生产组织的设计,更侧重于生产对象的特点、数量,以确定生产组织形式,如基本类型组织、单元组织、生产线组织、协同网络组织等。而服务企业的生产组织的设计则更重视顾客对服务的需求,以确定对不同的提供服务形式的设计,如个性服务组织、自动服务组织、线上服务组织等。

生产组织的设计还必须与现代企业总体组织特点相融合,如多个中心、技能至上、相互依存的单元、多种形式的联盟、多种结构、全球的经营思想、适合柔性变化等。

三、企业运营系统的规划

计划是实施企业运营系统管理的首要职能,也是运营管理的核心内容。和一个乐队需要指挥一样,任何协作生产也需要有一个指挥协同活动有序进行的纲要,以把为数众多的生产要素在数量、质量、品种、时间上组织起来,实现在企业内部的合理配置。企业运营规划在协同企业与外部环境的联系上也起到了重要的链接作用。运营系统的规划按时间序列可分为长期计划、中期计划和短期计划;按计划性质特征划分又可分为各项要素计划。在研究企业运营规划时,通常以时间序列为主旋律,同时结合要素计划。

1.长期计划

长期计划也是企业生产运营的战略计划,从时间界限划分一般在一年以上,长期计划的内容主要是包括企业生产产品或服务的选择、企业规模的大小、企业的生产布局、企业设备投资决策等,它为中期计划定义了能力的限制。它更多地考虑的是企业生产活动中的获取、接收、存储或容纳的能力。古人云,"人无远虑,必有近忧",这句话充分说明了长远谋划与近期工作的关系。生产能力的大小与企业战略、效率、竞争力有着密切的联系。企业生产能力的确定既要符合规模经济原则,又要符合柔性的变化要求,从这些因素分析,服务企业与制造企业具有同质因素的影响,但是服务企业的生产能力比制造企业的生产能力对"时间"和"场所"具有更大的依赖性,故服务企业长期计划的确定和实施比制造企业具有更多的不确定性和风险性。

2.中期计划

中期计划又称为企业运营的战术计划。中期计划在企业中通常称为年度计划或规定年度内的季度计划。中期计划与企业员工的数量、计划产出量、企业存货等计量标准有关,其为短期生产能力的决策定义了边界。中期计划的内容具有综合性的特点,企业由于中期预测,将所有的产品需求折合为对各类能力需求的计划。编制中期计划时,对企业能力的需求不是被动的、消极的,而是通过比较延长工作时间、增减员工数量、增加存货、转包合同等多种方案,从中选择效益最佳的方案。服务企业与制造企业相比,其具有需求变动性大、能力不能储存等特点,服务企业在编制中期计划时,必须从这些特点出发。

3.短期计划

短期计划属于企业运营计划体系中的实施计划,其计划期一般为一个月或跨月计划。短期计划反映企业在短期内要完成的目标和任务,直接关系到企业每旬、每周、每日的生产或工作进度,因此,短期计划一般都具有比较具体的程序与方法。当短期计划与实际生产出现矛盾时,需要对短期计划进行相应的调整,包括工作时间的调整、人员的调配、生产程序的替代等。

四、企业运营系统的控制

系统是指由若干相互联系、相互作用的部分组成,在一定环境中具有特定功能的有机整体。系统的性质决定了一个系统的存在以及正常地运营,必须使其始终处于一种控制状态。运营系统也同样如此。运营系统的控制服从于整个企业控制,是企业控制的有机组成部分。

使企业的运营过程处于控制状态,必须通过建立控制系统才能实现。控制系统包括三类:战略规划、管理控制、任务控制。

1.战略规划

战略规划是实现运营控制的首要环节。战略规划具有非系统控制化的特点,它主要通过编制战略规划,明确企业运营的目标、策略、政策和实施程序。企业战略规划的要求来源于对预计威胁的反映和对未来机会的利用。

2.管理控制

管理控制是管理者落实战略目标的工具,企业的战略是通过管理控制人力资源、企业文化来实现的。

管理控制的主要宗旨是保持企业目标的一致性,即企业整体目标与员工个人目标的统一。要实现目标的一致性必须重视正规因素和非正规因素的影响。

正规因素包括工作伦理、管理模式、企业文化等,其中既有外部因素也有内部因素。外部因素如,社会对企业的期望行为,通常是指企业的工作伦理。它们是通过员工的忠诚、智慧、精神和对工作的自豪感来体现的。内部因素指企业内部的文化或氛围,企业的管理模式、企业的文化是企业内部被广泛接受的共同信念、态度、标准、关系和理念。良好的企业氛围是一种人与人之间相互帮助、相互肯定、相互汇报、相互制约和相互发现的和谐环境。管理模式对内部控制也具有重大影响,特别是管理者对控制的态度。

非正规因素是除了正规因素以外的、对企业目标的一致性也具有影响的因素。

管理控制必须注重正规因素和非正规因素的影响,以在有效地建立起正规组织系统的同时,必须承认非正式组织存在的客观性,以发挥非正式组织在管理控制中的作用。

3.任务控制

任务控制是保证某项特定任务有效完成的过程。任务控制和管理控制既有联系也有本质的区别。

任务控制通常是指对单项任务完成的控制,完成单项任务必须遵循企业的规则,从这一点来讲,它也是企业管理控制的组成部分。但是任务控制与管理控制也存在着区别:

第一,任务控制是一项具体的作业控制,可以通过建立一系列科学的控制系统来实现,如作业进度系统、物料进货系统、后勤保障系统、质量控制系统、现金管理系统等。

第二,任务控制可以通过人、机或单纯机(自动生产程序)进行控制。因此在任务控制中并不一定强调人与人的关系。

第三,任务控制的重点在于组织单元,以完成单元的特定任务。

第四,任务控制具有明确的标准,很少需要做出判断。

第三节 企业运营管理的主要内容

一、企业运营管理的基本范畴

1.企业运营管理的基本范畴

企业的运营管理(Operation Management,OP),原本是指企业内部的生产和服务过程管理,通过科学、合理地选择厂房位置、设施和设备、制定生产作业计划,选择工艺流程,确定生产和服务技术,实行有效流程和质量控制,组织生产和技术人员等达到及时生产产品(或提供服务)、降低成本的目的。最初的企业运营管理也称为企业生产管理。随着社会供应链系统的逐步形成,企业运营管理的概念已被大大地扩展了。

运营管理在企业的管理中处于核心地位,但是企业经营效果的影响因素是多方面的。企业的运营过程,必须依靠来自营销系统的有效工作,将高效运行的运营管理成果转变为经济收益;依靠有效的人力资源管理,发挥人的作用;依靠对企业的整体战略筹划,使企业的运营管理变得更有目的性;通过资本管理,使运营过程获得足够的资金支持,并通过资本运营来扩大和调整运营的条件;通过信息管理,使运营管理建立在丰富的数据基础之上。企业管理的内容,包括对企业人、财、物的管理。

2.生产和服务的不同类型

企业运营管理是对生产系统的设计、运行、维护与改进过程的管理,可以分为制造性运营与服务性运营。制造性运营以提供有形的产品为主,服务性运营则以提供劳务为主。

制造性运营,分为连续性生产和离散性生产。连续性生产也称为流水式生产,特点是生产设施的地理位置集中,生产过程自动化程度高,只要设备体系正常,生产过程的协调工作不大。因此对设备的可靠性和生产系统的安全性要求比较高,适应于生产大批量、相同设计、满足相同需求的产品。员工的劳动强度比较大。

离散性生产,设施的地理位置分散,零件加工和产品装配可以在不同的区域进行;产品和服务的灵活性和适应性比较强,由于零配件种类太多,涉及多样化的加工单位、人员、设备,生产协调工作的任务非常重,要求有高效率的管理体系。

企业的生产类型还分为备货型生产、订货型生产和按订单装配。

备货型生产是在没有接到客户的订单时,按已有的标准产品或产品系列进行生产,生产的直接目的是补充库存,通过维持一定量的成品库存来满足用户的需要(如零配件的生产和加工)。

订货型生产是按照用户的订单进行生产,用户可能提出各种要求,经过协商,以合同的形式确认产品性能、质量、数量、交货期等要求,并组织设计和生产制造(如锅炉和船舶的生产和制造)。这种生产方式生产出来的产品比较符合顾客的需要。

按订单装配的零部件是事先制造好的,在接到订单后,将有关的零部件按照客户的要求进行装配。这种方式的前提条件是,零部件要高度的标准化和通用化(如电子产品的生产多属于此类)。

服务性运营,包括几个大类专业业务服务,主要有各种专业性质咨询:技术服务、管理服务、银行服务、房地产管理等;贸易服务:主要包括批发、零售、经纪人等;基础设施服务:主要包括建筑、场地、交通运输、通讯、存储、物资保管、物流等;餐饮和休闲服务:主要包括餐饮、旅店、保健、旅游等;公共服务:包括教育、公用事业、政府、社区等。服务业的兴起是社会经济和科学技术发展的结果。社会就业人员在服务业中的比率也在不断增加。

二、运营规划与设计

1.运营规划与设计的基本要求

不论生产和服务有多少不同的类型,其运营应努力满足以下基本要求:

第一,生产和服务过程各个环节的流动性作业。各个不同环节的生产和运营能力应当是匹配和比较均衡的。

第二,运营过程中涉及的相同环节、业务、设施、设备、人员应尽可能地成线、成组,构成功能线、功能组或功能团,在互相连接的线、组(团)之间尽可能就近搭配,以减少中间不必要的连接环节。

第三,各个环节之间的零配件和产品及半产品储存量必须均衡。过多地储存会提高生产成本,造成浪费;储存量不足,则会影响生产和服务过程的正常进行。

第四,努力实现运营业务的机械化和自动化。考虑到企业运营的流动性、专业化、标准化、程序化的要求和快捷、高效、准时与精准特征,企业内部运营在资金、成本和人员素质允许的情况下,应努力实现机械化和自动化作业,以减少由于人力操作隐含的不确定因素对企业运营流程的影响。

2.运营规划与设计的基本内容

企业的运营规划涉及以下主要内容:

第一是产品或服务的初步设计。依据企业战略管理的要求,企业在特定的经营领域内,必须提供与市场和企业经营条件相适应的产品或服务,才能开展具体的运营活动。企业的产品和服务项目市场,主要有两个来源:其一是来自市场的需求;其二是来自社会供应链系统的需要。

第二是产品与服务的实现。企业产品或服务的实现,开始于初步工艺设计。在初步工艺设计的基础上对设计的结果进行评估,以便进一步明确初步设计开发的可行性。

第三是生产和服务设施的选址。合理的产品或服务设施地址选择,一般应靠近交通线,通讯、能源、水源、后勤供应比较便利,这样做能够大大降低企业的生产和经营成本。良好的企业选址不仅有利于企业生产过程的运营,还对吸引人才,方便企业员工生活、工作产生良好的作用。

第四是生产运作系统的设计。企业运作系统的设计直接关系到企业运营的成本。

第五是具体的工作设计和工作测量。企业的生产和服务是需要人来完成的,要想让人能够以充沛的体力和精力从事企业的生产经营活动,从业人员工作的内容具有一定的丰富性、新颖性、趣味性和新鲜感是十分重要的。企业从业人员的知识水平、经验和素质不同,对于具体工作的认识和参与程度也是有很大差别的。因此,在工作设计的过程中,应充分考虑企业成长和员工成长的双重过程,达到双重受益。

三、运营组织

企业运营组织的目标是保持运营过程的相对稳定性。除非必要的改变,经过精心设计的运营过程应当保持相对的稳定性。

运营管理的组织,就是用科学管理的思想、方法和手段,对生产要素进行合理配置、周密计划、自制与控制,使其处于良好结合和有效运行的状态,以实现优质、高效、低耗、均衡、安全、文明生产目标所进行的管理。

企业运营组织的基础是编制作业计划、工艺管理、现场设备管理、材料工具管理、劳动定额管理。

运营组织的任务,是依据运营系统设计和规划以及企业的实际对实现生产或服务作业的各种资源(生产现场的人、机、料、方法、能源、信息等生产要素)进行组织和调配,实现整体作业的流程化和高效率。

运营组织应有必要的技术支持,并组织各种现场指导和进行必要的培训。因为,在现代生产过程中,许多生产作业流程都是与技术引进同时进行的,这样现场指导和培训是必不可少的。

四、运营控制

企业的运营控制,主要是指生产能力控制、生产进度控制、生产质量控制、安全控制、成本控制等。运营控制的目的是保证企业的运营过程能够按照预先制定的计划实现运营目标。

1.运营控制的基本程序

企业的运营控制是依据运营作业计划进行的,作业计划对于运营控制起着指导性作用。为了使运营控制能够按照计划进行,要求作业计划能够依据生产或服务的实际进行操作,并用具体的时间表和数据表示出来。依据上述时间表和数据设定各作业点、线、组的业务操作数量和质量的标准,将实际操作的数据与计划和标准进行比较,评价具体操作的绩效。

运营控制的基本程序如下:

(1)设置运营控制单元的范围。运营控制的范围是由运营组织决定的,在进行运营组织的过程中,应当充分考虑运营控制的可行性和可操作性,并将工艺、能力和运营控制可识别标准作为设置运营组织的重要依据。因此,运营控制可能是各作业点、线、组的业务工作表现的评定和控制,可以表现为具体的人、部门或业务。每一个控制对象就是一个控制单元。

(2)识别控制单元的基本特征。每一个控制单元都应有明确的特征能够反映该单元的工作绩效。在不同的企业、部门、作业单元中,能够反映工作绩效的特征是不同的。有时可能要用多种特征才能反映这个单元的工作绩效,但这些特征的选择必须是关键的和可测量的。在实际运营控制中能反映被控制单元的关键特征越少越好,以便于控制。

(3)制定控制标准。运营控制标准的基本特征是数量化、可计量的,能够确定唯一标准的应确定唯一标准(如成本标准),不能确定唯一标准的则需要设定标准区间(如零件加工质量允许区间)。在实现机械化和自动化作业的条件下,许多标准都表现为唯一标准。

(4)收集运营数据。收集运营数据,是为了获得每个控制单元的实际运营状况的数字信息,所收集的实际数据,就是与控制标准相适应的反映控制单元工作绩效的关键特征数据。收集数据的工作可以由人来做,也可以由机器来做,企业需要有专门的人员和机制来完成收集数据的工作,在现代化生产和"E"化管理的时代,许多收集数据的工作都可以由计算机来完成,并直接传送到控制部门用于运营绩效的评定。

(5)衡量运营绩效。所谓衡量绩效就是找出实际工作情况与标准之间的偏差信息,根据这种信息来评估实际工作的优劣。

(6)诊断与更正。诊断包括估价偏差的类型和数量并寻找产生偏差的原因。诊断之后,就应采取措施来更正实际工作结果与标准之间的差异。不是任何偏差都需要采取更正行动的,也不是任何人都能采取更正行动,仅在偏差较大又影响到目标时才需要采取更正行动。

2.运营控制的基本内容

企业运营控制的基本内容从建立控制点开始,在控制点的基础上开展生产能力、进度、质量、安全、成本等项目的控制工作。

第八章 企业运营战略管理

为适应不断变化的市场环境,并在激烈的市场竞争中求得长期的生存和发展,任何企业都必须有一个明确可行的经营战略,这是企业经营的关键。企业能否高瞻远瞩,正确制定企业的战略规划,决定着企业的经营成败,所以,对现代企业而言,经营战略在企业经营中处于首要的地位。本章主要介绍企业战略的内容和具体的一些方法。

第一节 企业运营战略管理概述

一、企业战略的概念

1.企业战略的提出与发展

随着生产社会化和市场经济的发展以及信息技术的推广应用,战略思想逐步进入企业经济领域。作为社会系统学派代表人物的美国经济学家巴纳德最早将战略思想引入企业经济,他在1938年出版的名著《经理的职能》中,认为企业是由相互进行协作的各个人组成的综合系统,经理在这个综合系统中扮演着相互联系中心的角色,并运用了战略因素构想分析了企业组织的决策机制以及有关目标的诸因素和它们之间的相互影响。1965年,美国管理学者安索夫出版了《企业战略论》一书,系统地论述了企业经营战略的思想。按照安索夫的话来说,企业经营战略就是"企业为了适应外部环境,对目前从事的和将来从事的经营活动所进行的战略决策"。进入20世纪70年代,随着战略理论的研究和管理实践的发展,由美国的霍福尔与舒恩德尔两人率先提出了战略管理的概念,并建立了战略管理模式。这一战略管理模式,将战略管理看成由六大要素构成,这六大要素是战略制定、战略预选、战略评估、战略选择、战略实施和战略控制。因此,它是一个战略管理的过程模式。这一模式奠定了战略管理理论的基础。

2.企业战略的概念

(1)广义的企业战略。广义的企业战略包括企业的宗旨、企业的目标、企业的战略和企业的政策。广义的企业战略强调企业战略一方面的属性——计划性、全局性和整体性。所以也被称为战略的传统概念。

（2）狭义的企业战略。从狭义的角度看,企业战略仅仅是指企业实现其宗旨和一系列长期目标的基本方法和具体计划。企业战略的这一概念更强调企业对环境的适应性,突出了企业战略另一方面的属性——应变性、竞争性和风险性。所以,狭义的企业战略又被称为战略的现代概念。

我们认为:企业战略是指企业在确保实现企业使命的前提下,在充分地分析各种环境机会和威胁的基础上,进一步规定企业拟从事的经营范围、成长方向和竞争对策,并据此合理地配置企业资源,从而使企业获得某种竞争优势的一种长远性发展谋划。企业战略策划在程序上有五个步骤:战略机会、战略手段、战略阶段、战略目标、战略目的。

二、企业战略的特性与构成要素

1.企业战略的特性

（1）全局性。企业战略是在研究与把握企业生存与发展的全局性指导规律的基础上,对企业的总体发展及其相应的目标与对策进行的谋划,这属于企业总体战略;或者在照顾各个方面的全局观点的指导下,对企业的某个方面的发展及其相应的目标与对策进行谋划,这相应于企业的分战略。

（2）长远性。企业战略是企业谋求长远发展的反映,是关系企业今后一个较长时期的奋斗目标和前进方向的通盘筹划,注重的是企业长远的根本利益,而不是暂时的眼前利益。鼠目寸光,急功近利,短期行为,都是与企业战略的要求相违背的。

（3）抗争性。企业战略是企业为适应在市场经济环境下日益激烈的竞争中求得生存与发展而制订的。进入90年代以来,市场竞争国际化,优胜劣汰,“战略制胜”,企业战略的正确与否,是企业胜败兴衰的关键。战略正确,就能取得优势地位,战胜对手,使企业不断兴旺发达;战略错误,会使企业受损,严重的甚至破产。

（4）稳定性。企业战略一经制订,必须保持相对的稳定性,不能朝令夕改。这就要求企业在制订战略时,必须准确把握外部环境和内部条件,正确决策。

2.企业战略的构成要素

（1）产品与市场领域。这是指企业战略首先应使企业明确目前的产品与市场范围和未来有可能发展的产品和市场范围。

（2）成长方向。指企业战略应包括对企业发展方向的选择。

（3）竞争优势。即企业提供的产品和服务以及市场领域具有超过竞争对手的优势。

（4）协同效应。指企业现有产品与市场,同未来的产品与市场能相互补充、互相作用的结果,以获得更大的经济效益,包括投资协同、生产协同、销售协同和管理协同等方面。

三、企业战略的层次

企业战略的层次,一般意义上讲可以划分为三个层次:

1.企业总体战略

总体战略主要是决定企业应该选择哪类经营业务,进入哪些领域,主要包括经营范围和资源配置两个构成要素。

2.企业基本战略

基本战略主要涉及如何在所选定的领域内与对手展开有效的竞争。因此,它所研究的主要内容是应开发哪些产品或服务,这些产品应提供给哪些市场等。它所涉及的是构成企业战略的另一个要素:竞争优势。

3.职能部门战略

职能战略主要研究企业的营销、财务、人力资源、生产等不同的职能部门,如何更好地为各级战略服务以提高组织效率的问题。它的构成主要源于企业战略构成要素中的协同作用。

四、企业战略管理

1.企业战略管理的概念

企业战略管理,是指对企业战略的设计、选择、控制和实施,直至达到企业战略总目标的全过程。战略管理涉及企业发展的全局性、长远性的重大问题,诸如企业的经营方向、市场开拓、产品开发、科技发展、机制改革、组织机构改组、重大技术改造、筹资融资等。战略管理的决定权通常由总经理、厂长直接掌握。企业经营管理是在战略管理的指导下,有效利用企业资源,组织企业全体成员努力实现战略目标的全过程。经营管理的决定权一般由副总经理、副厂长掌握。

2.企业战略管理的任务

企业战略管理过程,主要是指战略制定和战略实施的过程,它包括五项相互联系的管理任务:

(1)提出公司的战略展望,指明公司的未来业务和公司前进的目的地,从而为公司提出一个长期的发展方向,清晰地描绘公司将竭尽全力所要进入的事业,使整个组织对一切行动有一种目标感。

(2)建立目标体系,将公司的战略展望转换成公司要达到的具体业绩标准。

(3)制定战略所期望达到的效果。

(4)有效地实施和执行公司战略。

(5)评价公司的经营业绩,采取完整性措施,参照实际的经营事实、变化的经营环境、新的思维和新的机会,调整公司的战略展望、公司的长期发展方向、公司的目标体系、公司的战略以及公司战略的执行。

第二节 企业运营战略目标

一、企业战略目标的特点

战略目标是对企业战略经营活动中预期取得的主要成果的期望值。战略目标的设定,同时也是企业宗旨的展开和具体化,是企业宗旨中确认的企业经营目的、社会使命的进一步阐明和界定,也是企业在既定的战略经营领域展开战略经营活动所要达到水平的具体规定。企业战略目标与其他目标相比,具有以下一些特点:

1.宏观性

战略目标是一种宏观目标。它是对企业全局的一种总体设想,它是从宏观角度对企业未来的一种较为理想的设定。它所提出的是企业整体发展的总任务和总要求:它所规定的是企业整体发展的根本方向。因此,人们所提出的企业战略目标总是高度概括的。

2.长期性

战略目标是一种长期目标,它的着眼点是未来和长远。战略目标是关于未来的设想,它所设定的,是企业职工通过自己的长期努力奋斗而达到的对现实的一种根本性的改造。

3.相对稳定性

战略目标既然是一种长期目标,那么它在其所规定的时间内就应该是相对稳定的。战略目标既然是总方向、总任务,那么它就应该是相对不变的。这样,企业职工的行动才会有一个明确的方向,大家对目标的实现才会树立起坚定的信念。当然,强调战略目标的稳定性并不排斥根据客观需要和情况的发展,对战略目标做必要的修正。

4.全面性

战略目标是一种整体性要求,它虽着眼于未来,但却没有抛弃现在;它虽着眼于全局,但又不排斥局部。科学的战略目标,总是对现实利益与长远利益、局部利益与整体利益的综合反映。科学的战略目标虽然总是概括的,但它对人们行动的要求,却又总是全面的,甚至是相当具体的。

5.可分性

战略目标具有宏观性、全面性的特点本身就说明它是不可分的。战略目标作为一种总目标、总任务和总要求,总是可以分解成某些具体目标、具体任务和具体要求。这种分解既可以在空间上把总目标分解成一个方面又一个方面的具体目标和具体任务,又可以在时间上把长期目标分解成一个阶段又一个阶段的具体目标和具体任务。人们只有把战略目标分解,才能使其成为可操作的东西。可以这样说,因为战略目标是可分的,因此才是可实现的。

6.可接受性

企业战略的实施和评价主要是通过企业内部人员和外部公众来实现的。因此,战略目标必须被他们理解并符合他们的利益。但是,不同的利益集团有着不同的甚至是相互冲突的目标。因此,企业制定战略时一定要注意协调。一般地,能反映企业使命和功能的战略易于为企业成员所接受。另外,企业的战略表述必须明确,有实际的含义,不至于产生误解。

7.可检验性

为了对企业管理活动的结果给予准确衡量,战略目标应该是具体的和可以检验的。目标的定量化,是使目标具有可检验性的最有效的方法。但是,由于许多目标难以数量化,时间跨度越长、战略层次越高的目标越具有模糊性。此时,应当用定性化的术语来表达其达到的程度,要求一方面明确战略目标实现的时间,另一方面须详细说明工作的特点。

8.可挑战性

目标本身是一种激励力量,特别是当企业目标充分地体现了企业成员的共同利益,使战略大目标和个人小目标很好地结合在一起的时候,就会极大地激发组织成员的工作热情和献身精神。

二、企业战略目标的内容

在企业使命和企业功能定位的基础上,企业战略目标可以按四大内容展开:市场目标、创新目标、盈利目标和社会目标。

1.市场目标

一个企业在制定战略目标时,最重要的决策是企业在市场上的相对地位,它常反映了企业的竞争地位,包括产品目标、渠道目标、沟通目标。

2.创新目标

在环境变化加剧、市场竞争激烈的社会里,创新概念受到重视是必然的。创新作为企业的战略目标之一,是使企业获得生存和发展的生机和活力。在每一个企业中,基本上存在着三种创新:技术创新、制度创新和管理创新。

3.盈利目标

这是企业的一个基本目标。作为企业生存和发展的必要条件和限制因素的利润,既是对企业经营成果的检验,又是企业的风险报酬,也是整个企业乃至整个社会发展的资金来源。盈利目标的达成取决于企业的资源配置效率及利用效率,包括人力资源、生产资源、资本资源的投入-产出目标。

4.社会目标

现代企业越来越多地认识到自己对用户及社会的责任。一方面,企业必须对本组织造成的社会影响负责;另一方面,企业还必须承担解决社会问题的部分责任。企业日益关心并注意塑造良好的社会形象,既为自己的产品或服务争得信誉,又促进组织本身获得认同。企业的社会目标反映企业对社会的贡献程度,如环境保护、节约能源、参加社会活动、支持社会福利事业和地区建设活动等。

在实际中,由于企业性质的不同,企业发展阶段的不同,战略目标体系中的重点目标也大相径庭。同一层次战略目标之间必然也有优先导向目标。以上分析仅为企业制定战略目标提供参考。

第三节　经营单位战略和职能部门战略

一、经营单位基本竞争战略

基本竞争战略,是指无论在什么行业或什么企业都可以采用的战略。著名战略管理学家波特在《竞争战略》一书中曾经提出过三种基本战略,即成本领先战略、差异化战略、集中专业化战略。他认为,企业要获得竞争优势,一般只有两种途径:一是在行业中成为成本最低的生产者;二是在企业的产品和服务上形成与众不同的特色,企业可以在或宽或窄的经营目标内形成这种战略。

这些战略是根据产品、市场以及特殊竞争力的不同组合而形成的,企业可以根据生产经营的情况采用自己所需要的战略。

(一)成本领先战略

成本领先战略,是指企业通过在内部加强成本控制,在研究开发、生产、销售、服务和广告等领域内把成本降低到最低限度,成为行业中成本领先者的战略。企业凭借其成本优势,可以在激烈的市场竞争中获得有利的竞争优势。

1.企业采用成本领先战略的主要动因

(1)形成进入障碍。企业的生产经营成本低,为行业的潜在进入者设置了较高的进入障碍。那些在生产技术上尚不成熟、经营上缺乏规模经济的企业一般很难进入此行业。

(2)增强企业讨价还价的能力。企业的成本低,可以使自己应付投入费用的增长,提高企业与供应者讨价还价的能力,降低投入因素变化所产生的影响。同时,企业成本低,可以提高自己对购买者讨价还价的能力,以对抗强有力的购买者。

(3)降低替代品的威胁。企业的成本低,在有竞争者竞争时,仍可以凭借其低成本的产品和服务吸引大量的顾客,降低或缓解替代品的威胁,使自己处于有利的竞争地位。

（4）保持领先的竞争地位。当企业与行业内的竞争对手进行价格战时，由于企业的成本低，可以在竞争对手毫无利润的水平上保持盈利，从而扩大市场份额，保持绝对竞争优势的地位。

总之，企业采用成本领先战略可以使企业有效地面对行业中的各种竞争力量，以其低成本的优势，获得高于行业平均水平的利润。

2.实施成本领先战略需注意的问题

（1）企业在考虑实施条件时，一般要考虑两个方面：一是考虑实施战略所需要的资源和技能；二是组织落实的必要条件。在成本战略领先的方面，企业所需要的资源是持续投资和增加资本，以提高科研与开发能力，改善市场营销的手段，提高内部管理水平。在组织落实方面，企业要考虑严格的成本控制，详尽的控制报告，合理的组织结构和责任制，以及完善的激励管理机制。

（2）在实践中，成本领先战略要想取得好的效果，还要考虑企业所在市场是否是完全竞争的市场；该行业的产品是否是标准化的产品；大多数购买者是否以同样的方式使用产品；产品是否具有较高的价格弹性；价格竞争是否是市场竞争的主要手段等。如果企业的外部环境和内部条件不具备这些因素，企业便难以实施成本领先战略。

（3）企业在选择成本领先战略时还要看到这一战略的弱点。如果竞争对手的竞争能力过强，采用成本领先的战略就有可能处于不利的地位。例如：竞争对手开发出更低成本的生产方法；竞争对手采用模仿的办法；顾客需求的改变等。企业在采用成本领先战略时，应及早注意这些问题，采取防范措施。

（二）差异化战略

差异化战略，是提供与众不同的产品或服务，满足顾客特殊的需求，形成竞争优势的战略。企业形成这种战略主要是依靠产品或服务的特色，而不是产品或服务的成本。但是应该注意，差异化战略不是说企业可以忽略成本，只是强调这时的战略目标不是成本问题。

（三）重点集中战略

重点集中战略，是指把经营战略的重点放在一个特定的目标市场上，为特定的地区或特定的购买者集团提供特殊的产品或服务。重点集中战略与其他两个基本的竞争战略不同。成本领先战略与差异化战略面向全行业，在整个行业的范围内进行活动；而重点集中战略则是围绕一个特定的目标进行密集型的生产经营活动，要求能够比竞争对手提供更为有效的服务。企业一旦选择了目标市场，便可以通过产品差异化或成本领先的方法，形成重点集中战略。就是说，采用重点集中型战略的企业，基本上就是特殊的差异化或特殊的成本领先企业。由于这类企业的规模较小，采用重点集中战略往往不能同时进行差异化或成本领先的方法。如果采用重点集中战略的企业要想实现成本领先，则可以在专用品或复杂产品上建立自己的成本优势，这类产品难以进行标准化生产,也难以形成生产上的规模经济效益,因此也难以具有经验曲线的优势。如果采用重点集中战略的企业要实现差异化,则可以运用所有差异化的方法去达到预期的目的。与差异化战略不同的是,采用重点集中战略的企业是在特定的目标市场中与实行差异化战略的企业进行竞争,而不在其他细分市场上与其竞争对手竞争。在这方面,重点集中的企业由于其市场面狭小,可以更好地了解市场和顾客,提供更好的产品与服务。

二、企业进入战略

企业的进入战略,是指企业以一定方式进入新经营领域进行经营的战略。主要包括购并战略、内部创业战略、合资战略和战略联盟等类型。

1.购并战略

企业的购并,是指一个企业购买另一个企业的全部或部分资产或产权,从而影响、控制被收购的企业,以增强企业的竞争优势,实现企业经营目标的行为。企业的购并有多种类型,从不同的角度有不同的购并方法。

(1)从购并双方所处的行业状况看,企业的购并可以分为横向购并、纵向购并和混合购并。

(2)从是否通过中介机构划分,企业购并可以分为直接收购和间接收购。

(3)按支付方式不同,可以分为现金收购、股票收购和综合证券收购。

2.内部创业战略

内部创业战略,是指企业通过内部创新,以开发新产品进入新市场或者重新塑造新的市场,从而进入一个新的行业。内部创新并不一定是最先进的创新,往往模仿者也采用这种战略。企业选择内部创业战略进入新的经营领域,需要考虑以下几个适用条件:

(1)行业处于不平衡的状态,竞争结构还没有完全建立起来,这时候进入容易取得成功。

(2)行业中原有企业所采取的报复性措施的成本超过了由此所获得的收益,这时企业不应急于采取相应的报复性措施,或采取后效果不佳。

(3)企业的现有技术、生产设备和新经营项目有一定的联系,导致进入该行业的成本较低。

(4)企业进入该经营领域以后,有独特的能力影响其行业结构,使之为自己服务。

(5)企业进入该领域,有利于发展企业现有的经营内容,如提高企业形象、改进分销渠道等。

3.合资战略

合资经营,是指两个以上的公司共同出资创建一个新公司以利于出资各方的发展需求。合资经营战略的优点是:有利于改进企业与外部的交流并扩大经营网络,有利于实现全球化经营,有利于降低经营风险。

4.战略联盟

战略联盟,是指两个或两个以上的企业为了一定的目的,通过一定的方式组成网络式的联合体。战略联盟是现代企业组织制度的一种创新,随着经济的发展,企业作为组织社会资源的最基本的单位,其边界越来越模糊。目前,网络式组织已经成为企业组织发展的一种趋势,战略联盟也具备边界模糊、关系松散、机动灵活、运作高效等网络组织的这些特点。

第四节　企业战略的选择、实施和控制

一、企业战略的选择

影响企业战略选择的因素主要有:企业过去的战略;管理者对风险的态度;企业对外部环境的依赖性;企业文化和内部权势关系;时期性;竞争者的反应。

战略选择矩阵是一种指导企业进行战略管理的模型。企业应结合自身的优劣势和内外部资源的运用状况,选择合适的战略。

在象限Ⅰ中,企业会认为自己当前生产经营业务的增长机会有限或风险太大,可以采用纵向整合战略来减少原材料或顾客渠道方面的不确定性所带来的风险。企业也可以采用联合型多种经营战略,既能投资获利,又不用转移对原有经营业务的注意力。

在象限Ⅱ中,企业常采用较为保守的克服劣势的办法。在保持基本使命不变的情况下,企业在内部将一种经营业务转向另一种经营业务,加强有竞争优势的经营业务的发展。企业可以采用压缩战略,精简现有业务。实际上,压缩也是起着一种转变战略的作用,即从提高工作效率、消除浪费中获得新的优势。如果某种业务已经是成功的重大障碍,或者克服劣势所费巨大,或者成本效益太低,就必须考虑采取分离战略,把这种业务分离出去,同时获得补偿。当经营业务有导致破产的危险时,就可以考虑清算战略。

在象限Ⅲ中,企业如果认为能利用这四种战略,建立获利能力并希望从内部增强竞争优势,就可以进行选择。集中在市场渗透,全力倾注于现有的产品和市场,力求通过再投入资源,增强优势以巩固自己的地位。市场开发和产品开发都是要扩展业务,前者适用于现有产品拥有新顾客群的情况,后者适用于现有顾客对企业现有产品的相关产品感兴趣的情况。产品开发也适用于拥有专门技术或其他竞争优势的条件。

在象限Ⅳ中,企业通过积极扩大业务范围来增强竞争优势,需要选用一种注重外部的战略。横向整合可以使企业迅速增加产出能力。同心型多种经营业务与新业务密切相关,可以使企业平稳而协调地发展。合资经营也是从外部增加资源能力的战略,可以使企业将优势拓展到原来不敢独自进入的竞争领域。合作者的生产、技术、资金或营销能力可以大大减少金融投资,并增加企业获利的可能性。

二、战略实施

企业战略的实施是战略管理过程的行动阶段。在企业的战略经营实践中,战略实施有五种不同的模式。具体为:

1.指挥型

这种模式的特点是企业总经理考虑的是如何制订一个最佳战略的问题。在实践中,计划人员要向总经理提交企业战略的报告,总经理阅后做出结论,确定了战略后,向企业高层管理人员宣布企业战略,然后强制下层管理人员执行。

2.变革型

与指挥型模式相反,在变革型模式中企业总经理考虑的主要是如何实施企业战略。他的角色是为有效地实施战略而设计适当的行政管理系统。为此,总经理本人或在其他方面的帮助下要对企业进行一系列变革,如建立新的组织机构、新的信息系统、合并经营范围,增加战略成功的机会。

3.合作型

在这种模式中,企业总经理考虑的是如何让其他高层管理人员同他一起共同实施战略。企业总经理和其他企业高层管理人员一起对企业战略问题进行充分讨论,形成较为一致的意见,制订出战略,再进一步落实和贯彻,使每个高层管理者都能在战略的制订及实施过程中做出各自的贡献。

4.文化型

这种模式的特点是,企业总经理考虑的是如何动员全体员工都参与战略实施活动,即企业总经理运用企业文化的手段,不断向企业全体成员灌输这一战略思想,建立共同的价值观和行为准则,使所有成员在共同的文化基础上参与战略的实施活动。

5.增长型

在这种模式中,为了使企业获得更快的增长,企业总经理鼓励中下层管理者制定与实施自己的战略。这种模式与其他模式的区别之处在于它不是自上而下地灌输企业战略,而是自下而上地提出战略。这种战略集中了来自实践第一线的管理人员的经验与智慧,而高层管理人员只是在这些战略中做出自己的判断,并不将自己的意见强加在下级的身上。在大型的多元化企业里,这种模式比较适用。

上述几种模式出现于战略管理的不同发展时期,反映着战略实施从以高层领导为主导到全员参与的发展过程。

三、战略控制

1.战略控制的概念

企业战略实施的结果,并不一定与预定的战略目标相一致。产生这种偏差的原因主要有三个方面:一是制定企业战略的内外环境发生了新的变化;二是企业战略本身有重大的缺陷或者比较笼统,在实施过程中难以贯彻,企业需要修正、补充和完善;三是在战略实施的过程中,受企业内部某些主客观因素变化的影响,偏离了战略计划的预期目标。如某些企业领导采取了错误的措施,致使战略实施结果与战略计划目标产生偏差等。

对上述企业活动与预定的战略目标偏离的情况,如果不及时采取措施加以纠正,企业的战略目标就无法顺利实现。要使企业战略能够不断顺应变化着的内外环境,除了使战略决策具有应变性外,还必须加强对战略实施的控制。

战略控制,主要是指在企业经营战略的实施过程中,检查企业为达到目标所进行的各项活动的进展情况,评价实施企业战略后的企业绩效,把它与既定的战略目标与绩效标准相比较,发现战略差距,分析产生偏差的原因并加以纠正,使企业战略的实施更好地与企业当前所处的内外环境、企业目标协调一致,使企业战略得以实现。

战略实施的控制与战略实施的评价,既有区别又有联系。要进行战略实施的控制就必须进行战略实施的评价,只有通过评价才能实现控制,评价本身是手段而不是目的,发现问题实现控制才是目的。战略控制着重于战略实施的过程,战略评价着重于对战略实施过程结果的评价。

2.战略控制的主要类型

从控制时间来看,企业的战略控制可以分为:事前控制、事后控制、随时控制即过程控制。以上三种控制方式所起的作用不同,因此在企业经营当中它们是被随时采用的。

从控制的切入点来看,企业的战略控制可以分为:财务控制、生产控制、销售规模控制、质量控制、成本控制五种。

3.战略实施控制的主要程序和内容

(1)设定绩效标准。根据企业战略目标,结合企业内部人力、物力、财力及信息等具体条件,确定企业绩效标准,作为战略控制的参照系。

(2)绩效监控与偏差评估。通过一定的测量方式、手段、方法,监测企业的实际绩效,并将企业的实际绩效与标准绩效对比,进行偏差分析与评估。

(3)设计并采取纠正偏差的措施,以顺应变化着的条件,保证企业战略的圆满实施。

(4)监控外部环境的关键因素。外部环境的关键因素是企业战略赖以存在的基础,这些外部环境关键因素的变化意味着战略前提条件的变动,必须给予充分的注意。

(5)激励战略控制的执行主体,以调动其自控与自评价的积极性,保证企业战略实施的切实有效。

第九章　创新中的企业管理

第一节　创新中的企业生产运营管理

企业的竞争优势,虽然是企业综合实力和整体素质的集中体现,但是这些优势一旦失去高效的生产运营系统和先进的生产运营管理作支持,也只能是一种瞬间或者非常脆弱的"优势",其结果必然使企业很快跌入竞争的劣势。因此,生产运营管理是现代企业发展的一个重要基石。本章主要介绍企业生产运营管理概述、企业生产系统设计、企业生产系统运行管理、准时制生产和敏捷制造等内容。

一、企业生产系统概述

生产系统是企业大系统中的一个子系统。企业生产系统的主要功能是制造产品,制造什么样的产品,决定了需要什么样的生产系统。研究企业生产系统应该具有什么样的功能和结构,可从分析市场与用户对产品的要求等方面入手。

(一)用户对产品的要求

用户对产品的要求,归纳起来主要可分为七个方面,即品种款式、质量、数量、价格、服务、交货期、环保与安全。但实际上用户对产品的要求是多种多样的,虽然上述七个方面较全面地概括了用户对产品的基本要求,但是不同的用户对同一种产品的要求往往有很大的差异。例如,有的用户追求款式新颖;有的希望产品经久耐用,并有良好的售后服务;有的用户注重价格是否便宜;有的则不惜高价要求迅速交货等。

(二)企业经营战略对构造生产系统的影响

在现实的经济生活中,企业为了生存与发展,常常采用市场细分的经营战略。此时,企业要求自己的产品不仅能满足用户对上述七个方面的基本要求,而且还要求它具有一定的特色,能满足目标市场中用户提出的特殊需求。例如:高速开发某种款式的新产品,按用户提出的期限快速供货;与其他企业的同类产品相比,要求达到更低的成本水平等。这就要求企业的生产系统在创新、产品投放到市场的周期(或交货期)以及产品成本等方面都具有更强的竞争能力。因此,一个有效的生产系统的功能目标是:它制造的产品不仅能满足用户对产品七项要求的基准水平,而且还要适应企业经营战略的要求,使企业能够在价格竞争、质量竞争、时间竞争以及其他方面的竞争中取得并保持竞争优势。

用户的需求和企业的竞争战略对产品的要求,都是依靠生产系统制造出相应的产品来实现的。产品把用户的要求和企业竞争战略的要求,转化为对生产系统的要求,产品是这种转换的媒体。用户对产品要求和产品对生产系统的要求,两者之间有很强的相关关系。对应于用户对产品提出的七个方面的要求,产品对生产系统提出了创新、质量、弹性(应变能力)、成本、继承性、按期交货和环保与安全等七项要求。用户对产品的要求,在转换为生产系统的要求的过程中受到企业竞争战略的影响,使上述七项要求中的某些要求得到强化,并产生了优先顺序。

(三)生产系统各项功能间的相互影响

从系统的目标来分析,生产系统的七项功能可分为两组。一组功能,指创新、弹性(市场应变能力)、继承性和环保与安全,它是由外部环境提出的,是使系统适应环境要求的功能;另一组功能,指质量、成本和按期交货,是按照生产过程中的运行规律,合理组织生产过程所体现的与生产效率相关的功能。这里,第一组功能是决定生产系统的服务方向的。如果系统生产的产品不符合社会的需要,那么第二组功能就失去意义,甚至生产的越多,产品积压的越多,其后果也越严重。同样,如果系统拥有良好的第一功能,但是得不到第二组功能的支持和保证,产品仍然不具有强大的市场竞争能力,不能为企业带来竞争优势。所以一个设计合理和有效的生产系统,这两组功能应该相辅相成,共同为实现企业的经营战略服务。

在实际生产中,生产系统的这七项功能相互之间常常是相悖的。通常当系统的七项功能达到一定水平之后,某些功能水平的提高,会导致其他一些功能水平的下降,或某些功能的改善,需以其他功能的劣化为代价。例如,要迅速提高系统的创新功能,则会对保持产品的继承性提出挑战,还会对产品的标准化、通用化、系列化水平产生影响。同样,生产达不到规模经济等原因会引起成本指标的劣化。又如,强化系统的弹性功能后,会由于降低了生产过程的稳定性而带来产品的质量和成本方面的问题。生产系统各项功能之间的矛盾关系,是由生产系统的结构特性决定的。所以,如何正确设计生产系统的功能与结构是企业经营战略和生产战略中的重要问题。

(四)生产系统的构成要素

生产系统的功能,决定于生产系统的结构形式。生产系统的构成要素,是指构成生产系统主体框架的要素,主要包含生产技术(即生产工艺特征、生产设备构成、生产技术水平等),生产设施(即生产设施的规模、设施的布局、工作地的装备和布置等),生产能力(即生产能力的特性、生产能力的大小、生产能力的弹性等),生产系统的集成度(即系统的集成范围、系统集成的方向、系统与外部的协作关系等)等。生产系统的构成要素很多,为了研究得方便,常把它们分成两大类:结构化要素和非结构化要素。

1.生产系统的结构化要素

其是指生产系统中的硬件及其组合关系。这里主要是指采用何种工艺和设备,要求达到什么样的技术水平,生产线和设备如何布局,生产能力达到多大的规模,生产过程集成的范围等。结构化要素是形成生产系统框架结构的物质基础,正确选择系统的结构化要素对形成系统的功能起决定性作用。建立这些要素需要的投资多,一旦建立起来并形成一定的组合关系之后,要想改变并进行调整是比较困难的。但是,在产品更新换代十分频繁的现代社会里,生产系统的不断改建和重建是必然的和不可避免的。因此,如何正确选择系统的结构化要素,并进行合理组合,十分重要。而且由于它涉及的投资量大,所以决策时应慎重。

2.生产系统的非结构化要素

其是指在生产系统中支持和控制系统运行的软件要素,主要包含人员组织、生产计划、库存管理和质量管理等。

(1)人员组织:即人员的素质特点、人员的管理政策、组织机构等。

(2)生产计划:指计划体系、计划编制方法及其相关技术。

(3)库存管理:指库存类型、库存量、库存控制方式。

(4)质量管理:指质量检验制度、质量控制方法、质量保证体系等。

建立非结构化要素一般不需花费很大的投资,建成以后对它的改变和调整较为容易。因此,采用何种非结构化要素,决策的风险性不像结构化要素那样大。但是,在实施过程中非结构化要素容易受其他因素的影响,这类要素的实施,在掌握和控制上也比较复杂。

生产系统中的结构化与非结构化要素都有自己的作用。结构化要素的内容及其组合形式,决定生产系统的结构形式。非结构化要素的内容及其组合形式,决定生产系统的运行机制。具有某种结构形式的生产系统,要求一定的运行机制与之相匹配,系统才能顺利运转,发挥其功能。生产系统的结构形式对系统的功能起决定性作用。在设计生产系统时,首先应根据所需的功能选择结构化要素及其组合形式,形成一定的系统结构,进而根据系统对运行机制的要求选择非结构化要素及其组合形式。

二、企业生产系统设计

企业在进行生产作业之前,需要建立必要的生产系统。生产系统的设计涉及企业、车间和设备生产能力的合理确定、设施和设备的合理布置以及生产过程的合理组织等。

(一)生产能力的计算

生产能力是指一个作业单元满负荷生产所能达到的最大限度。这里的作业单元可以是一个工厂、部门、机器或单个工人。在计算生产能力时,要把握以下内容:

1.确定生产能力的计算单位

由于企业种类的广泛性,不同企业的产品和生产过程差别很大,计算生产能力以前,必须确定本企业生产能力的计量单位。

(1)以投入量和产出量为计量单位。生产能力同投入量和产出量密切相关,不同的企业可以根据自身的性质和其他情况,选择投入量或产出量作为生产能力的计量单位。

当企业以产出量作为计量单位时,则需考虑企业生产的产品种类有多少。如果只有一种主要产品,则可以以该产品作为计量单位;如果生产多种产品,则很难以其中某一种产品的产出量作为整体的计量单位,这时可采用代表产品计量法。选择代表企业专业方向、产量与工时定额乘积最大的产品作为代表产品,其他产品可利用换算系数换算为代表产品的数量。

如果企业用产出量计算生产能力的准确度不高,不能很好地反映生产能力,可以用投入量作为计量单位,如设备总数、装机总容量等。

(2)以原材料处理量为计量单位。当企业使用单一且固定的原材料生产多种产品时,可以原材料的年处理量作为生产能力的计量单位。

2.影响生产能力的因素

(1)产品因素。产品设计对生产能力有重要的影响。如果生产相似产品,作业系统生产这类产品的能力要比生产不同产品的生产能力大。一般来说,产出越相近,其生产方式和材料就越有可能实现标准化,从而能达到更大的生产能力。此外,设计的特定产品组合也必须加以考虑,因为不同的产品组合有不同的产量。

(2)人员因素。组成一项工作的任务,涉及活动的各类人员,以及履行一项任务需要的技能、经验以及培训情况,对潜在和实际产出有重要的影响。另外,相关人员的动机、出勤与流动情况都和生产能力有着直接的联系。

(3)设施因素。生产设施的设计也是一个关键性的影响因素,它包括厂房的大小以及为扩大规模留有的空间。其他如运输成本、与市场的距离、劳务与能源供应等,以及工作区的布局也都决定着生产作业能否平稳进行。

(4)工艺因素。产品工艺设计是决定生产能力的一个显在因素,工艺设计是否合理影响着产品质量的好坏。如果产品质量不能达到标准的要求,就会增加产品检验和返工工时,从而导致生产效率的下降。

(5)其他因素。产品标准,特别是产品最低质量标准,能够限制管理人员增加和使用生产能力的选择余地。如企业为了达到产品和设备的污染标准,经常会减少有效生产能力。

3.成批加工企业生产能力的计算

批量生产类型的企业,生产单位的组织采用工艺专业化原则,产品的投料有较长的间隔期,且产出具有明显的周期性。它们生产能力的计算,与划分车间和班组所采用的工艺专业化原则有着密切的关系。

（1）单台设备生产能力的计算。由于所加工的零件不是单一品种,不仅数量多,而且加工零件的形状大小不同,加工的工艺步骤不同,加工的时间长短也不一。这时不能用产出量计算,只能采用设备能提供的有效加工时间来计算,称为机时。

（2）班组生产能力的计算。车间班组是最小的生产单位,每个班组配备一定数量加工工艺相同的设备,但它们的性能与能力不一定相同。所以,班组生产能力是从单台设备开始计算,再将这些设备的生产能力进行整合计算。

（3）车间生产能力的确定。由于班组的加工对象是零件,它们的生产能力应以机时计量。对于车间而言,它的生产对象往往是产品或零部件配套数,它的生产能力应以产量来计量。

（4）企业生产能力的确定。企业生产能力可以根据主要生产车间的生产能力来确定,能力不足的车间,可采用调整措施来解决。

4.流水线企业生产能力的计算

（1）流水线生产能力的计算。流水线的生产能力,取决于每道工序设备的生产能力,所以应从单台设备开始计算。

（2）车间生产能力的确定。如果是制造车间,它既有零件加工流水线,又有部件装配流水线,这时它的生产能力应该由装配流水线的生产能力来决定。即使有个别的零件加工能力低于装配流水线生产能力,也应该按照这个原则确定。如果是零件加工车间,每个零件有一条专用生产线,而所有零件又都是为本企业的产品配套,则车间的生产能力应该取决于生产能力最小的那条生产线的能力。

（3）企业生产能力的确定。由于各车间之间加工对象和加工工艺差别较大,选用的设备性能也有较大的差别,生产能力是不一致的。因此,基本生产车间的生产能力通常按主导生产环节来确定。但是,当基本生产车间和辅助生产部门的生产能力不一致时,企业生产能力应由基本生产车间的生产能力来决定。

（二）生产能力规划方案的制定

在确定了企业的生产能力后,下一步就应着手制定生产能力规划方案。生产能力规划可分为长、中、短期规划,长期生产能力规划一般为3~5年,中期生产能力规划一般为1~2年,而短期规划一般为1年以下。

生产能力规划方案的制定,一般可按以下步骤进行:

1.预测生产能力需求

在制定生产能力规划方案时,首先要进行产能需求预测,对需求所做的预测必须转变为一种可以与能力直接进行比较的度量。制造企业的生产能力经常是以可利用的设备数来表示的,在这种情况下,必须把需求(通常是产品产量)转变为所需的设备数。

2.计算需求与现有生产能力的差额

当预测需求与现有产能之间的差为正数时,就需要扩大生产能力。特别是当一个生产运作系统包括多个环节或多个工序时,产能的计划和选择需格外谨慎。在制造企业中,扩大生产能力必须考虑到各工序能力的平衡。当企业的生产环节很多,设备种类较多时,各个环节所拥有的生产能力往往不一致,既有过剩环节,又有瓶颈环节,而过剩环节和瓶颈环节又随着产品品种和制造工艺的改变而变化,而企业的整体生产能力是由瓶颈环节的能力所决定的。这是制定生产能力计划时必须注意的一个关键问题。

3.产能规划备选方案的制定

处理生产能力与需求差异的方法有多种,最简单的一种是:不考虑能力扩大,任由这部分客户或订单失去。其他方法包括扩大规模和延长作业时间等多种方案,可以选择积极策略、消极策略或中间策略,还包括考虑使用加班、外包等临时性措施,这些都是制定生产能力规划方案所要考虑的内容。企业所考虑的重点不同,就会形成不同的备选方案。一般来说,至少应给出3~5个备选方案。

4.产能规划方案的评价

产能规划方案的评价方法,主要有定量评价和定性评价。定量评价,主要是从财务的角度,以所要进行的投资为基准,比较各种方案给企业带来的收益以及投资回收情况。这里,可使用净现值法、盈亏平衡分析法、投资回收率法等不同方法。定性评价,主要是考虑不能用财务分析来判断的其他因素,如与企业的整体战略相符程度、与竞争策略的关系、人工成本、技术变化因素等,这些因素有些实际上仍可进行定量计算,有些则需要用直觉和经验来判断。

(三)进行设施选址

设施是指生产运作过程得以进行的硬件手段,通常是由办公场所、车间、设备等物质实体所构成。设施选址,是指运用科学的方法决定设施的地理位置,使其与企业的整体经营运作系统有机结合,以便有效、经济地达到企业的经营目的。

(1)影响设施选址的因素主要有:与原材料供应地的接近程度;与市场的接近程度;劳动力资源的数量和质量;基础设施条件;可扩展性;地区优惠政策等。

(2)单一设施选址。单一设施选址,是指独立地选择一个新的设施地点,其运营不受企业现有设施网络的影响。有些情况下,所要选择位置的新设施是现有设施网络中的一部分,也可视为单一设施选址。

单一设施选址通常包括以下几个主要步骤:第一步,明确目标。即首先要明确,在一个新地点设置一个新设施是符合企业发展目标和生产运作战略,能为企业带来收益的。只有在此前提下,才能开始进行选址工作。目标一旦明确,就应该指定相应的负责人或工作团队,并开始进行工作。第二步,收集有关数据,分析各种影响因素,对各种因素进行主次排列,权衡取舍,拟定出初步的候选方案。这一步要收集的资料数据应包括:政府职能部门的有关规定,地区规划信息,工商管理部门的有关规定,土地、电力、水资源等有关情况,以及与企业经营相关的该地区物料资源、劳动力资源、交通运输条件等信息。在有些情况下,还需征询一些专家的意见。第三步,对初步拟定的备选方案进行详细的分析。所采用的分析方法取决于各种所要考虑的因素是定性的还是定量的。例如运输成本、建筑成本、劳动力成本、水资源等因素,可以明确用数字度量,就可通过计算进行分析比较。也可以把这些因素都用金额来表示,综合成一个财务因素,用现金流等方法来分析。另外一类因素,如生活环境、当地的文化氛围、扩展余地等,难以用明确的数值来表示,则需要进行定性分析,或采用分级加权法,人为地加以量化,进行分析与比较。第四步,在对每一个备选方案都进行上述的详细分析之后,将会得出各个方案的优劣程度的结论,或找到一个明显优于其他方案的方案,这样就可选定最终方案,并准备详细的论证材料,以提交企业最高决策层批准。

(3)设施网络选址。企业拥有一个设施网络,网络中的不同设施之间互相有影响,在企业增加一个新的设施地址时要考虑到对其他设施的影响。设施网络中的新址选择,往往不仅要决定新设施的地点位置,还必须同时考虑添加新设施后整个网络的工作任务重新分配的问题,以达到整体运营效果最优的目的。

总之,企业在进行设施选址时要充分了解选址的目的,明确影响因素处理的方法,确定最终的设施地址。

(四)进行厂区布置

地址选定以后要考虑厂址上各生产单位的平面布置,主要内容为确定生产车间和其他部门的平面布置。企业的生产活动在物质上表现为物流过程,因此厂区的平面布置对物流是有影响的。物流过程还随着人力消耗、运输工具和能源的消耗而变化。

1.厂区布置方法

(1)物料流向图法。它根据原材料、在制品及其他物资在生产过程中的流动方向,绘制物料流向图来布置各个车间、仓库和其他设施。根据流向大体一致、路线最短的顺序,安排生产单位的位置。

(2)物料运量图法。它根据各车间、仓库和站场的物料运量大小进行工厂布置。运量大的布置近些,运量小的可布置远些。

(3)模板布置法。在形状面积一定的厂址上布置各个生产过程,即确定基本生产单位。处理这个问题,模板法是比较好的布置方法。首先,按照一定的比例制作厂址平面图和所有生产单位的模板;然后,在平面上排列出一个个的布置方案;最后,采用适当的评价分析,选择较满意的方案。

(4)生产活动相关图法。这种方法借助于图解,将生产单位之间联系的密切程度这样一个定性的问题转化为定量分析,最终计算出生产单位之间密切程度的评分值,为平面布置提供依据,具体步骤为:

①根据关系密切程度的原因和级别制作相关图;

②将相关图中的关系表达在相同规格的卡片上,卡片上要标明部门名称、代码;

③根据关系密切程度和靠近的必要性重新排列卡片;

④按一定比例制作反映各单位面积大小的卡片,适当调整这些卡片;

⑤根据厂区范围和道路规划等因素设计成工厂总平面布置形式。

2.厂区划分

(1)员工生活区。宿舍、食堂、休闲场所,最好独立于厂区之外。如放在厂区内,则应尽量置于独立的地方。

(2)停车场。

(3)绿化区。

(4)工厂作业区(车间)。工厂作业区可分为:厂内行政区(如办公室、资料室等);仓库(物料仓库、成品仓库);作业区,指实际生产的工作区。

(5)厂区通道。应考虑货物及机器设备进出的通道。

(6)办公行政区。办公行政区因内外部的往来接洽较多,应尽可能置于厂区前端。

总之,合理进行厂区布置可以使生产作业活动协调有序地进行,减少不必要的物资、运输、人员成本的损耗,节约劳动时间。

(五)进行混合设施布置

混合设施布置指几种布置类型的混合,这种布置在企业中是最常见的。在许多企业中产品的批量不足以大到形成单一的生产线,但系列产品常有加工类似性,又有可能使单件生产完全"无序"的设施布置在某种程度上"有序",因此可采取混合布置方法。在进行混合设施布置时可采用以下几种方法:

1.使用成组技术

成组技术,是一种按照零件或产品在某种特征上的相似性,把它们分组归类,然后在不同的设备群上进行加工的一种方法。有时尽管生产多种不同的产品,而且每种产品的产量不足以达到组成流水线的程度,而这些产品的通用零部件也不多,但只要这些零部件有类似这样的相似性,就可以尽量把它们分组归类加工。需要注意的是,在采用成组技术的情况下,产品要按其相似性来分组。设备则恰恰相反,是把进行某一组相似产品加工所需的设备布置在一起,构成一个近似的、小的生产线或一组设备,称为加工单元。这样的一个加工单元内的设备不可能是同一设备,否则无法按流程生产。

2.使用一人多机方法

一人多机的基本原理是:如果生产量不大,1个员工看管1台机器设备并没有完全发挥效能,可以设置1人看管小型生产线,既可使操作人员维持满工作量,又可在这种小生产线内使物流流向有一定秩序。所谓小生产线,即由1个员工同时看管几台机器。在一人多机的作业系统中,应该设置相似性的产品在一个一人多机系统中生产,操作人员不需要时时刻刻守在某一台设备前,只在需要的时候才去看管,可以提高劳动生产率。

总之,混合布置是企业车间内的一种常见设备布置形式,它使用一组用来加工相似产品的设备组合成一个小型的生产线,减少人员成本,提高生产效率,缩短生产周期。

(六)生产作业过程的劳动组织设计

劳动组织是生产过程组织设计中的一个重要内容,就是将工作人员同设备以及工作协调安排,发挥最大效率的过程。企业在进行劳动组织工作时要做好以下工作。

1.组织班内工作组

班内工作组是企业最基本的劳动组织形式。它是在劳动分工的基础上,以完成某项工作为目的,把互相协作的有关人员组织在一起的劳动团体,是生产班组内的基本劳动组合。它与作为一级行政组织的生产班组不完全相同,工作组的规模通常比生产班组小,一个生产班组往往包括几个工作组。

2.建立生产轮班组织

生产轮班是指企业在生产作业工作日内,为保证作业活动协调持续进行,组织不同生产班次进行生产作业的形式。不同的企业要根据自己的工艺特点、生产任务、人员配置及其他有关生产条件,选择不同的轮班制度。企业的生产轮班制度,可分为单班制和多班制。

单班制是指每天只组织一班生产。它的组织工作比较简单,主要是促进不同工种之间的相互配合,充分利用工作班内的时间;多班制是组织两班或三班的生产。组织多班制的生产,要比单班制复杂一些。

3.劳动定员

劳动定员是根据企业的产品特性和生产规模,在一定时期内和一定的技术组织条件下,确定企业各类人员的数量和质量。劳动定员是企业实行分工协作、明确岗位职责的重要手段,也是企业内部劳动调配的主要依据。

由于企业各类人员的工作性质不同,工作量和劳动效率表现形式不同,影响定员的因素也不同,在确定定员时可选用以下方法:

(1)岗位定员法。这种方法是按岗位定员、标准工作班次和岗位数计算编制定员,适用于大型装配型企业、自动流水线生产岗位以及某些岗位的定员。对于多岗共同操作的设备,其计算公式是:

班定员人数=共同操作的岗位生产作业时间总和/(作业时间−休息与生理需要的时间)

对于单人操作设备的工种,主要根据设备条件、岗位条件、实行兼职作业和交叉作业的可能性等因素来确定劳动定员。

(2)劳动效率定员法。这种方法是根据员工工作效率和劳动定额计算定员。用于能够用劳动定额表现生产工作量的一切工作或岗位。计算公式是:

定员人数=生产任务/(员工劳动定额×定额完成率×员工出勤率)

（3）经验比例定员法。这种方法是以服务对象的人数为基础,按定员的标准比例来计算编制定员。这种定员方法的前提,是待测岗位人员的数量随企业员工总数或某一类人员总数的增减而增减,具有比较固定的比例关系。

（4）设备定员法。这种方法根据完成一定的生产任务所必须运转的设备台数和班次,以及单机设备定员确定劳动定员。其计算公式是:定员人数=（每台机器设备开动班次×机器设备台数）/（员工看管设备数×出勤率）

4.配置生产单位

生产系统要想有效地运转,需要将生产系统分成若干个生产单位,每个生产单位配置一定的生产力要素,完成特定的某些功能,并占据一定的空间位置。不同的生产单位组织形式下有不同的工艺路线和不同的运输路线,所以有必要合理地配置生产单位。

总之,生产过程的劳动组织,就是在生产过程中合理地组织劳动者的劳动。合理的劳动组织可以协调劳动者之间以及劳动者与劳动工具、劳动对象之间的关系,充分调动劳动者的积极性,充分利用劳动时间和劳动资料,以提高劳动生产率。

三、企业生产系统运行管理

生产系统的运行管理是比较复杂的,它包括新产品开发、生产计划、生产调度、生产技术、产品质量以及生产作业管理等多方面的内容。本节仅讨论生产计划与技术管理的相关内容。

（一）生产周期的确定

确定生产周期是生产计划管理的重要内容,生产周期如果制定得准确、合理,可以使生产作业活动衔接紧密,减少生产时间的无效损耗。

1.标准生产周期的确定

（1）工艺阶段生产周期的计算。以机械加工为例,一批零件工艺阶段的生产周期的计算公式如下:

$$T = \sum_1^m \frac{n \times t_0}{c \times s \times k_1} \times k_2 + \sum_1^m t_p + m \times t_q + t_t + t_g$$

式中:T——一批零件加工的生产周期;

m——车间内部零件加工的工序数;

n——批量;

t_0——零件的工序单件工时定额;

c——每日有效工作时间;

s——执行定额完成系数;

k_1——预计定额完成系数;

k_2——工序之间的平行系数；

t_p——工序调整设备工具的时间；

t_q——平均每道工序的间断时间；

t_t——跨车间协作工序时间；

t_g——工艺规定的自然时效时间。

（2）产品生产周期的计算。把各个工艺阶段的生产周期汇总起来，就是产品的生产周期。由于各个零部件的装配程序比较复杂，产品生产周期的确定，一般采用图表法。

根据零部件的工艺加工文件和产品的装配系统图，来确定零部件的工艺周期和各个零部件的组合情况。在绘制产品生产周期图时，要尽可能地使各个零部件的工艺加工阶段平行交叉地进行，以缩短整个产品的生产周期。为了防止生产脱节，在各个工艺阶段之间要留有必要的保险时间。

2.生产提前期的确定

生产提前期同标准生产周期有着密切的联系，它是在确定了各个生产环节的生产周期的基础上制定的。

（1）前后车间生产批量相等的情况下，提前期的确定。

①投入提前期的计算。产品在最后一个加工车间的投入提前期，等于产品在该车间的标准生产周期。而其他任何一个车间的投入提前期都要比相应车间出产提前期再提早一个相应车间的标准生产周期。因此，计算投入提前期的一般公式如下：

车间投入提前期=本车间出产提前期+本车间标准生产周期

②计算出产提前期。产品在某车间的出产提前期，除了要考虑后车间的投入提前期以外，还需要加上与后车间之间必要的保险期。这是防备本车间可能发生出产误期情况而预留的时间，以及办理交库、领用、运输等所需要的时间。计算出产提前期的公式如下：

车间出产提前期=后车间投入提前期+保险期

③前后车间生产批量不等时，确定提前期。如果前后车间生产批量不等（呈简单倍数关系），计算各车间投入提前期的公式，仍与上述公式相同，即等于本车间出产提前期加上本车间标准生产周期。但是，在计算出产提前期时则有所不同。这是因为前车间批量大，出产一批可供后车间几批投入使用。这时，车间出产提前期的数值就应比上述公式计算的结果要大一些，即要加上前后车间生产间隔期的差。计算公式为：

车间出产提前期=后车间投入提前期+保险期（本车间生产间隔期–后车间生产间隔期）

由于批量相等，前后车间生产间隔之差等于零。所以，此计算公式在车间之间批量相等的情况下也同样适用。因而这是计算出产提前期的一般公式。

标准生产周期和出产提前期是生产作业计划的重要计量标准，对于组织各生产环节的紧密衔接、减少在制品占用量、缩短交货期限等方面有着重要的作用。

（二）车间作业计划的编制

当企业的生产作业计划编制完成以后,需要将企业的生产任务分配到各个车间,编制车间的作业计划。这项工作可以由企业厂部管理人员编制,也可以由车间负责人编制。

1.车间作业计划的编制

把企业的生产任务分配到车间、工段以至小组的工作,首先是把企业的生产任务分解到车间,编制分车间的作业计划;然后,进一步把车间任务分解到工段以至小组,编制分工段或分小组作业计划。这两步工作的方法原理是相同的,差别只是计划编制的详细程度有所不同以及计划编制的责任单位(厂部或车间)有所不同。

（1）对象专业化的车间。每个车间分别独立完成一定产品的全部(或基本上全部)生产过程,各个车间之间平行地完成相同或不相同的生产任务。在这种情况下,厂部编制车间作业计划的方法比较简单,基本上是按照各个车间既定的产品专业分工来分配生产任务。同时,也要考虑到各车间的生产能力负荷等状况,适当加以调整。

（2）工艺专业化的车间。各个车间是依次加工半成品的关系。在这种情况下,编制车间作业计划的方法比较复杂。分配各车间任务,既要能够保证企业的成品出产任务按期、按量地完成,又要确保各个车间之间在生产的数量和期限上衔接平衡。实现上述要求,就要从企业的成品出产任务出发,按照工艺过程的相反顺序,逐个地决定各个车间的生产作业计划。

2.车间作业计划的编制方法

由于企业的生产类型和其他情况不同,编制车间作业计划有下列多种方法。

（1）在制品定额法。用在制品定额与实际在制品结存量进行比较,就可以发现各生产环节之间有无可能发生脱节或过多地占用在制品的情况。按照在制品数量经常保持在定额水平上的要求,来计划各生产环节的投入和出产任务,就可以保证生产过程协调地进行。

①采用在制品定额法,是按照产品的反工艺顺序,从成品出产的最后车间开始,逐个往前推算的。计算各车间投入、出产任务的公式如下:

某车间出产量=后车间投入量+该车间外售量+(库存半成品定额−初期库存半成品预计结存量)

某车间投入量=该车间出产量+本车间计划废品量+(车间在制品定额−初期车间在制品预计结存量)

②最后工序车间的出产量,即企业的成品出产量。它与车间的半成品外售量一样,是根据生产计划任务来规定的。计划初期的库存半成品和车间在制品的结存量,一般采用编制计划时账面结存量加上预计将要发生的变化量来确定,到计划期开始时,再根

据实际盘点数加以修正。编制车间作业计划,不仅要规定车间全月的总生产任务,而且要规定车间在计划期内的生产进度(用出产量表示)。大量流水生产企业,一般可以规定每日的生产进度。每日出产量可以是相等的,也可以是递增的,根据具体需要和可能的情况来决定。

(2)提前期法。提前期法,就是根据预先制定的提前期,转化为提前量,然后计算同一时间产品在各生产环节的提前量,来保证各车间之间在生产数量上的衔接。

①采用提前期法,生产的产品必须实行累计编号,所以又称累计编号法。所谓累计编号,是指从年初或从开始生产这种产品起,依成品出产的先后顺序,为每一件产品编上一个累计号码。由于成品出产号是按反工艺顺序排列编码的,因此,在同一时间上,某种产品的累计编号越接近完成阶段,其累计编号越小;越是处于生产开始的阶段,其累计编号越大。在同一时间上,产品在某一生产环节上的累计号数,同成品出产累计号数相比,相差的号数叫提前量。提前量的大小同产品的提前期成正比。它们之间的关系可以用以下公式来表示:

提前量=提前期×平均日产量

②具体计算过程。先计算产品在各车间计划期末应达到的累计出产和投入的号数,其计算公式是:

某车间出产累计号数=成品出产累计号数+该车间出产提前期定额×成品的平均日产量

某车间投入累计号数=成品出产累计号数+该车间投入提前期定额×成品的平均日产量

进一步计算各车间在计划内应完成的出产量和投入量。其计算公式为:

计划期车间出产(或投入)量=计划期末出产(或投入)的累计号−计划期已出产(或投入)的累计号数

最后,如果是严格地按照批量进行生产的话,则计算出的车间出产量和投入量,还应按各种零件的批量进行修正,使车间出产(或投入)的数量和批量相等或是批量的倍数。

提前期法适用于成批轮番生产的企业。在这类企业中,由于各种产品轮番上下场,各个生产环节结存的在制品的品种和数量经常一样,主要产品的生产间隔期、批量、生产周期和提前期都是比较固定的。

(3)生产周期法。

①运用生产周期法规定车间生产任务,首先要为每一批订货编制一份产品生产周期进度表。这个进度表是单件小批生产企业主要的期量标准。有了它,就可以用来规定各车间的生产任务。

②其次,根据合同规定的交货期限以及该产品的生产周期进度表,为每一项订货编

制一份订货生产说明书,其中规定该产品(或产品各成套部件)在各车间投入与出产的时间。

③根据订货生产说明书,编制月度作业计划。在编制计划时,将计划月份应该投入和出产的部分摘出来按车间归类,并将各批订货的任务汇总起来,这就是计划月份各车间的投入、出产任务。由于单件小批生产企业的生产不稳定,在发交车间计划任务表中,其进度要求往往比较概略,如按旬或周要求。另外,各类设备和工种的负荷经常变化,所以摘出汇总的生产任务必须进行设备能力的负荷核算,经过平衡才能下达车间。

(三)产品生产交货期的确定

确定产品生产交货期是以订货合同为基础,本着生产均衡、负荷均匀、合理利用生产能力的原则,使生产技术准备工作、原材料、外协件等供应时间与数量同出产进度的安排协调一致,避免供应与生产脱节,影响生产的正常进行。确定生产交货期的重要内容就是编制产品出产进度计划。其具体工作内容包括:

1.制定大量生产企业产品出产进度计划

大量生产的企业,产品品种少,产量大,而且比较固定。因此,这种类型的企业安排产品出产进度,主要是确定各月以至每日的产量。为了满足市场对各种产品存在的季节性要求,企业可用库存量来调节,考虑库存、生产和销售诸因素,进行安排决策。因此,可有下面几种安排方法。

(1)平均安排方法就是根据年生产总量,进行完全均衡的安排。具体计算方法和步骤是:

①按月列出一年的有效工作天数;

②确定日产量,即根据年计划生产总量和年有效工作日数进行计算:

日产量=年计划总产量/年有效工作日数

③根据日产量和各月有效工作日数安排各月的产量;

④列出生产日库存计划表。

(2)配合销售量变化安排法是根据各月的计划销售量的变化来安排生产任务。用这种方法安排生产任务,总库存量会很小,但当销售量存在季节性变化比较大时,必然会产生某些月份生产能力不足,因而必须采取加班加点等措施来解决。用这种方法可能会影响产品质量、增加工资支出等,但节约了流动资金。

2.制定成批生产企业产品出产进度计划

在成批生产情况下,产品品种较多,少数品种产量大,定期或不定期地轮番生产,产品数量、出产期限的要求各不相同。因此,成批生产企业产品出产进度安排,要着重解决不同时期、不同品种的合理搭配和按季、按月分配产品产量。

3.制定单件小批生产企业产品出产进度计划

单件小批生产企业,产品品种较多,而且是不重复生产或很少重复生产的。因此,在这类企业里，主要是根据用户的要求，按照订货合同来组织生产。

（四）制作生产进度表

生产进度表是安排生产任务及其日历进度、检查和控制计划执行情况的图表。随着科学技术的迅速发展，工业企业生产规模日益扩大，生产过程也越来越复杂，许多企业都采用生产进度表的形式来进行生产控制，以有效地使用人力、物力、财力和时间。

1.编制大量大批生产的月度生产进度计划表

在大批大量生产的条件下，各个车间的分工及联系相对稳定。同一时期内，各车间分工协作地生产同一种或少数几种产品的半成品，只要解决各车间生产数量的协调问题，制定好在制品的定额，确定各车间投入量和出产量，明确车间的生产任务，就可以编制月度生产进度计划表。

（1）采用在制品定额计算车间的生产任务。车间出产量和车间产品外销量，是根据企业下达的任务和订货合同的要求来确定的。按计划规定的废品率计算车间可能发生的废品数。仓库半成品和车间在制品的期初预计数量，应当根据账面加上预计来确定。正式下达计划时，还要按实际盘点数量进行调整。

（2）车间任务安排好后，将计划任务按日进行具体分配，安排每日的生产量，编制月度生产进度计划表。

2.编制成批生产的月度生产进度计划表

成批生产任务的确定方式与大批大量生产任务确定的方式相同。成批生产的特点是在稳定的成批生产条件下，各车间或工段（小组）轮番地加工几种零件。一般为半月或一旬安排一个轮番，以保证均衡地完成全月的生产任务。

3.编制投入出产累计计划表

投入出产累计计划表是采用"提前期累计编号法"，通过对投入和出产累计数的计算，使车间在生产的期限和数量上进行衔接。

（1）先将预定的提前期转化为提前量，确定各车间在计划月份应该达到的投入累计数和生产累计数，然后减去各车间在上月已投入和生产的累计数，计算各车间当月应完成的投入数和出产数，据此编制"投入出产累计计划表"。

这里所说的"累计数"，是指从年初或开始生产这种产品时起所计算的累计数。按照预先制定的提前期标准，确定各车间在计划月份应该达到的出产和投入累计数的计算公式如下：

车间出产（或投入）累计数=最后车间出产（或投入）累计数+最后车间平均每日出产量×本车间出产（或投入）提前期

各车间计划期应完成的当月出产量和投入量按下式计算：

计划期车间出产（或投入）量=计划期末计划出产（或投入）累计数-计划期初已达到的出产（或投入）累计数

（2）计算出车间生产或投入量以后,还应依据各种零件的批量进行调整,使车间出产或投入的数量能够凑足合适批量。

4.编制零件工序进度和机床负荷进度表

这是企业生产任务落实到小组,安排小组生产任务的方法。对于生产稳定的小组可采用标准计划法来编制进度表。编制标准计划进度表时,既要尽量做到各种零件的工序平行交叉,以缩短生产周期,又要使各道工序的负荷平衡和相互衔接。

（1）按照规定的出产日期,由最后一道工序反向逐序安排,并首先安排好那些工序最复杂、劳动量最大、产量最多的主要零件,然后再安排那些工序简单、劳动量小、产量不多的次要零件。

（2）当机床负荷发生冲突时,以先主后次的顺序,进行妥善地调整。

（3）为便于简化计划安排工作,在实际工作中,常常只安排主要工序和主要零件的进度,其他工序和零件可采用适时分配的方法,利用机床的空闲时间安排生产。

5.编制生产周期进度表

根据订货的情况编制生产周期图表,用来规定各车间的生产任务。此方法适用于按订货安排生产的单件小批生产企业。

（1）在单件小批生产条件下,处理好品种多变与保持车间负荷均衡是企业编制生产作业计划的重要问题。由于单件小批生产数量不稳定、产品少、重复生产,所以只能按订货合同要求的完工日期,编制订货周期表,把生产技术准备和正常生产衔接起来,以保证按期交货。

（2）生产周期表的编制顺序,根据合同交货日期、各阶段生产周期、平行交叉作业等因素,按工艺过程和准备过程相反的顺序编制。

总之,企业的生产作业计划对日常生产活动做了周密而具体的安排,企业还应编制各种生产进度表对生产的进度及时监督和检查,如发现偏差,应及时进行调整。

（五）生产进度的控制

生产进度控制是指对产品生产作业计划、车间作业计划和生产进度计划所进行的安排和检查,其目的在于提高效率、降低成本、按期生产出优质产品。

1.生产进度的静态控制

它是指从某一"时点"（日）通过各生产环节所结存的在制品、半成品的品种和数量的变化情况来掌握和控制生产进度。这是从数量方面（横向）控制进度的一种方法。

（1）控制范围包括在制品占用量的实物和信息（账目、凭证等）形成的全过程。具体范围有以下几方面:

①原材料投入生产的实物与账目控制;

②在制品加工、检验、运送和储存的实物与账目控制;

③在制品流转交接的实物与账目控制;

④在制品出产期和投入期的控制；

⑤产成品验收入库的控制等。

（2）控制方法主要取决于生产类型和生产组织形式。

①成批和单件生产时，因产品品种和批量经常轮换，生产情况比较复杂。在此条件下，一般可采用工票或加工路线单来控制在制品的流转，并通过在制品账目来掌握在制品占用量的变化情况，检查是否符合原定控制标准。如发现偏差，要及时采取措施，组织调节，使它被控制在允许范围之内。

②大量大批生产时，在制品在各个工序之间的流转，是按一定路线有节奏地移动的，各工序固定衔接，在制品的数量比较稳定。在此条件下，对在制品占用量的控制，通常采用轮班任务报告单，结合生产原始凭证或报账来进行，即以各工作地每一轮班在制品的实际占用量，与规定的定额进行比较，使在制品的流转和储备量经常保持正常占用水平。

2.生产进度的动态控制

它是从生产的时间、进度方面或从时间序列纵向进行观察、核算和分析比较，用以控制生产进度变化的一种方法，一般包括投入进度控制、出产进度控制和工序进度控制等。

（1）投入进度控制。指对产品开始投入的日期、数量、品种进行控制，以便符合计划要求。还包括检查各个生产环节，各种原材料、毛坯、零部件是否按提前期标准投入，设备、人力、技术措施等项目的投入生产是否符合计划日期。

（2）出产进度控制。指对产品（或零部件）的出产日期、出产提前期、出产量、出产均衡性和成套性的控制。出产进度控制，是保证按时按量完成计划，保证生产过程各个环节之间的紧密衔接、各零部件出产成套和均衡生产的有效手段。

（3）工序进度控制。在成批、单件生产条件下，由于品种多、工序不固定，各品种（零部件）加工进度所需设备经常发生冲突，即使作业计划安排得很好，能按时投产，往往投产后在生产执行过程中一出现干扰因素，原计划就会被打乱。因此，对成批或单件生产只控制投入进度和出产进度是不够的，还必须加强工序进度的控制。

在生产作业计划的执行过程中，企业从厂部负责人一直到各段、小组负责人，都要重视生产进度的控制，时时监控生产计划的完成情况，发现问题及时进行调整，避免影响整个生产作业计划的完成。

第二节　创新中的企业市场营销管理

市场营销是企业生产经营的出发点和落脚点，是现代企业管理的重要组成部分。它是企业为了实现其目标而进行的市场营销的计划、组织及控制等活动。本章主要介绍市场营销的概念、市场分析、目标市场选择、市场管辖组合策略和市场营销的发展等内容。

一、企业市场营销管理概述

(一)市场营销相关核心概念

1.市场营销

美国著名的营销学者菲利浦·科特勒对市场营销的核心定义进行了如下的描述:"市场营销是个人或集体通过创造,提供并同他人交换有价值的产品,以满足其需求和欲望的一种社会和管理的过程。"市场营销的核心定义告诉了我们以下几个基本要点:

(1)市场营销的核心功能是交换。交换,是以提供某物作回报而与他人换取所需要物品的行为。交换活动存在于市场经济条件下的一切社会经济生活中。

(2)市场交换活动的基本动因是满足交换双方的需求和欲望。用市场营销的视角观察市场交换活动,顾客购买的是对某种需求和欲望的"满足",企业产出的是能使顾客的这种需求和欲望得到"满足"的方法或手段。

(3)市场营销活动的价值实现手段是创造产品与价值。"市场营销意味着企业应先开市场后开工厂",整合各种可利用资源,创造出能使顾客的需求和欲望得到"满足"的方法或手段。

(4)市场营销活动是一个社会和管理过程,而不是某一个阶段。市场营销活动包括决策的过程和贯彻实施该决策的过程,需要全部工作的协调平衡才能达到目标。

2.需要、欲望、需求

(1)需要就是身心没有得到基本满足的一种感受状态。

(2)欲望是人们欲获取某种能满足自己需要的东西的心愿。

(3)需求是人们有支付能力作保证的欲望。

需求对市场营销最具现实意义,企业必须高度重视对市场需求的研究,研究需求的种类、规模、人群等现状,尤其是研究需求的发展趋势,准确把握市场需求的方向和水平。

3.产品

产品是满足人们各种欲望与需要的任何方法或载体。它分为有形产品与无形产品、物质产品与精神产品。对于产品来说,重要的并不是它们的形态、性能和对它们的占有,而是它们所能解决人们因欲望和需要而产生的问题的能力。

4.价值

价值是产品或服务所具有的、带给消费者并使消费者在消费过程中感受到的满足程度,价值是人们满足欲望时的主观感受和评价。一般说来,消费者总是购买那些单位支出具有最大价值的产品。

5.交换

人们有了需要且对产品做出满意的评价,但这些还不足以定义营销。只有当人们决定通过交换来取得产品,满足自己的需要时,营销才会发生。交换是以某些东西从其他人手中换取所需要产品的行为,交换是定义营销的基础,市场交换一般包含五个要素:

(1)有两个或两个以上的买卖者;

(2)交换双方都拥有对方认为有价值的东西;

(3)交换双方都拥有沟通信息和向另一方传送货物或服务的能力;

(4)交换双方都可以自由接受或拒绝对方的产品;

(5)交换双方都认为值得与对方进行交换。

这五个条件满足以后,交换才可能发生。但是,交换是否真正发生,最终还取决于交换双方是否找到了交换的条件,或者说,交换双方是否能认同交换的价值。如果双方确认通过交换能得到更大的利益和满意,交换就会实际发生。

6.关系

应该指出的是交换不仅仅是一种交易,而且是建立关系的过程。精明的市场推销人员总是试图与顾客、批发商、零售商以及供应商建立起长期互利、相互信任的关系。关系营销的结果,是企业建立了一个营销网络,这种网络由公司及其他利益相关者所构成,包括顾客、员工、供应商、分销商、零售商、广告代理人等。拥有完善的营销关系网络的企业,在市场竞争中就能取胜。

7.市场

现代经济学所说的市场是指一切交换关系的总和,包括卖主和买主,包括供求关系。市场营销学中的市场,则是指一切具有特定欲望和需求并且愿意和可能从事交换来使欲望和需求得到满足的潜在顾客所组成的消费者总体。市场营销学认为卖主构成行业,买主构成市场。所以,衡量一个市场的规模大小,有三个主要尺度:人口、购买欲望、购买力。现代社会由无数的市场组成,按商品的基本属性可划分为一般商品市场和特殊商品市场。

(1)一般商品市场。一般商品市场指狭义的商品市场,即货物市场,包括消费品市场和生产资料市场。

消费品市场是为个人提供最后的、直接的消费品的市场。其特点是:购买者人数众多,每个人都可以是消费品市场上的购买者。这就使得消费品市场广阔,设施分散,布局广泛;商品品种繁多,花色多样,规格齐全,并具有一定程度的差异性,如民族、地区、性别、年龄特色等;商品交易次数频繁,除批发业务外,一般每次交易的数量和金额较小;供求关系复杂多变,购买力流动性大;购买者容易受广告宣传促销活动的影响。

生产资料市场,是生产资料流通的场所,是提供生产资料以满足生产需要的市场。其特点是:生产资料市场上的购买者以各企业为主,企业需要的生产资料数量大、金额多,属大宗购买和固定购买,因而购买的次数少,使用周期较长。但生产资料商品的专用性强,技术服务要求高,购买者一般对商品的品种、规格、数量、质量、交货期、标准化等都有严格要求。

（2）特殊商品市场。特殊商品市场指为满足消费者的资金需要和服务需要而形成的市场,包括资本市场、劳动力市场和技术市场。对以上市场做分析时一般要研究消费者市场、产业市场和政府市场。

①资本市场是指证券融资和经营一年以上中长期资金借贷的金融市场,包括股票市场、债券市场、基金市场和中长期信贷市场等,其融通的资金主要作为扩大再生产的资本使用,因此称为资本市场。作为资本市场重要组成部分的证券市场,具有通过发行股票和债券的形式吸收中长期资金的巨大能力,公开发行的股票和债券还可在二级市场自由买卖和流通,有着很强的灵活性。

②劳动力市场就是指在劳动力管理和就业领域中,按照市场规律,自觉运用市场机制调节劳动力供求关系,对劳动力的流动进行合理引导,从而实现对劳动力的合理配置的机构。目前我国主要劳动力市场由以下几类就业机构构成：各级人事部门举办的人才交流中心；各类民办的人才交流中心；各级劳动社会保障部门举办的职业介绍所；各类民办的职业介绍所；政府有关部门举办的各类劳动力供需交流会；社区劳动服务部门；专门的职业介绍网站。

③信息技术市场是指信息商品进行交换或流通的场所。

（二）市场营销系统

1.商场营销系统的含义

市场营销系统是指介入有组织的交换活动场所的一整套相互影响、相互作用的参加者、市场和流程。任何社会只要存在着社会大生产和商品经济,都必然存在着许多相互连接的市场营销系统。

根据市场营销系统的不同性质,营销系统可以从宏观和微观两个方面来进行考察。宏观即从社会的市场营销系统来组织整个社会的生产和流通,以达到社会生产与社会需要的平衡,满足社会全体成员的多样性需求,实现社会的目标。微观市场营销,即每个现代企业都需要通过市场营销系统来开展市场营销活动,以满足目标顾客的需要,实现企业的目标。

2.宏观市场营销系统

（1）参与者子系统。

①消费者。消费者一般是通过资源市场上出售生产资源,取得货币收入,然后用货币收入去购买自己所需要的产品。

②企业。它包括全国所有的企业。企业在资源市场上购买自己所需要的资源,从事各种货物和劳务的生产,然后在产品市场上出售,以取得货币收入。

③政府。它包括政府行政机构及全部职能机构。政府一方面从制造商及中间商购

买产品以维持政府各职能部门的正常活动,另一方面又向企业及消费者征收各种税收,取得财政收入,同时又向企业及消费者提供各种服务。

(2)市场子系统。

①要素市场。主要包括:自然资源市场、劳动力市场、资本市场、技术市场等。

②产品市场。主要指消费品市场,它是人们获得物质生活资料的主要场所,消费品市场的繁荣与否,消费品结构是否合理,直接影响消费者的需求。

(3)流程子系统。主要包括资源流程,商品或劳务流程,货币流程及信息流程。流程子系统是关系到宏观市场营销及企业市场营销活动是否顺利地获得生产资源,获得生产经营所需的资金,收集到有关市场营销健康运行的信息以及保证产品顺利达到用户手中的重要部分。影响流程子系统运行的因素中,有两个方面的因素是不容忽视的:其一,先进的科学技术及先进的手段;其二,经济制度、经济管理体制是否合理。

3.微观市场营销系统

微观市场营销系统是指一个企业从事营销活动而形成的一整套相互作用、相互影响、相互依存的参加者、市场和力量。微观市场营销系统是由企业、市场营销渠道企业、市场、竞争者、公众、宏观环境力量等诸多子系统构成的。

(1)企业。企业主要指参与市场营销活动的企业中的市场营销部门及各职能部门。在现代企业营销活动中,市场营销部门是把市场顾客需求变为企业盈利目标的核心部门,它在企业微观市场系统运行中起主导作用及起点作用。

(2)市场营销渠道企业。它主要包括资源供应商、中间商、便利交换和物质分配者。

①资源供应商是指为公司供应原材料、部件、能源、劳动力和资金等生产资源的供应者。

②中间商是指同特定生产企业发生购销关系的商人、中间商或代理中间商。

③便利交换和物资分配者。便利交换机构主要包括金融机构(如银行、保险公司等),广告代理商,市场营销调研公司,市场营销咨询公司等。物资分配者主要是指为工商企业实现产品间接移动的交通运输企业及公共货栈。

(3)市场。市场一般有五种基本类型,即消费者市场、生产者市场、转卖者市场、政府市场和国家市场。现代企业在营销业务中,应根据五种不同类型的市场,研究消费者的需求特点及购买能力,结合企业自身的条件,合理确定经营目标,选择最佳的目标市场。

(4)竞争者。有市场就避免不了竞争。每一个企业在市场营销过程中面临着不同类型的竞争者,必须在竞争中时刻考虑到自己的顾客市场、渠道和竞争优劣势等。

(5)公众。指对一个组织实现其目标的能力有实际的或潜在的兴趣或影响的任何团体。一个企业的公众,主要有以下几种:金融公众,即那些关心和可能影响企业取得资金能力的任何集团,包括银行、投资公司、证券经纪行和股东等;媒介公众,如报纸、杂

志、广播电台和电视台等大众媒介;政府公众,即负责管理企业的业务经营活动的有关
政府机构;市民行为公众,包括消费者利益的组织,环境保护组织,少数民族组织等;地
方公众,如企业附近的居民群众、地方官员、一般群众、企业内部公众。企业在实践中,
必须同各种公众搞好关系。

(6)宏观环境力量。包括人口力量、经济力量、生态力量、技术力量、政治力量和文
化力量,这些是企业不可控制的因素,企业在营销决策时,必须全面考虑到这些不可控
制的因素,善于抓住市场机会。

总之,推销(即为产品寻找销路)仅是营销的一个组成部分,且不是最主要的部分。
营销以顾客的需求为出发点,注重的是企业的长期利益,体现了"以需定产"的现代经营
观念;而推销则以卖方的需要为出发点,考虑如何把产品变成现金,体现的是"以产定销"
的传统经营观念。营销工作的重点在于战略规划,推销是实施营销战略的手段和措施。

(三)市场营销的内容与过程

1.市场营销的内容

市场营销作为企业旨在满足市场要求,实现自身目标所进行的商务活动过程,它包
括:市场调查与预测、营销环境分析、选择目标市场、消费者研究、新产品开发、价格制定、
分销渠道抉择、产品储存与运输、产品促销、产品销售、提供服务等一系列与市场有关的
企业经营活动。

现代市场营销的根本任务在于解决生产与消费的矛盾,使得生产者方面的各种不
同供给与消费者方面各种不同需要相适应,实现生产与消费的统一。现代市场营销已
经成为现代企业生产经营管理中不可分割的组成部分。

2.市场营销的过程

市场营销管理过程包括如下步骤:分析市场机会、选择目标市场、设计市场营销策
略组合和管理市场营销活动。

(1)分析市场机会。市场营销学认为,寻找和分析、评价市场机会,是市场营销管理
人员的主要任务,也是市场营销管理过程的首要步骤。由于市场环境要素不断变化,市
场需求处于动态的变化之中,每一个企业都必须经常寻找、发现新的市场机会。市场营
销管理人员不仅要善于寻找、发现有吸引力的市场机会,而且要善于对所发现的各种市
场机会加以评价,决定哪些市场机会能成为本企业有利可图的企业机会。

(2)选择目标市场。市场营销管理人员在发现和评价市场机会以及选择目标市场
的过程中,要广泛地分析研究市场营销环境,进行市场营销研究和信息收集工作、市场
测量和市场预测工作,据以决定企业应当生产经营哪些新产品,决定企业应当以哪个或
哪些市场为目标市场。

(3)设计市场营销策略组合。市场营销策略组合是现代市场营销理论的一个重要
概念。市场营销策略组合中所包含的主要是以下四个策略的整合应用:产品(**Product**)、

渠道(地点)(Place)、价格(Price)、促销(Promotion)。由于这四个名词的英文字头都是 P,所以市场营销策略组合又称为"4P"组合。

(4)管理市场营销活动。企业市场营销管理过程的第四个主要步骤是管理市场营销活动,即执行和控制市场营销计划。这是整个市场营销管理过程的一个带有关键性的、极其重要的步骤。

(四)市场营销观念的发展

市场营销观念是企业从事营销活动的指导思想和行为准则,它概括了一个企业的经营态度和思维方式。市场营销观念,一般来说,经历了六个不断演进的过程。

1.生产观念

这是一种最古老的经营观念。其基本指导思想是企业以改进、增加生产为中心,企业生产什么产品就销售什么产品,显然生产观念是一种重生产、轻市场营销的指导思想。

生产观念是在市场上商品供不应求的形势下产生的。企业着力于组织所有资源,集中一切力量提高生产效率,增加产量,降低成本,很少考虑顾客的具体需求,其一切经济活动以生产为中心,生产什么就卖什么,这时还谈不上市场营销。

2.产品观念

这也是一种古老的经营思想。其基本指导思想是,消费者或用户总是欢迎那些质量高、性能好、有特色、价格合理的产品,企业应致力于提高产品质量,只要做到物美价廉顾客就会找上门,无需大力推销。

产品观念与生产观念从本质上来看还是生产什么就销售什么,但二者又有所不同。产品观念是在产品供给不太紧缺的情况下产生的,它强调"以货取胜""以廉取胜"。

3.推销观念

这种观念认为,广大消费者一般不愿意购买非必要的商品,但如果企业采取适当的措施,重视和加强推销工作,激发消费者对企业产品的兴趣,有可能扩大产品销售。

推销观念是从"卖方市场"向买方市场的转折过程中产生的。当社会产品日益丰富,市场上出现某些产品供过于求时,许多企业认识到不能只抓生产,还应重视推销工作。推销观念是在生产观念的基础上发展起来的,其本质仍然是生产什么销售什么,即以生产为起点,先生产后推销,以产定销,仍然轻视市场营销。

4.市场营销观念

它是以企业的目标顾客为中心,集中企业一切资源和力量,适当安排市场营销为手段,以满足目标顾客的需要,扩大销售,获得利润,实现企业目标。

市场营销观念与推销观念不同,推销观念强调企业生产什么就推销什么,很少考虑消费者的需要,而市场营销观念正好把问题的逻辑颠倒过来,企业从目标顾客的需要出发,消费者需要什么产品,企业就应当生产、销售什么产品,实现了企业营销观念的革命性演变。

市场营销观念是在第二次世界大战后,特别是20世纪50年代以后逐渐形成和发展起来的。这一时期,一方面是由于西方发达资本主义国家的市场特别是消费品市场供过于求,买方市场的出现,市场竞争更加激烈。另一方面是战后主要资本主义国家由于科学技术的发展,产品的丰富,人民收入水平和文化生活水平的提高,人们的消费需求也出现了多样性的变化。此外,一些发达资本主义国家对管理科学研究的深入,市场营销经验的积累,使得企业在生产经营方面迈出了重大的一步。

5.社会营销观念

社会营销观念的基本指导思想是企业提供产品,不仅要满足消费者的需求与欲望,而且要符合消费者的长远利益和社会的长远发展,改善社会福利。企业在做市场营销决策时,必须全面兼顾企业利润、消费需要、社会利益三方面的统一。

社会营销观念产生于20世纪70年代,由于许多工商企业为牟取暴利,以虚假广告和伪劣产品损害消费者利益,回避了消费者欲望满足、消费者利益和长远的社会福利之间潜在矛盾;企业奉行"市场营销观念"往往会导致物质浪费、环境污染等弊病。正是在这种情况下,人们对"市场营销观念"进行了修正,提出了社会市场营销观念。

6.大市场营销观念

其是指为成功进入和占领某特定市场而综合协调运用经济、心理、政治、公共关系等各方面的手段开展的市场营销活动。所谓特定市场是指壁垒很高的封闭或保守型市场。

进入20世纪80年代后,国际市场中贸易保护主义抬头,政府干预加强,从而使市场通道受阻。企业仅运用原有市场营销组合手段难以奏效,必须运用大市场营销组合手段,即在产品、价格、渠道、促销四要素("4P")之后,再加上权力和公共关系两要素。

总之,以上六种市场营销观念中的前三种可称之为传统营销观念,其出发点是产品,是以卖方的要求为中心的,其目的是将产品销售出去,以获取利润,这可以认为是一种"以生产者为导向"的经营观念;后三种现象又称为新型营销观念,其出发点是消费需求,是以买方的要求为中心的,其目的是从顾客的满足之中获取利润,这是一种以"消费者为导向"的经营销售观念。

二、市场营销分析

市场营销分析采用的方法是市场细分。所谓市场细分,是指根据市场需求的多样性和消费者行为的差异性,把企业的一种产品或一系列产品的整体市场,划分为若干个具有相似特征的细分市场,然后对每一细分市场展开营销分析,以便选择企业市场营销活动的目标市场。

(一)市场细分的意义

在一般情况下,一个企业不可能满足所有消费者的需求,尤其在激烈的市场竞争中,企业更应集中力量,有效地选择市场,取得竞争优势。市场细分化对于企业来讲,具有以下作用与意义。

1.有利于企业发现新的市场营销机会

市场机会,是指市场上客观存在的、尚未被满足的或未能得到充分满足的消费需求。这种纯粹意义上的市场机会是绝对存在的,就看企业如何去发掘它。做营销调查是一种不错的手段。

2.有利于企业制定及采用最佳的营销方案,更有效地开展营销活动

市场细分化,可以帮助企业明确自己在市场分配中的地位,哪些是企业有把握做的,根据实际情况制定营销方案,更有针对性地开展营销活动。

3.有利于提高企业的经济效益

把目标市场瞄得很准,集中力量发挥企业的长处,避免短处,集中使用有限的资源,有的放矢地针对目标市场,不仅可以降低成本,也可以提高竞争力,因此,可以取得可观的收益。

4.有利于满足消费者不断变化的各种消费需要

如果企业的产品都能具有相当大的针对性,并在此基础上不断挖掘创新,肯定能更好地满足消费者不断变化的各种需要,也能跟上时代发展与变化的要求。

(二)市场机会的选择

1.环境机会与公司机会

环境机会是指环境变化中需求变化带来的机会。环境机会对不同的企业来说,并不一定都是最佳机会,只有环境机会中符合企业目标与能力,能发挥企业优势的市场机会,才是公司机会。

2.潜在的市场机会与表面的市场机会

表面的市场机会企业容易寻找和识别。由于市场机会明显,能抓住机会的市场经营者也多,一旦超过了市场容量,这一机会不能为企业创造机会效益。潜在的市场机会由于识别与寻找的难度大,一旦抓住了这种机会,机会效益比较高。因此,企业如何去发现、寻找和识别隐藏在某种需求背后的东西,对消费者本质的认识,是辨认这种市场机会的有效方法。

3.行业市场机会与边缘市场机会

行业市场机会是指出现在本企业所经营领域的市场机会;边缘市场机会是指在不同行业之间的交叉与结合部分出现的市场机会。行业市场机会在行业内部会遇到同业间的激烈竞争而失去或减弱机会利益;边缘市场机会往往是企业容易忽略的地方。在这些区域,消费者的需要往往不能得到充分的满足,甚至还会出现一些新的需求。企业要重视边缘市场机会的开掘。

4.目前市场机会与未来市场机会

目前市场机会与未来市场机会两者之间并没有严格的界限,区别只在于时间的先后顺序和从可能转变为现实的客观条件是否具备。因此,企业需在取得大量数据资料基础上分析预测,随时注意观察环境变化的趋势,经常修改不合实际的预测,提高未来市场机会转化为现实市场机会的概率。

(三)市场细分的条件与标准

1.市场细分的条件

(1)可衡量性。它是指用以细分市场的变数是可以衡量的,或者说为了将购买者分门别类地划分为不同的群体,公司必须能对购买者的特点和需求予以衡量。

(2)足量性。它是指细分市场的大小和利润值得单独营销的程度,即划分出来的细分市场必须是值得采取单独营销方案的最小单位。

(3)可接近性。它是指企业对细分出来的市场能进行有效促销和分销的程度,或获得该细分市场有关资料的难易程度。

(4)独特性。它是指细分出来的市场必须对市场营销计划有独特的反应,即用某种特定方法细分出来的各个细分市场,其成员对市场营销计划的反应必须是不同的。

2.市场细分的标准

消费品市场的细分标准,因企业不同而各具特色。但是有一些标准是共同的,即地理环境、人口状态、消费心理及行为因素等四个方面,各个方面又包括一系列的细分因素。

(1)地理环境。以地理环境为标准细分市场,就是按消费者所在的不同地理位置将市场加以划分,是大多数企业采取的主要标准之一。这是因为,这一因素相对其他因素表现得较为稳定,也较容易分析。地理环境主要包括区域、地形、气候、城镇大小、交通条件等。由于不同地理环境、气候条件、社会风俗等因素影响,同一地区内的消费者需求具有一定的相似性,不同地区的消费者需求则具有明显的差异。按照国家、地区、南方北方、城市农村、沿海内地、热带寒带等标准来细分市场是必需的。但是,地理环境是一种静态因素,处在同一地理位置的消费者仍然会存在很大的差异。因此,企业还必须采取其他因素进一步细分市场。

(2)人口状态。这是市场划分惯用的和最主要的标准,它与消费需求以及许多产品的销售有着密切联系,而且这些因素又往往容易被辨认和衡量。

(3)消费心理。在地理环境和人口状态相同的条件下,消费者之间存在着截然不同的消费习惯和特点,这往往是消费者的不同消费心理的差异所导致的。尤其是在比较富裕的社会中,顾客购物已不限于满足基本生活需要,因而消费心理对市场需求的影响更大。所以,消费心理也就成为市场细分的又一重要标准。其中包括:

①生活方式。生活方式是人们对消费、工作和娱乐的特定习惯。由于人们生活方式不同,消费倾向及需求的商品也不一样。如美国一家服装公司把妇女分为"朴素型"

（喜欢大方、清淡、素雅的服装），"时髦型"（追求时尚、新潮、前卫），"有男子气质型"等三种类型，分别为她们设计制造出不同式样和颜色的服装。

②性格。不同性格购买者在消费需求上有不同特点。

不少企业常常使用性格变量来细分市场，他们给自己的产品赋予品牌个性，以适合相应消费者个性。

③品牌忠诚程度。消费者对企业和产品品牌的忠诚程度，也可以作为细分市场的依据，企业借这一划分可采取不同的营销对策。

（4）行为因素。行为因素是细分市场的重要标准，特别是在商品经济发达阶段和广大消费者的收入水平提高的条件下，这一细分标准越来越显示其重要地位。不过，这一标准比其他标准要复杂得多，而且也难掌握。

①购买习惯。即使在地理环境、人口状态等条件相同的情况下，由于购买习惯不同，仍可以细分出不同的消费群体。如购买时间习惯标准，就是根据消费者产生需要购买或使用产品的时间来细分市场的。如新学期开学前学习用品热销，春节前副食品销售达到高峰，重阳节前各类保健食品吃紧。又如购买地点习惯，一般日用品人们愿意去超市、便利店购买，高档商品则去大店、名店挑选，这就为各类零售企业市场定位提供了依据。

②寻找利益。消费者购买商品所要寻找的利益往往是各有侧重的，据此可以对同一市场进行细分。一般地说，运用利益细分法，首先必须了解消费者购买某种产品所寻找的主要利益是什么；其次要了解寻求某种利益的消费者是哪些人；再者要调查市场上的竞争品牌各适合哪些利益，以及哪些利益还没有得到满足。通过上述分析，企业能更明确市场竞争格局，挖掘新的市场机会。

（四）市场细分的步骤

（1）选择某种产品所形成的市场作为市场细分的对象。将要被细分的市场应该是企业正在生产经营或将要生产经营的产品所形成的市场。

（2）列举现实和潜在消费者的基本需求。可以通过"头脑风暴法"，列举已选为市场细分对象的某种产品所形成的市场中的现实和潜在消费者的基本需求。

（3）分析现实和潜在消费者的不同需求。根据人口变数做抽样调查，向不同的现实和潜在消费者了解哪些需求对他们更为重要，这样就会导致细分市场的出现。

（4）移去现实和潜在消费者的共同需求。市场细分标准考虑的是个性问题。共同需求固然重要，但不能作为市场细分的基础。

（5）选择市场细分的标准。根据消费者对某种产品的需求差异特点，选择一个或两个以上的变量作为市场细分的标准。

（6）审查市场细分标准。检查各个细分市场符合细分标准的情况，以便对各种细分市场进行必要的合并或分解，形成各具特色的并能产生规模效益的细分市场。

（7）测量各细分市场的市场容量。就是对市场规模和性质、市场变数等综合起来加以分析,明确市场容量的大小。因为市场容量过于小的话,市场细分是没有什么实际意义的。

（8）撰写市场细分研究报告或市场营销分析报告。这是对研究结果的总结性环节。

三、目标市场营销模式

目标市场,是指企业在市场细分的基础上,根据市场增量、竞争对手状况、企业自身特点所选定和进入的市场。作为企业的目标市场应具备这样几个条件:有足够的市场需求,市场上有一定的购买力;企业必须有能力满足目标市场的需求;在被选择的目标市场上,本企业具有竞争优势。

(一)企业目标市场选择

在企业市场营销活动中,企业必须选择和确定目标市场。这是因为,首先,选择和确定目标市场,明确企业的具体服务对象,关系到企业市场营销战略目标的落实,是企业制定市场营销战略的首要内容和基本出发点;其次,对于企业来说,并非所有的细分市场都具有同等吸引力,都有利可图,只有那些和企业资源条件相适应的细分市场对企业才具有较强的吸引力,是企业的最佳细分市场。

1.确定目标市场

确定目标市场,就是对企业有吸引力的、有可能成为企业目标市场的细分市场进行分析和评估,然后根据企业的市场营销战略目标和资源条件,选择企业最佳的细分市场。确定目标市场,应从下列四个方面分析和评估细分市场。

（1）细分市场的规模及成长潜力。企业必须考虑的第一个问题是潜在的细分市场是否具有适度规模和成长潜力。"适度规模"是个相对的概念,大企业往往重视销售量大的细分市场,而小企业往往也应避免进入大的细分市场,转而重视销售量小的细分市场。细分市场的规模衡量指标,是细分市场上某一时期内,现实消费者购买某种产品的数量总额;细分市场成长潜力的衡量指标,是细分市场上在某一时期内,全部潜在消费者对某种产品的需求总量。这就要求企业首先要调查细分市场的现实消费者数量及购买力水平,其次要调查细分市场潜在消费者数量及购买力水平。

（2）细分市场的吸引力。细分市场可能具有适度规模和成长潜力,然而从长期盈利的观点来看,细分市场未必具有长期吸引力。细分市场吸引力的衡量指标是成本和利润。美国市场营销学家迈克尔波特认为有五种群体力量影响整个市场或其中任何细分市场。企业应对这五种群体力量对长期盈利能力的影响做出评价。这五种群体力量是:同行业竞争者、潜在的新参加的竞争者、替代产品、购买者和供应商议价能力。细分市场内激烈竞争、潜在的新参加的竞争者的加入、替代产品的出现、购买者议价能力的提高、供应商议价能力的加强都有可能对细分市场造成威胁,失去吸引力。

（3）企业的市场营销战略目标和资源。细分市场可能具有适度规模和成长潜力，而且细分市场也具有长期的吸引力。然而，企业必须结合其市场营销战略目标和资源来综合评估。某些细分市场虽然有较大的吸引力，但不符合企业长远的市场营销战略目标，不能推动企业实现市场营销战略目标，甚至会分散企业的精力，阻止企业实现市场营销战略目标，因此，企业不得不放弃。细分市场可能也符合企业长远的市场营销战略目标，企业必须对企业资源条件进行评估，必须考虑企业是否具备在细分市场所必需的资源条件。如果企业在细分市场缺乏必要的资源，并且缺乏获得必要资源的能力，企业就要放弃这个细分市场。如果企业确实能在该细分市场取得成功，它也需要发挥其经营优势，以压倒竞争者。如果企业无法在细分市场创造某种形式的优势地位，它就不应贸然进入。

2.确定目标市场的原则

企业在确定目标市场时，应遵循以下四个原则：

（1）产品、市场和技术三者密切关联。企业所选择的目标市场，企业的技术特长，生产符合目标市场需求的产品。

（2）遵循企业既定的发展方向。即目标市场的选择应根据企业市场营销战略目标的发展方向来确定。

（3）发挥企业的竞争优势。即应当选择能够突出和发挥企业特长的细分市场作为目标市场，这样才能利用企业相对竞争优势，在竞争中处于有利的地位。

（4）取得相乘效果。即新确定的目标市场不能对企业原有的产品带来消极的影响。新、老产品要能互相促进，实现同时扩大销售量和提高市场占有率的目的，从而使企业所拥有的人才、技术、资金等资源都能有效地加以利用，使企业获得更好的经济效益。

企业通过对不同细分市场的评估，就可确定一个或几个细分市场为其目标市场，即确定企业目标市场策略。

（二）企业目标市场营销策略

根据各个细分市场的独特性和企业自身的目标，共有三种目标市场策略可供选择。

1.无差异市场营销策略

无差异市场营销策略，是指公司只推出一种产品，或只用一套市场营销办法来招徕顾客。当公司断定各个细分市场之间很少差异时，可考虑采用这种大量市场营销策略。无差异市场营销策略适用于少数消费者需求同质的产品；消费者需求广泛，能够大量生产、大量销售的产品；以探求消费者购买情况的新产品、某些具有特殊专利的产品。采用无差异市场营销策略的企业，一般具有大规模、单一、连续的生产线，拥有广泛或大众化的分销渠道，并能开展强有力的促销活动，投放大量的广告和进行统一的宣传。

无差异市场营销策略的优点是，有利于标准化和大规模生产，有利于降低单位产品的成本费用，获得较好的规模效益。因为只设计一种产品，产品容易标准化，能够大批量地生产和储运,可以节省产品生产、储存、运输、广告宣传等费用;不搞市场细分,也相应减少了市场调研、制定多种市场营销组合策略所要消耗的费用。

无差异市场营销策略的缺点是,不能满足消费者需求的多样性,不能满足其他较小的细分市场的消费者需求,不能适应多变的市场形势。因此,在现代市场营销实践中,无差异市场营销策略只有少数企业才采用,而且对于一个企业来说,一般也不宜长期采用。

2.差异性市场营销策略

差异性市场营销策略,是指公司根据各个细分市场的特点,相应扩大某些产品的花色、式样和品种,或制定不同的营销计划和办法,以充分适应不同消费者的不同需求,吸引各种不同的购买者,从而扩大各种产品的销售量。差异性市场营销策略适用于大多数异质的产品。采用差异市场营销策略的企业一般是大企业,有一部分企业,尤其是小企业无力采用。因为,采用差异市场营销策略必然受到企业资源和条件的限制。较为雄厚的财力、较强的技术力量和素质较高的管理人员,是实行差异市场营销策略的必要条件。而且随着产品品种的增加,分销渠道的多样化,以及市场调研和广告宣传活动的扩大与复杂化,生产成本和各种费用必然大幅度增加,需大量资源作为依托。

差异性市场营销策略的优点是:在产品设计或宣传推销上能有的放矢,分别满足不同地区消费者的需求;可增加产品的总销售量,减少经营风险,提高市场占有率;同时可使公司在细分小市场上占有优势,从而提高企业的经营效果,在消费者中树立良好的公司形象。

差异性市场营销策略的缺点是,会增加各种费用,如增加产品改良成本、制造成本、管理费用、储存费用。

3.密集性(集中性)市场营销策略

密集性(集中性)市场营销策略,是指公司将一切市场营销努力集中于一个或少数几个有利的细分市场,实行专业化生产和经营。密集性市场营销策略主要适用于资源有限的中小企业或是初次进入新市场的大企业。中小企业由于资源有限,无力在整体市场或多个细分市场上与大企业展开竞争,而在大企业未予注意或不愿顾及而自己又力所能及的某个细分市场上全力以赴,则往往容易取得成功。实行集中市场营销策略是中小企业变劣势为优势的最佳选择。

密集性市场营销策略的优点,是目标市场集中,有助于企业更深入地注意、了解目标市场的消费者需求,使产品适销对路,有助于提高企业和产品在市场上的知名度。集中市场营销策略还有利于企业集中资源,节约生产成本和各种费用,增加盈利,取得良好的经济效益。

密集性市场营销策略的缺点,是企业潜伏着较大的经营风险。由于目标市场集中,一旦市场出现诸如较强大的竞争者加入、消费者需求的突然变化等,企业就有可能因承受不了短时间的竞争压力,而立即陷入困境。因此,采用集中市场营销策略的企业,要随时密切关注市场动向,充分考虑企业对未来可能意外情况下的各种对策和应急措施。

上述三种目标市场策略各有优缺点,企业要采取哪种目标市场营销策略,取决于影响目标市场策略选择的各种因素。

(三)影响企业目标市场策略选择的因素

企业选择目标市场营销策略应考虑这样几个方面的因素:企业实力、商品性质、市场性质、商品市场生命周期、竞争状况等。

1.企业实力

如果企业实力较强,可根据产品的不同特性选择采用差异市场营销策略或无差异市场营销策略;如果企业实力较弱,无力顾及整体市场或多个细分市场,则可选择采用集中市场营销策略。

2.商品性质

这里的产品性质是指产品是否同质,即产品在性能、特点等方面差异性的大小。如果企业生产同质产品,可选择采用无差异市场营销策略;如果企业生产异质产品,则可选择采用差异市场营销策略或集中市场营销策略。

3.市场性质

这里的市场性质是指市场是否同质,即市场上消费者需求差异性的大小。如果市场是同质的,即消费者需求差异性不大,消费者购买行为基本相同,企业则可选择采用无差异市场营销策略;反之,企业则可选择采用差异市场营销策略或集中市场营销策略。

4.商品市场生命周期

处在投入期和成长期初期的新产品,由于竞争者少,品种比较单一,市场营销的重点主要是探求市场需求和潜在消费者,企业可选择采用无差异市场营销策略;当产品进入成长期后期和成熟期时,由于市场竞争激烈,消费者需求差异性日益增大,为了开拓新的市场,扩大销售,企业可选择采用差异市场营销策略或集中性市场营销策略或保持原有市场,延长产品市场生命周期。

5.企业的市场营销战略目标和资源

企业的目标市场策略应当与竞争对手的目标市场策略不同。如果竞争对手强大并采取无差异市场营销策略,则企业应选择差异性市场营销策略或密集性市场营销策略,以提高产品的市场竞争能力;如果竞争对手与自身实力相当或面对实力较弱的竞争对手,企业则可选择采用与之相同的目标市场策略;如果竞争对手都采用差异市场营销策略,企业则应进一步细分市场,实行更有效、更深入的差异市场营销策略或集中市场营销策略。

企业选择目标市场营销策略时,应综合考虑以上影响目标市场策略选择的因素,权衡利弊,综合决策。目标市场营销策略应保持相对稳定,但当市场营销环境发生重大改变时,企业应当及时改变目标市场策略。竞争对手之间没有完全相同的目标市场策略,企业也没有一成不变的目标市场策略。

(四)企业目标市场定位

1. 企业目标市场定位的含义

企业目标市场定位,是指企业根据所选定目标市场的竞争状况和自身条件,确定企业和产品在目标市场上特色、形象和位置的过程。市场定位的意义在于:

(1)市场定位就是根据所选定目标市场上的竞争者产品所处的位置和企业自身条件,从各方面为企业和产品创造一定的特色,塑造并树立一定的市场形象,以求在目标顾客心目中形成一种特殊的偏爱。这种特色和形象可以通过产品实体方面体现出来,如形状、构造、成分等,也可以从消费者心理上反映出来,如舒服、典雅、豪华、朴素、时髦等,或者由两个方面共同作用而表现出来,如价廉、优质、服务周到、技术先进等。

(2)市场定位,实际上是在已有市场细分和目标市场选择的基础上深一层次的细分和选择,即从产品特征出发对目标市场进行进一步细分,进而在按消费者需求确定的目标市场内再选择企业的目标市场。

(3)市场定位主要指本企业产品在目标市场的地位,研究的是以怎样的姿态进入目标市场,所以又叫产品定位。同时,定位就是要设法建立一种竞争优势,所以,市场定位又叫竞争定位。

2. 目标市场定位策略

(1)差异性定位策略。企业一旦选定了目标市场,就要在目标市场上为其产品确定一个适当的市场位置和特殊印象。但在实际营销中,我们经常会发现这样一种情况,即在同一市场上出现许多相同的产品,这些产品往往很难给顾客留下深刻的印象。因此,企业要使产品获得稳定的销路,就应该使其与众不同、创出特色,从而获得一种竞争优势。差异性有以下几个方面的内容。

①产品实体差异化。产品实体差异化包括产品特色、产品质量、产品式样等方面。

②服务差异化。当实体产品不易与竞争产品相区别时,竞争制胜的关键往往取决于服务。服务差异化包括送货、安装、用户培训、咨询、维修等方面。送货必须准时、安全,这似乎已成为一个常识,但在实际活动中真正坚持做到这一点的企业并不多,而购买者往往选择那些能准时送货的供应商,设备买主常常希望获得良好的安装服务。随着产品本身在技术方面越来越复杂,其销售也越来越依赖于质量和附带的服务,正是由于这样考虑,许多公司对服务的重视程度并不亚于对产品质量的重视。

不同行业的服务有不同的内容,也有不同的重点。因而企业应首先对服务事项进行排列,进而确定重点选择。

在确定了服务事项后,根据顾客的需求、企业自身特点以及竞争对手策略,来确定服务差异性定位。

③形象差异化。即使产品实体和服务都与竞争企业十分相似,顾客依然可能接受一种企业产品形象的差异化。如大多数香烟味道差不多,万宝路烟借助其"西部牛仔"形象夺得一定的市场份额。

企业在实施差异性定位过程中,应注意以下几点:

从顾客价值提升角度来定位。产品差异化的基础是消费需求的差异化,顾客也因此为各种产品或服务所吸引。消费需求是产品差异化的前提,没有前者也就没有后者,企业不能为了差异化而差异化,每一个差异化定位首先要考虑消费者是否认可,是否使用本企业产品所获得的价值高于其他产品。

从同类企业特点的差异性来定位。同行企业中每个企业都有它的特殊性,当一个企业特点是其他企业所不具备的,这一差异性即可成为定位的依据,如我们轿车很多,但为什么市场占有率会有这样大的反差?上汽为什么能独占鳌头?关键是上汽有一个全国性的销售网络和服务网络,因而,"便利"就成为上汽公司产品定位的要点之一。

差异化应该是可以沟通的,是顾客能够感受到的,是有能力购买的。否则,任何差异性都是没有意义的。差异性不能太多,当某一产品强调特色过多,反而失去特色,也不易引起顾客认同。

(2)重新定位策略。①因产品变化而重新定位。这是因产品进行了改良或产品发现了新用途,为改变顾客心目中原有的产品形象而采取的再次定位。

因产品变化而重新定位。有的产品由于市场竞争等原因,不断地否定自己,又不断地对产品进行改良。当改良产品出现后,其形象、特色等定位也随之改变。

因产品发现新功能而重新定位。许多产品在投入使用过程中会超出发明者当初的设想而发现一些新用途,为了完善产品的形象,扩大市场,产品需要重新定位。

②因市场需求变化而重新定位。由于时代及社会条件的变化以及顾客需求的变化,产品定位也需要重新考虑。如人们生活富裕了,要养生,要保健减肥,因而希望食品中糖分尽量少些。某一品牌奶粉在20世纪50~60年代针对消费者喜爱强调含糖分,进入80年代则强调不含糖分,正好迎合人们"只要健康不要胖"的心理。

③因扩展市场而重新定位。市场定位常因竞争双方状态变化、市场扩展等而变化。美国约翰逊公司生产的一种洗发剂,由于不含碱性,不会刺激皮肤和眼睛,市场定位于"婴幼儿的洗发剂"。后来,随着美国人口出生率的降低,婴幼儿市场日趋缩小,该公司改变定位,强调这种洗发剂能使头发柔软,富有色泽,没有刺激性。

(3)比附定位策略。比附定位是处于市场第二位、第三位产品使用的一种定位方法。当市场竞争对手已稳坐领先者交椅时,与其撞得头破血流,不如把自己的产品比附于领先者,以守为攻。

四、企业市场营销组合策略

（一）企业市场营销组合概述

企业市场营销组合，是指企业针对目标市场综合运用各种可能的市场营销策略，优化组合成一个系统化的整体营销策略，以实现企业的经营目标，取得最佳的经济效益。企业市场营销组合大致可分为四组变量：即"4P"——产品（Product）、价格（Price）、渠道（Place）和促销（Promotion）。"4P"的精华在于"4P"必须协调与动态调整，并使企业具有较强的动态控制能力，而且不同的企业应当有不同的营销组合方案。

在现代市场经济条件下，传统的企业"4P"组合策略有了新的变化。首先，由于电子商务等的出现，地域和范围的概念已失去原有的意义；其次，企业的宣传和销售渠道已有了统一到互联网上的趋势；第三，企业在剔除了商业成本后，产品的价格将大幅度降低等；第四，企业的营销活动已不再是单纯的产品供应，而是要满足顾客的欲望和需求；第五，研究顾客的目的不是单纯地制定价格策略，而是研究顾客为满足自己的需要所愿意负担的成本；第六，企业考虑营销渠道的目的，不是单纯地考虑渠道本身，而是如何方便顾客的购买；第七，企业不再简单地向顾客促销商品，而是与顾客进行双向沟通。于是，企业市场营销策略就由"4P"策略向"4C"策略转变。

（二）市场营销组合的内容

1."4P"组合策略

"4P"组合策略，包括四个基本策略，分别是：产品策略、价格策略、渠道策略和促销策略。

（1）产品组合策略。从市场营销学的意义上讲，产品的本质是一种满足消费者需求的载体，或是一种能使消费者需求得以满足的手段。由于消费者需求满足方式的多样性，产品由实体和服务构成，即产品＝实体＋服务。而且市场营销强调的是产品的整体概念，即消费需求的不断扩展和变化使产品的内涵和外延不断扩大。从内涵看，产品从有形实物产品扩大到服务、人员、地点、组织和观念；从外延上看，产品从实质产品向形式产品、附加产品拓展。为此，我们应以发展的眼光，联系消费者需求和企业间的产品竞争，从整体上对产品进行研究，这就是营销学提出的产品的整体概念。

①实质产品，即向消费者提供产品的基本效用和性能，是指消费者需求核心部分，是产品整体概念中最主要的内容。消费者购买产品，并不是为了获得产品本身，而是为了获得满足自身某种需要的效用和利益。企业的产品生产或营销经营活动，首先考虑能为消费者提供哪些效用和功能，并且着眼于产品的这些基本效用和性能上。

②形式产品。是指产品的本体，是核心产品借以实现的各种具体产品形式，即向市场提供的产品实体的外观。而外观是指产品出现于市场时，可以为消费者识别的面貌，它一般由产品的质量、特色、品牌、商标、包装等有形因素构成。企业在产品设计时，应

着眼于消费者所追求的基本利益,同时市场营销人员也要重视如何以独特的形式将这种利益呈现给消费者。因为形式产品的各种有形因素虽然不全部都直接进入产品的使用过程,但也间接影响消费者对产品的满足程度和评价。

③附加产品。是指消费者购买产品时随同产品所获得的全部附加服务与利益,它包括提供信贷、免费送货、安装调试、保养、包换、售后服务等。附加产品是产品整体概念中的一部分,是因为消费者购买产品就是为了需要得到满足,即希望得到满足其需求的一切东西。在现代市场经济中,特别在同类或同质产品中,附加产品有利于引导、启发、刺激消费者购买、重复购买和增加购买量。正如美国学者西奥多·莱维特指出的:"新的竞争不是发生在各个公司的工厂生产什么产品,而是发生在其产品能提供何种附加利益,如包装、服务、广告、顾客咨询、融资、送货、仓储以及具有其他价值的形式。"由此可见,企业要增强竞争优势,应着眼于比对手提供更多的附加产品。实质产品、形式产品和附加产品作为产品的三个层次,构成产品整体概念,是不可分割的一个整体。其中,核心产品是实质,是根本,它必须转化为形式产品才能得以实现;在提供产品的同时,还要提供广泛的服务和附加利益,形成附加产品,提高企业的竞争力。产品的整体概念这一原理告诉我们,没有需求就没有产品,通过对产品整体概念三个层次的内容进行不同的组合,可以满足不同消费者对同一产品的差异性的需求。消费者对产品质量的评价是从产品整体概念的角度进行的,因而不同企业产品质量的竞争实质上是产品整体概念的竞争。

产品组合策略(Product Mix Decisions),是指一个企业所能提供给消费者的全部产品大类(产品线)和产品项目的组合,或叫做产品的各种花色品种的配备。产品大类(Product Line),又称产品线,是指密切相关的一组产品,因为这些产品以类似的方式发挥功能,售予同类顾客群,通过同一种的渠道出售,售价在一定的幅度内变动。一个企业的产品组合具有一定的宽度(width)、长度(Length)、深度(Depth)和关联性(Consistency)。宽度是指一个企业有多少产品大类(产品线);长度是指一个企业的所有产品线中所包含的产品项目的总和;深度指产品线中每种产品所提供的花色品种规格的多少;关联性指一个企业的各个产品线在最终使用、生产条件、分销渠道或其他方面的相关联的程度。

企业可以从四个方面去发展自己的业务:①宽度:增加新的产品线,拓宽产品组合,新的产品线可以利用公司过去的声誉;②长度:延伸现有产品线,使企业产品线更加充实;③深度:增加产品的款式,从而增加公司产品组合的深度;④关联性:加强(或削弱)产品线的关联性,这主要看公司的重点是在一个领域还是多个领域。

(2)价格组合策略。马克思经济学把价格定义为商品价格是商品价值的货币表现形式。西方经济学认为均衡价格是需求等于供给时的价格,是需求曲线与供应曲线相交点所在的价格。但无论对价格如何定义,在现在激烈的市场竞争中,定价策略是企业争夺市场的一个重要武器,是企业营销组合策略的重要组成部分。在"4P"中,价格是唯

一产生收入的因素,其他"3P"只表现为成本。现将定价的基本策略介绍如下:

①新产品的定价策略。

a.市场撇脂定价法,是指在产品生命周期的最初阶段,把产品的价格定得很高,以获取最大利润。这种定价方法适用于市场有足够的购买者,他们的需求缺乏弹性,即使把价格定得很高,市场需求也不会大量减少。其优点在于高价带来的利益可弥补成本,高价经营没有竞争者,会产生产品是高档品的印象。

b.市场渗透定价法,是指把创新产品的价格定得相对较低,以吸引大量顾客,提高市场占有率。渗透策略的优点是可以占有比较大的市场份额,通过提高销售量来获得企业利润,也较容易得到销售渠道成员的支持。同时,低价低利对阻止竞争对手的介入有很大的屏障作用。其不利之处在于定价过低,一旦市场占有率扩展缓慢,收回成本速度也慢。有时低价还容易使消费者怀疑商品的质量保证。

c.满意定价法,这是一种介于撇脂定价和渗透定价之间的折衷定价策略,其新产品的价格水平适中,同时兼顾生产企业、购买者和中间商的利益,能较好地得到各方面的接受。这种定价策略既能保证企业获得合理的利润,又能兼顾中间商的利益,还能为消费者所接受。这种价格策略的优点在于:满意价格对企业和顾客都是较为合理公平的,由于价格比较稳定,在正常情况下盈利目标可按期实现。其缺点是:价格比较保守,不适于竞争激烈或复杂多变的市场环境。这一策略适用于需求价格弹性较小的商品,包括重要的生产资料和生活必需品。

②产品组合定价策略。产品系列定价,即在产品系列的产品间,设立系列价格差别;备选产品定价,即为与主体产品一起售出的备选产品和附加产品定价;附属产品定价,即为必须与主体产品一起使用的产品定价;副产品定价,为副产品制定低价,以便售出;成组产品定价,为成组销售的产品定价。

③产品价格调整的策略。企业为产品定出基本价格后,在营销过程中还需要根据市场供求情况、服务对象和交易条件等因素的变动,调整价格,以适应不同消费者和变化着的形势。其策略有:

折扣和折让定价,即对消费者提前付款或响应促销等行为给予回报,降低价格;现金折扣,这是企业给那些当场付清货款顾客的一种减价措施;数量折扣,这是企业给那些大量购买某种产品的顾客的一种减价措施;功能折扣,也叫贸易折扣,是企业给某些批发商或零售商的一种额外折扣;季节折扣,是公司给那些购买过季商品或服务的顾客的一种减价;折让,这是另一种类型的价目表的减价(以旧换新折让)。

④心理定价策略。声望定价,是指企业利用消费者仰慕名牌或名店的声望所产生的某种心理来制定商品的价格,故意把价格定成整数或高价;尾数定价又称奇数定价,即利用消费者对数字认识的某种心理制定尾数价格,使消费者产生价格比较低廉且信任的感觉;招徕定价,即利用部分顾客求廉的心理特意将某几种商品的价格定得较低以

吸引顾客;参照定价,就是当购买者观察一个产品的时候,脑子里所想的价格。

(3)渠道组合策略。渠道,是指某种货物和劳务从生产者向消费者转移时取得这种货物和劳务的所有权或帮助转移其所有权的所有企业和个人。作为商品的提供者和接收者,生产企业和消费者分别处于分销渠道的两个端点。

确定渠道模式,即决策渠道的长度。首先要根据影响渠道的主要因素,决定采取什么类型的营销渠道,是派销售人员上门推销或自设销售商店的短渠道,还是选择通过中间商的长渠道,以及通过什么规模和类型的中间商,渠道选择模式首先要确定渠道的长度。一般认为,生产者—批发商—零售商—消费者(包含两个中间层次)的模式,是比较典型的市场营销渠道类型。当然,营销渠道的长与短只是相对而言,因为随着营销渠道长短的变化,其产品既定的营销职能不会增加或减少,而只能在参与流通过程的机构之间转移或替代。通常选择中间商的策略有:

①密集分销策略。实施这一策略的企业尽可能多地通过批发商、零售商销售其产品,使渠道尽可能加宽。密集分销策略的主要目标是扩大市场覆盖面,使消费者和用户可以随时随地买到商品。

②独家分销策略。实施此策略的企业在一定区域仅通过一家中间商经销或代销,通常双方协商签订独家经销合同,独家经销公司在享有该产品经销的特权下,其经营具有排他性,制造商规定经销商不得经营竞争产品。独家经销是一种最极端的形式,是最窄的分销渠道,通常是对某些技术强的耐用消费品、名牌商品及专利产品适用。独家经销对生产者的好处是有利于控制中间商,提高中间商的经营水平,加强产品形象,并可获得较高的利润率。

③选择性经销策略。这是介于密集分销和独家分销之间的销售形式,即生产厂家在某一销售区域精选几家最合适的中间商销售公司的产品。这种策略的特点是:比独家经销面宽,有利于开拓市场,展开竞争;比密集分销面窄,有助于厂商对中间商进行控制和管理,同时还可以有效地节省营销费用。这一策略的重点在于着眼稳固企业的市场竞争地位,维护产品在该地区的良好声誉。同时,促使中间商之间彼此了解,相互竞争,能够使被选中的中间商努力提高销售水平。

(4)促销组合策略。促销,是指公司利用各种有效的方法和手段,使消费者了解和注意企业的产品,激发消费者的购买欲望,并促使其实现最终的购买行为。促销实质上是企业与消费者之间的信息沟通活动,通过这种沟通消费者最终认可了企业的产品,而企业则销售了它们的产品。常用的促销方式有:人员推销、广告、销售促进(营业推广)和公共关系。促销可以分为"推"和"拉"两种策略:

①推式策略,就是企业把产品推销给中间商,中间商再把产品推销给零售商,最后零售商把产品推销给消费者。这种方式中,促销信息流向和产品流向是同方向的。因而人员推销和营业推广可以认为是"推"的方式。采用"推"的方式的企业,要针对不同

的产品、不同的对象,采用不同的方法。

②拉式策略,就是企业不直接向中间商和零售商做广告,而是直接向广大顾客做广告。把顾客的消费欲望刺激到足够的强度,顾客就会主动找零售商购买这些产品。购买这些产品的顾客多了,零售商就会去找中间商。中间商觉得有利可图,就会去找生产企业订货。采用"拉"的方式,促销信息流向和产品流向是反向的。其优点就是能够直接得到顾客的支持,不需要去讨好中间商,在与中间商的关系中占有主动。但采用"拉"的方式,需要注意中间商(主要是零售商)是否有足够的库存能力和良好的信誉及经营能力。

推式策略和拉式策略都包含了企业与消费者双方的能动作用。但前者的重心在推动,着重强调了企业的能动性,表明消费需求是可以通过企业的积极促销而被激发和创造的;而后者的重心在拉引,着重强调了消费者的能动性,表明消费需求是决定生产的基本原因。企业的促销活动,必须顺乎消费需求,符合购买指向,才能取得事半功倍的效果。许多企业在促销实践中,都结合具体情况采取"推""拉"组合的方式,既各有侧重,又相互配合。

2."4C"组合策略

1990年,美国北卡罗莱纳大学教授劳特鹏在《广告时代》杂志上发表的文章中,提出用"4C"取代传统的"4P"论的观点,"4C"的含义为:消费者(Customer)需求,是指企业要生产消费者所需要的产品而不是买自己所能制造的产品;消费者愿意付出的成本(Cost),是指企业定价不是根据品牌策略而是要研究消费者的收入状况、消费习惯以及同类产品的市场价位;为消费者所提供的方便(Convenience),是指销售的过程在于如何使消费者快速便捷地买到该产品,由此产生送货上门、电话订货、电视购物等新的销售行为;与消费者的沟通(Communication),是指消费者不只是单纯的受众,其本身也是新的传播者,必须实现企业与消费者的双向沟通,以谋求与消费者建立长久不散的关系。"4C"理论认为:

(1)产品与顾客是对应的。产品,是营销中"销"的对象,现已开始意识到顾客所要购买的不是产品,而是产品所能带给他的好处。"4C"中第一项是顾客,是"4C"的核心所在。

(2)价格与成本是对应的。价格这一因素为成本所代替,是因为大家逐渐认识到价格的最根本因素在于成本。如果降低成本,利润会更多,而营销就是通过做生意,追求利润的最大化。如果对产品定位越准确,其成本会越低。一般应进行:消费群体定位、产品定位、价格定位、市场定位和广告定位。如果这五点定位能做好,产品本身的成本就可以降到较低的一种水平。

(3)渠道与便利性是对应的。"4P"中渠道主要还只是简单地想知道消费者得到信息的渠道从而加强广告宣传。"4C"中升级为便利性,主要考虑消费者得到信息和产品的便利性。此信息包括我们所说的广告定位。广告定位得越好,设想中的理想消费群体便可以最快的速度、最便利的方式获得想要得到的信息。

(4)促销与沟通是对应的。沟通可以说是对"4P"中促销的延续,或是说提升。沟通的要点在于互动性,如果没有很好的互动性,便只是最简单的推销,而且也只是单方面的,而不是双向互动的。现在将沟通列为四因素之一,主要关注的是消费群体的忠诚度和品牌的核心竞争力。所以说从促销到沟通,主要是对买卖双方互动,而互动也将是未来发展的必然方向。

五、市场营销理论的新发展

21世纪是市场营销发展史上具有划时代意义的年代,新的营销理论、方法、技术不断涌现,特别是Internet技术在市场营销领域的应用使市场营销理论有了新的发展。表现为:从关注盈利性交易向关注顾客终身价值转变;从以企业价值最大化为目标向以顾客满意为目标转变;从传统的依靠单一营销向整合营销转变;从提供标准化服务向提供定制化服务转变;从营销人员从事营销向公司里人人关注营销转变等。同时也提出了一些新的市场营销概念。简要介绍如下。

1.顾客让渡价值

顾客让渡价值,是指顾客总价值与顾客总成本之间的差额。其中,顾客总价值是指顾客购买某一产品与服务所期望获得的一组利益。它主要包括:产品价值、服务价值、人员价值、形象价值。顾客总成本是指顾客在购买某种产品或接受某种服务时的总支出,顾客总成本主要由以下成本构成:货币成本、时间成本、精神成本、体力成本。

顾客在购买过程中首选那些顾客让渡价值最大的商品或服务。企业在以顾客让渡价值为理念开展市场营销工作的过程中,应当注意以下几点:

第一,顾客是把购买总价值和总成本的各个要素作为整体看待的,其中的某一项价值最大或成本最低不一定能吸引顾客。

第二,顾客让渡价值的大小受顾客总价值和顾客总成本两个因素的影响,因此,必须从两个方面努力,以增加顾客让渡价值。

第三,不同顾客对顾客总价值和总成本中各因素的重视程度不同,不同时期顾客对产品价值的要求也不一样。

第四,追求顾客让渡价值最大化会导致企业成本增加,利润减少。

2.顾客终身价值

顾客终身价值,是基于顾客生命价值预期的由未来利润产生的价值。一般用以下两个比率来衡量顾客的终身价值:

(1)顾客保留率。

顾客保留率=隔年的顾客数/某年的顾客数

顾客保留率越高,表明顾客对企业的评价越好。

（2）顾客权益。它是企业所有顾客生命价值的贴现总计。一般顾客越忠诚,顾客权益越高。企业可以从预期收入中减去用来吸引和服务顾客以及销售所花费的预期成本这个指标与营销策略及成本相比较,来预估对某一顾客群的营销是否会成功。如果成功的话,利润大约是多少;反之,如果失败的话,就应取消对某些顾客的营销。

3.整合营销

整合营销,就是根据目标设计企业的战略,并支配企业的各种资源以达到企业目标。整合营销包括两个层次的内容,一是不同营销功能——销售、广告、产品管理、售后服务、市场调研等必须协调;二是营销部门与企业其他部门,如生产部门、研究开发等职能部门之间的协调。整合营销实质是谋求从供应商—生产商—分销商—顾客整条价值链的最优化。可以把整合营销视为是对价值链的整合,整合可以保证提供产品或服务的各个环节的质量,以实现顾客价值的最大化;整合可以更有效地管理各种相关资源,以发挥高效的经济效益。因此说,整合既有利于顾客,又有利于企业,可以实现双赢局面。

4.定制化营销

定制化营销,是指在大规模生产的基础上,将市场细分到极限程度,即把每一位顾客视为一个潜在的细分市场,并根据每一位顾客的特定要求,单独设计、生产产品并迅速交货的营销方式。它的核心目标是以顾客愿意支付的价格并以能获得一定利润的成本高效率地进行产品定制。美国著名营销学者科特勒将定制化营销誉为21世纪市场营销的最新领域之一。

定制营销具有提供标准化服务所不具备的优势,无论对企业还是顾客都能带来巨大的利益。它能最大限度地满足顾客的需求,为企业赢得更多的订单;它采用大规模定制方式,又具备无差异营销大量生产而成本低的优势;它使企业与顾客的联系更加紧密,不仅防止了大量标准化生产因不适销对路而造成产品库存积压,而且也有利于缩短流通环节、减少流通费用,提高资源的配置效率;它还体现了社会营销的思想。定制营销对提高企业竞争力有着重要的作用。

5.绿色营销

绿色营销是指企业在绿色消费的驱动下,从保护环境、充分利用资源的角度出发,在研制开发产品、保护自然等营销过程中融入安全、环保与健康的概念,来满足消费者的绿色需求,从而实现营销目标的全过程。它包括,企业生产过程绿色化;企业促销绿色化;企业形象绿色化;攻克绿色壁垒等。

6.关系营销

关系营销是为了满足顾客需要,获得顾客的忠诚,企业与各个相关利益者,通过一系列的合作或配合创造各方亲密的相互依赖关系,同时实现各方目标的过程。关系营销的实质,是在买卖关系的基础上建立非交易关系,以保证交易关系能够持续不断地确立和发生。关系营销的核心,是建立和发展同利益相关者兼顾双方利益的长期关系。企业作为一个开放的系统从事活动不仅要关注顾客,还应注意大环境的各种关系:企业与客户的关系、与上游企业的关系,企业内部关系以及与竞争者、社会组织和政府之间的关系。其中,与顾客的关系是关系营销的核心和归宿。关系营销的实现手段,是为顾客提供满意的服务。顾客关系是企业至关重要的外部关系,是企业的生命线。关系营销非常重视顾客关系的管理,强调充分利用现有资源,为顾客服务,努力留住老顾客。因此,顾客服务是关系营销的基本手段。

7.知识营销

知识营销是通过深入浅出地向大众传播新产品所包含的科学技术知识及对人们生活的影响,使消费者萌发对新产品需求的一种促销行为。它以产品的科普宣传为突破口,培育和创造新市场,是通过指导消费者正确使用不断更新的高科技产品启动消费的营销革命,是知识经济时代的核心竞争方式,是适应高科技和企业技术创新的有效的市场竞争手段。其要点在于:挖掘产品文化内涵,增加营销活动的知识含量,与消费者达成共鸣;注重与顾客建立战略性的营销关系,使顾客成为自己产品的忠实消费群体;加强营销队伍建设,以培训为中介,使营销更适应文化技术含量产品的销售,更适应产品智能化、个性化的发展要求;注重无形资产投资,不断创造新的市场。企业在销售产品与服务的同时,要潜移默化地改变消费者,将新的文化理念或生活方式渗透到他们心中。

8.国际营销

国际市场营销,是指企业超出国境的市场营销活动,是国内市场营销活动在国际市场上的延伸。其特点表现在:

(1)环境的不可控性。与国内市场相比,国际市场的营销环境更为复杂多变,难以控制。由于各国地理位置、自然条件、资源构成、人口状况、生产水平、传统文化、宗教信仰以及社会制度等方面都有很大差异,企业在进行国际营销的过程中会遇到各种意想不到的困难,营销环境难以准确把握和控制。

(2)市场竞争激烈。国际市场营销涉及企业与企业之间、企业与消费者之间、企业与国家之间和国家与国家之间的各种利益联系与交织。国际贸易关系与国际政治经济外交关系相互制约和影响,当今世界各国为稳定国内市场、发展本国经济,贸易保护主义盛行,一些国家推出"奖出限入"政策,一方面高筑贸易壁垒,阻挡国外商品进入本国;另一方面加强出口攻势,扩大本国商品出口,使国际市场上的商品营销日渐困难。

(3)市场行情变幻莫测。国际市场行情受到诸多因素的影响,变化快、变化大,难以准确预测。国际市场营销人员要重视搜集国际市场信息并适时做出灵敏的反应和正确决策。国际市场有自己独特的价格体系,市场价格的形成受国际市场供求关系的调节。

(4)国际市场结构日益发生着明显的变化。从国家构成来看,打破了少数几个国家在国际市场上一统天下的格局。从商品构成来看,新产品的比重越来越大,技术贸易和劳务贸易都在迅速发展,以许可证贸易为主要形式的知识产权贸易在国际市场上逐渐增加。从成员构成来看,集体贸易兴起,跨国公司的影响日益扩大,参与国际市场经营活动的大多数是各国的大型跨国企业或垄断组织,他们规模庞大,资金雄厚,经营范围宽广,市场垄断严重。

9.直复营销

直复营销,是指一种为了在任何地方产生可度量的反应和达成交易而使用的一种或多种广告媒体的互相作用的市场营销体系。直复营销作为一种商业模式,其特点在于:采取直复营销的企业,所销售的商品不一定是自己亲自生产的;其二,它也有自己或者第三方完备的物流配送系统;其三,它具备高度现代化和信息化的信息处理和交换系统;其四,它建立有庞大的顾客数据库;其五,它建立有完备的"顾客满意服务体系"。与传统的市场营销相比,直复营销更加强调和顾客间的良好关系,而且具有将单一的产品转换成一种全面的服务和令人满意的一种享受的功能。同时,直复营销具有信息反馈的功能,报纸、电视、收音机等所有的信息载体都可以是它经营的市场。

10.数据库营销

数据库营销,是企业通过搜集和积累消费者的大量信息,经过处理后预测消费者有多大可能去购买某种产品,以及利用这些信息给产品以精确定位,有针对性地制作营销信息以达到说服消费者去购买产品的目的。数据库营销是建立在直复营销和关系营销的基础之上,且充分体现全面质量管理(指产品质量、过程质量和企业对内对外的关系质量等)的管理原则,并借助于信息技术发展而日益强大起来的。它本身的理论体系和运作方式也随着营销理论的发展与营销实践的检验和充实而日臻完善,同时,它又被目前国内外营销界所热衷的整合营销所包容,高度的理性和个性化的营销策略是数据库营销的灵魂。

数据库营销对于产品的研制开发、定位以及营销策略的制定、实施与控制起着至关重要的作用。它可以创造新市场,敏锐地发现新市场,维持现有市场;它可以与消费者进行高效的、可衡量的、双向的沟通,真正实现了消费者对营销的指导作用;它可以与顾客保持持久的,甚至是终身的关系来保持并提升企业的短期与长期利润。通过数据库与顾客直接对话,依据顾客的价值观建立起更具特色、更加个性化的品牌,把品牌管理变成"企业—顾客共同体"管理,使品牌的形象更加鲜明,同时,它把企业对顾客的承诺管理变成获得和保持与顾客关系的手段。从某种程度上,可以说,数据库营销正在改写着这个世纪的营销规则。

数据库营销意味着创造力、判断力、直觉、团队精神和洞察力,它需要所谓的"亲密感",需要深刻地理解人、机器、错综复杂的关系和系统,创造出一个系统性的有创造力的整合的营销体系。同时,数据库营销是技术与文化的交融,是过程与目标的结合,是消费者与企业的联姻,数据库营销在商业生活中将是一个被高度整合的营销。

第三节　创新中的企业人力资源管理

一、人力资源管理概述

（一）人力资源的概念

1. 典型的三种观点

"成年人口观"：人力资源是具有劳动能力的全部人口，即16岁以上的具有劳动能力的全部人口。（传统观点）

"在岗人口观"：人力资源是目前正在从事社会劳动的全部人员。

"素质观"：把人力看作是人员素质综合发挥的作用力，即人力资源是指人的劳动能力与潜力，包括品德、知识、智力、体力、特殊能力、潜能等因素的总和。（近几年的观点）

我们认为：人力资源是指一定社会组织范围内可以直接投入劳动生产过程以创造价值的体力、智力、心力总和及其形成的基础素质，包括知识、技能、经验、品性与态度等身心素质。

2. 人力资源的数量与质量

从宏观上看人力资源的数量和质量，其中人力资源的数量体现为人力资源的绝对数量和相对数量。绝对数量是一个国家或地区中具有劳动能力、从事社会劳动的人口总数，公式表示：

绝对数量=劳动适龄人口–适龄人口中丧失劳动能力人口+适龄人口之外具有劳动能力的人口

其中，劳动适龄人口包括直接的、已开发的现实社会劳动力和间接的、尚未开发的潜在社会劳动力。

人力资源的相对量用人力资源率表示，指人力资源的绝对量占总人口的比例，是反映经济实力的重要指标。

人力资源数量影响因素有人口总量及其再生产状况、人口的年龄构成、人口迁移。人力资源的质量指人力资源所具有的体质、智力、知识、技能水平、劳动者的劳动态度，体现为劳动者的体质水平、文化水平、专业技术水平、思想道德素质。其影响因素有人类体质与智能遗传，营养状况，教育状况（国民教育发展水平、教育、早期教育），文化观念以及经济与社会环境等。

从微观上看人力资源的数量和质量，其中，企业人力资源的数量：

绝对数量=企业内在岗员工+企业外欲招聘的潜在员工

企业人力资源率=企业人力资源绝对数量/企业员工总数

企业人力资源的质量与宏观方面人力资源的质量相同。但企业人力资源的数量和质量均随时间而动态变化,而宏观人力资源的数量和质量则在一定时间内是相对稳定的。

(二)人力资源的主要特征

人力资源是进行社会生产最基本、最重要的要素,与其他资源要素相比较,它具有如下特征:

1. 能动性

这是人力资源区别于其他资源的最本质方面,是指人不同于其他资源处于被动使用的地位,他能积极主动地、有意识地、有目的地认识世界和利用其他资源去改造世界,推动社会和经济的发展,是唯一能起创造作用的因素,因而在社会发展和经济建设中起着积极和主导的作用。

2. 可再生性

可再生性指可以通过人的不断学习、更新知识、提高技能来克服人力资源的磨损,因而是可持续开发的。人力资源的这一特点要求在人力资源开发与管理中注重终身教育,加强后期培训与开发,以不断提高人力的德才水平。

3. 两重性

一方面,人力资源是投资的结果,个人和社会都应该在人力资源上进行投资(如教育投资、增进体力的投资),投资大小决定人力资源质量的高低,它是个人和社会投资的结果;另一方面人力资源又能创造财富,是生产者。人力资源投资的结果体现为劳动者身上的体力、智力和技能,通过投入和使用而带来收益,因而是生产者。

4. 时效性

时效性指人力资源的形成、开发和利用都要受时间限制,随着时间推移、科技不断发展,人的知识和技能相对老化而导致劳动能力相对降低。

5. 社会性

由于受民族(团体)文化特征、价值取向的影响,在人与人交往中因彼此行为准则不同而发生矛盾,因而人力资源管理具有社会性;社会性要求在人力资源管理中要注重团队建设和民主精神,强调协调和整合。

6. 可控性

自然资源的生成与物力和财力资源的生成缺乏可控性,而人力资源的生成却是可控的。人力的生成不是自然而然的过程,而需要人们有组织、有计划地去培养与利用。

7. 个体独立性

独立存在的个体的独立性与分散性,使人力资源的管理工作显得复杂而艰难,管理得好则能够形成系统优势,否则,就会产生内耗。

8. 内耗性

企业人力资源并不一定是越多越能产生效益,关键在于我们怎样去组织、利用与开发人力资源。

9.时代性

人是构成人类社会活动的基本前提,一个国家的人力资源,在其形成过程中受到时代条件的制约。即使在同一国家、同一个地区,社会经济发展水平不同,人力资源的质量也会不同。

(三)人力资源在现代管理中的作用

人力资源管理的性质或特点决定了人力资源管理在企业中的作用和地位。现代管理大师彼得·德鲁克曾经说过:"企业只有一项真正的资源——人"。其作用表现在如下方面:

1.人力资源是企业最重要的资源

首先,企业的发展与员工的职业能力发展是相互依赖的。但是重视人的职业能力必须先重视人本身。企业通过招聘、培训开发、各种调整和激励政策的目的,就是要鼓励员工能够不断地提高职业能力并愿意运用职业能力为企业工作,否则企业就无法适应激烈的竞争环境。

其次,人力资源是有意识、有价值的资源,这是它与其他物的资源的本质区别之一。如何有效调动员工的积极性,强化他们对组织的认同感,建立良好的工作价值观,是人力资源管理中的一项意义深远的管理任务。

最后,人是在特定环境中成长起来的,每个人形成了与其成长环境有关的生活和心理品质。这种统一的价值观念养成,我们称其为企业文化。

2.人力资源是创造利润的主要来源

商品的价值是由两个性质不同的主要部分构成:一部分是我们称为"转移价值"的东西,另一部分是所谓的"附加价值"。后一部分价值,归根到底源于人的劳动。

3.人力资源是一种战略性资源

对人力资源的管理,往往关系到一个企业的生存和可持续发展问题。人力资源特别是拥有高科技产业发展相关的知识型人才,就成为21世纪最重要的、具有战略意义的资源。

(四)人力资源管理的概念、内容和基本原理

1.人力资源管理的概念和内容

人力资源管理,是指对人力资源的生产、开发、配置、使用等诸环节进行管理的各种措施的总称。人力资源在经济活动中具有主体性、能动性的作用,因而人力资源管理在经济管理体系中居于关键地位,并且具有较大的复杂性。人力资源管理可以分为宏观、微观两个方面。

宏观人力资源管理即对于全社会人力资源的管理,包括人力资源形成及前期的人口规划管理,教育规划管理,职业定向指导,职业技术培训,人力资源的部门、地区间配置,就业与调配,流动管理,劳动保护管理,劳动保险及社会保障管理等。

微观人力资源管理即对于企业、事业单位人力资源的管理,包括职务与工作分析、人员配置与劳动组织设置、定额定员管理、人员的激励与考核等。

2.现代人力资源管理与传统人事管理的差别

现代人力资源管理由传统人事管理演变而来。传统的人事管理将人作为一种工具来使用,把人看成是被动的、盲目的,是一种单纯的业务性例行管理。现代人力资源管理把人作为一种资源来对待,将人看成是活的、能动的因素,是具有创造力的资源,是具有战略和决策意义的挑战性管理。

总之,现代人力资源管理较传统的人事管理更具有主动性、战略性与未来性,更适合当今全球经济一体化的组织管理模式与发展趋势。

3.人力资源管理的职能

从微观角度讲,与生产、营销、财务管理等职能一样,人力资源管理职能同为组织的一项必不可少的管理职能。它包括以下五个方面:

(1)获取。这首先包括职务分析,即分析其存在的环境。组织根据其文化价值观、使命、目标与战略,确定了它的职能分工与劳动分工的形式,设计出它的结构后,分析并具体制定出每一工作岗位的职务说明书;根据组织内、外条件与目标,做出人力资源近期、中期与远期规划,据此进行对所需人员的吸引、招聘、考核、选拔、委派与安置。

(2)整合。又叫做一体化,即使招录到的人员不仅在组织上参加到本组织中来,而且在思想上、感情上和心理上与组织认同并融为一体。这包括对员工的培训,介绍组织的宗旨与目标,启发和指引他们接受这些宗旨与目标,协调好组织中的人际和群际关系等。

(3)保持与激励。指对招聘的人员采取适当措施,使其对工作的条件和环境感到满意,培养和保持工作热情。设计并执行公平合理的奖酬、福利、保健等制度,建立激励机制,特别是要激发劳动者的内在潜力。

(4)控制与调整。这包括合理而完整的绩效考评制度的设置与执行,并在此基础上采取适当的措施,如晋升、调迁、解雇、离退、奖励、惩戒等的实行与落实。

(5)开发。是指企业有效地发挥人的才干和提高人的能力的一系列活动。开发活动的主要环节有:人才发现,人才培养,人才使用与人才调剂。它包括两个目标:一是提高人力资源的质量;二是提高其活力。具体活动有教育训练、组织发展、提高生活质量等活动。

这五个方面是互相关联的,并且都是为实现组织的既定目标与使命而服务的。

4.人力资源管理的基本原理

(1)要素有用原理。"庸才是放错位置的人才"

任何人都是有用的,这是共性。但是,从单个人本身来看,在某种条件下某一个方面可能发挥不了作用,而在另一条件、另一方面发挥作用的可能性很大。也就是说,人发挥作用需要一定的环境。这种环境,一是知遇,快马依赖伯乐去发现;二是要靠政策,良好的政策会给人才的任用创造出各种机遇。因此,在组织的人才选拔和使用过程中,不能求全责备,要善于发现员工身上的闪光点,用人所长,避其所短,最大限度发挥每个人的作用。

(2)能位匹配原理。人员才能的发挥与提高,工作效率与效果,都与人员使用上的能位适合度成函数关系。能位适合度,是指个人能力与职位要求相一致的程度。能位适合度越高,说明能位匹配越适当,位得其人,人适其位。这不仅会带来工作上的高效率,还会促进员工能力的提高和发展。小马拉大车或大马拉小车都是不合适的。

(3)同素异构原理。事物的成分因在空间关系即排列次序和结构形式上的变化而引起不同的结果,甚至发生质的改变。最典型的例子是石墨和金刚石,由于相同的碳原子在空间关系上的不同,形成了两种在物理性质上有着巨大差异的物质。因此,按照这一原理对人力资源的开发与管理,不仅要考虑人的能力,而且还要考虑如何组合协调,以达到人尽其才,才尽其用,发挥群体最佳效应的目的。

(4)互补增值原理。人作为个体,不可能十全十美,而是各有所长,但是工作往往是由群体承担的。作为群体,完全可以通过个体间取长补短而形成整体优势。这里的互补主要包括:知识互补、能力互补、性格互补、年龄互补和关系互补等。

(5)动态适应原理。唯一最大的不"变"是变。一方面企业中经常存在用非所学、用非所长的现象,另一方面为适应外部环境的不断变化,组织机构和岗位也会经常发生变化。同时个人在时代的发展过程中也有一个知识技能更新的问题,因而在企业内部就应该把人事调整作为一项经常性的工作来做,不断调整,合理流动,只有这样,才能使组织的人力资源系统成为一个有生命力的系统。

(6)激励强化原理。从管理学的角度看,人是"复杂人",因此在人力资源管理上要坚持奖惩结合,注重奖励的原则。只有对员工有奖有罚,赏罚分明,才能保证各项规章制度的贯彻落实,才能使员工自觉遵守纪律,严守岗位,各司其职,各尽其力,达到鼓励先进、鞭策后进、带动中间的目的。

(7)弹性冗余原理。在人力资源的管理与开发中,需充分考虑管理对象生理与心理的特殊性,以及内、外环境的多变性所造成的管理对象的复杂性,在人力资源管理工作中要留一定的余地,具有一定的灵活性。

(8)信息催化原理。人们通过获取和识别信息,来认识和改造世界。没有信息就不能很好地开发和管理人力资源。由于信息的数量与质量迅速增长,传递速度日新月异,使得在现代社会中人们能否迅速了解、掌握并运用大量信息,成为能否在竞争中获胜,能否使人力资源开发与管理适应发展需要的重要因素。

二、人力资源规划

(一)人力资源规划概述

1.人力资源规划的概念

人力资源规划,是指科学地预测、分析组织在变化的环境中人力资源需求和供给状况,制定必要的政策和措施,以确保组织在需要的时间和需要的岗位上获得所需要的人力资源(数量和质量)的过程。它包括三层含义:

(1)一个组织所处的环境是不断变化的。企业环境是一个动态的变化过程,必然带来对人力资源需求和供给方面的变化。人力资源规划就是要对这些变化进行科学地预测和分析,以保证企业在近期、中期和远期都能获得必要的人力资源。

(2)企业应制定必要的人力资源政策和措施,以保证对人力资源需求的满足。如内部人员调动补缺、晋升或离职,外部招聘和培训以及奖惩等都要切实可行,否则就无法保证人力资源计划的实现。

(3)在实现组织目标的同时,要满足员工个人利益。企业的人力资源规划要创造良好的条件,充分发挥每个员工的积极性、主动性和创造性,提高工作效率,从而实现组织的目标。同时,企业也要关心每个员工的利益和要求,帮助他们在为企业做出贡献的同时实现个人的目标。只有这样,才能吸引和招聘到企业所需要的人才,满足企业对人力资源的需要。

2.人力资源规划的目的

(1)规划人力的发展。人力发展包括人力预测、人力增补及人员培训,这三者紧密联系,不可分割。人力资源规划一方面对目前人力现状予以分析,以了解人事动态;另一方面,对未来人力需求作出预测,以便对企业人力的增减进行通盘考虑,再据以制定人员增补和培训计划。所以,人力资源规划是人力资源发展的基础。

(2)促使人力资源的合理运用。事实上,只有少数企业的人力配置完全符合理想的状况。在相当多的企业中,其中一些人的工作负荷过重,而另一些人则工作过于轻松;也许有一些人的能力有限,而另一些人则感到能力有余,未能充分利用。人力资源规划可改善人力分配的不平衡状况,进而谋求合理化,以使人力资源能配合组织的发展需要。

(3)配合组织发展的需要。任何组织的特性,都是不断地追求生存和发展,而生存和发展的主要因素是人力资源的获得与运用,也就是如何适时、适量及适质地使组织获得所需的各类人力资源。由于现代科学技术日新月异,社会环境变化多端,如何针对这些多变的因素,配合组织发展目标,对人力资源恰当规划甚为重要。

(4)降低用人成本。影响企业用人数目的因素很多,如业务、技术革新、机器设备、组织工作制度、工作人员的能力等。人力资源规划可对现有的人力结构做一些分析,并找出影响人力资源有效运用的瓶颈,使人力资源效能充分发挥,降低人工成本在总成本中的比率。

3.人力资源规划的内容

（1）预测未来的组织结构。一个组织或企业经常会随着外部环境的变化而变化。如全球市场的变化，跨国经营的需要，生产技术的突破，生产设备的更新，生产程序的变更，新产品的问世等，这些变化都将影响整个组织结构，即组织结构必须去适应企业经营策略的变化，而经营策略又因环境变化而变化。同时，组织结构的变化必然牵涉到人力资源的配置。因此，对未来组织结构的预测评估应列为第一步。

（2）制定人力供求平衡计划。该计划应考虑因业务发展、转变或技术装备更新所需增加的人员数量及其层次；考虑因员工变动所需补充的人员数量及其层次。这种变化包括退休、辞职、伤残、调职、解雇等，还要考虑因内部成员升迁而发生的人力结构变化。

（3）制定人力资源征聘补充计划。该计划主要考虑：内部提升或向外征聘以何者为先；外聘选用何种方式；外聘所选用的人力来源如何，有无困难，如何解决；如果是内部提升或调动，其方向与层次如何等。

（4）制定人员培训计划。人员培训计划的目的是培养人才，它包括两方面：对内遴选现有员工，加强对员工进行产品专业知识及工作技能培训；对外应积极猎取社会上少量的且未来急需的人才，以避免企业中这种人才的缺乏。至于人员的培训内容，可包括：第二专长培训（以利于企业弹性运用人力）；提高素质培训（以帮助员工树立正确的观念及提高办事能力，使之能担当更重要的工作任务）；在职培训（适应社会进步要求，以增进现有工作效率）；高层主管培训（进行管理能力、管理技术、分析方法、逻辑观念及决策判断能力等方面的培训）。

（5）制定人力使用计划。人力资源规划不仅要满足未来人力的需要，更应该对现有人力做充分的运用。人力运用涵盖的范围很广，其关键在于"人"与"事"的圆满配合，使事得其人，人尽其才。

人力资源使用包括下面几项：职位功能及职位重组；工作指派及调整；升职及选调；职务丰富化；人力资源的检查及调节等。

（二）人力资源规划的基本程序

1.预测和规划本组织未来人力资源的供给状况

通过对本组织内部现有各种人力资源的认真测算，并对照本组织在某一定时期内人员流动的情况，即可预测出本组织在未来某一时期里可能提供的各种人力资源的状况。

（1）对本组织内现有的各种人力资源进行测算。包括各种人员的年龄、性别，工作简历和教育、技能等方面的资料；目前本组织内各个工作岗位所需要的知识和技能以及各个时期中人员变动的情况；雇员的潜力、个人发展目标以及工作兴趣爱好等方面的情况；有关职工技能，包括其技术、知识、受教育、经验、发明、创造以及发表的学术论文或所获专利等方面的信息资料。

（2）分析组织内人力资源流动的情况。一个企业组织中现有职工的流动可能有这样几种情况：第一，滞留在原来的工作岗位上；第二，平行岗位的流动；第三，在组织内的提升或降职变动；第四，辞职或被开除出本组织（流出）；第五，退休、工伤或病故。

2.对人力资源的需求进行预测

经过第一步对本组织员工在未来某一时期内人力资源供给方面预测规划的基础上，接着就要根据组织的战略目标来预测本组织在未来某一时期对各种人力资源的需求。对人力资源需求的预测和规划，可以根据时间的跨度而相应地采用不同的预测方法。

3.进行人力资源供需方面的分析比较

人力资源计划编制的第三步，是把本组织人力资源需求的预测数与在同期内组织本身仍可供给的人力资源数进行对比分析，在比较分析中则可测算出对各类人员的所需数。进行本企业组织在未来某一时期内可提供的人员和相应所需人员的对比分析时，不但可测算出某一时期内人员的短缺或过剩情况，还可以具体地了解到某一具体岗位上员工余缺的情况，从而可以测出需要具有哪一方面的知识、技术档次方面的人，这样就可有针对性地物色或培训，并为组织制定有关人力资源相应的政策和措施提供了依据。

4.制定有关人力资源供需方面的政策和措施

在经过人力资源供给测算和需求预测比较的基础上，组织即应制定相应的政策和措施，并将有关的政策和措施呈交最高管理层审批。具体有：

（1）制定解决人力资源需求的政策与措施。解决人员短缺的政策和措施有：培训本组织职工，对受过培训的员工据情况择优提升补缺并相应提高其工资等待遇；进行平行性岗位调动，适当进行岗位培训；延长员工工作时间或增加工作负荷量，给予超时超工作负荷的奖励；重新设计工作以提高员工的工作效率；雇用全日制临时工或非全日制临时工；改进技术或进行超前生产；制定招聘政策，向组织外进行招聘；采用正确的政策和措施调动现有员工的积极性。

（2）制定解决内部资源过剩的办法与措施。解决人力资源过剩的一般策略有：永久性地裁减或辞退职工；关闭一些不盈利的分厂或车间，或临时性关闭；提前退休；通过人力消耗缩减人员（劳动力转移）；重新培训，调往新的岗位，或适当储备一些人员；减少工作时间（随之亦减少相应工资）；由两个或两个以上人员分担一个工作岗位，并相应地减少工资。

（三）人力资源供求预测及综合平衡

在企业人力资源供需预测的基础上，接下来的工作就是要进行人力资源的综合平衡，这是企业人力资源规划工作的核心和目的所在。企业人力资源的综合平衡主要从三个方面来进行，即人力供给与人力需求的平衡、人力资源规划内部各专项计划之间的平衡和组织需要与个人需要之间的平衡。

1.人力供给与人力需求的平衡

企业人力资源供给与需求的不平衡有三种类型,即人力资源不足,人力资源过剩和两者兼而有之的结构性失衡。

人力资源的供给不足,主要表现在企业的经营规模扩张和新的经营领域的开拓时期,因而需要增加新的人员补充。补充的途径有外部招聘、内部晋升、人员接任计划、技术培训计划等。同时,企业人员净补充阶段也是企业人力资源结构调整的最好时机。企业在原有的经营规模和经营领域中也可能出现人力资源不足,比如人员的大量流失,这是一种不正常的现象,表明企业的人力资源管理政策出现了重大问题。

绝对的人力资源过剩状况主要发生在企业经营萎缩时期。一般的平衡办法有退休、辞退和工作分享。工作分享要以降低薪资水平为前提;辞退是最为有效的办法,但会产生劳资双方的敌对行为,也会带来众多的社会问题,需要有一个完善的社会保障体系为后盾,提前退休是一种较易为各方面所接受的妥协方案。

结构性失衡是企业人力资源供需中较为普通的一种现象,在企业的稳定发展状态中表现得尤为突出。平衡的办法一般有技术培训计划、人员接任计划、晋升和外部补充计划。其中,外部补充主要是为了抵消退休和流失人员空缺。

2.专项人力资源计划间的平衡

企业的人力资源规划包括人员补充计划、培训计划、使用计划、晋升计划、薪资计划等,这些专项人力资源计划之间有着密切的内在联系。因此,在人力资源规划中必须充分注意它们之间的平衡与协调。如通过人员的培训计划,受训人员的素质与技能得到提高后,必须与人员使用计划衔接,将他们安置到适当的岗位;人员的晋升与调整使用后,因其承担的责任和所发挥的作用与以前不一样,必须配合相应的薪资调整。唯有如此,企业的人员才能保持完成各项任务的积极性,各专项人力资源计划才能得以实现。

3.组织需要与个人需要的平衡

组织的需要和组织成员的个人需要是不尽相同的,解决这对矛盾是企业人力资源规划的一个重要目的。

第四节　创新中的企业质量管理

一、质量与质量管理

(一)质量的含义

质量(Quality)是质量管理中最基本的概念。国际标准化组织在 ISO9000:2000《质量管理体系—基础和术语》这一国际标准中,将质量定义为:一组固有特性满足要求的程度。这一定义是从"特性"和"要求"这两者之间关系的角度来描述质量的,亦即某种事物的"特性"满足某个群体"要求"的程度。满足的程度越高,就可以说这种事物的质量就越高或是越好;反之,则认为该事物的质量低或差。

上述定义中的特性以及质量概念所描述的对象,早期只是局限于产品,现今则不仅包括产品和服务,而且还扩展到了过程、活动、组织乃至它们的结合。质量特性可分为以下几类:

(1)技术或理化方面的特性。这些特性可以用理化检测仪器精确测定。例如机械零件的刚性、弹性、耐磨性;汽车的速度、牵引力、耗油量、废气排放量;防水、防震、防磁等。科学技术的进步使得许多原来无法测定的特性可进行测定,从而使得人们对质量进行更加客观的判断成为可能。

(2)心理方面的特性,例如服装的式样、食品的味道、汽车象征的地位和气派等。这些特性反映了顾客的心理感觉和审美价值,一般很难用准确的技术指标来衡量。

(3)时间方面的特性。产品使用过程中的及时性、可靠性、可维修性以及使用费用等都极大地影响着顾客的质量评价。

(4)安全方面的特性。产品的使用不仅要可靠、及时,更加重要的是不能给顾客造成伤害和事故。因此,产品必须有保证条款,有各种安全条款和安全措施。

(5)社会方面的特性。仅仅考虑对应顾客需要是不充分的,还必须考虑法律、法规、环保以及社会伦理等有关社会整体利益方面的要求。

上述质量定义中的"要求",反映了人们对于质量概念所描述对象的需要和期望。这些要求有时是明确规定的,如产品的销售合同中对于产品性能的规定;也可以是隐含的或不言而喻的,如银行存款的保密性、食品的卫生、电器的安全等。

(二)质量管理的概念及内容

1.质量管理的概念

ISO9000标准中将质量管理定义为:在质量方面指挥和控制组织的协调一致的活动。在质量方面指挥和控制活动,通常包括制定质量方针和质量目标,以及质量策划、质量控制、质量保证和质量改进。质量策划,致力于制定质量目标并规定必要的运行过程和相关资源以实现质量目标;质量控制致力于增强满足质量要求的能力。

2.质量管理的主要职能

质量管理是企业经营、生存、发展必需的一种综合性管理活动。质量管理是各级管理者的职责,涉及企业的所有成员。其中主要职能为:

(1)制定质量方针的基本要求和质量目标。质量方针的基本要求应包括供方的组织目标和顾客的期望和需求,也是供方质量行为的准则。质量目标是质量方针的具体体现,目标既要先进,又要可行,便于实施和检查。

(2)确定质量职责和权限。企业最高管理者必须明确,质量方针是对用户的质量承诺。要使各有关部门和人员理解、执行,就需对所有与质量有关的管理、执行和验证人员明确其职责、权利关系,以便按期望的要求实现规定的质量目标。

(3)建立质量管理体系并使其有效运行。企业建立质量管理体系是质量管理的基础,使之组织落实,有资源保障,并有具体的工作内容,对产品质量形成的全过程实施控制。

3.质量管理的发展过程

质量是一个永恒的概念,质量管理也随着时代的发展而不断发展。在过去的整一个世纪中,质量管理的发展大致经历了三个阶段:

(1)质量检验阶段。20世纪初,人们对质量管理的理解还只限于质量的检验。这一阶段一直持续到20世纪40年代初,主要是通过检验的方式来控制和保证产品或转入下道工序的产品质量。在质量控制方面,主要依靠手工操作者的手艺和经验来进行把关。但这种事后检验把关,无法在生产过程中起到预防、控制的作用。1924年,美国的休哈特提出了控制和预防缺陷的概念,并成功地创造了"控制图",把数理统计方法引入质量管理中,使质量管理推进到新阶段。

(2)统计质量控制阶段。这一阶段的特征是数理统计方法与质量管理的结合。控制图的出现,是质量管理从单纯事后检验转入检验加预防的标志,也是形成一门独立学科的开始。第一本正式出版的质量管理科学专著,就是1931年出版的《工业产品质量的经济控制》。第二次世界大战开始以后,统计质量管理才得到了广泛应用。美国军政部门组织一批专家和工程技术人员,于1941—1942年间先后制定并公布了Z1.1、Z1.2、Z1.3等战备质量管理标准,强制生产武器弹药的厂商推行,并收到了显著效果。从此,统计质量管理的方法才得到了应用,其效果也得到了广泛的承认。

但是,统计质量管理也存在着缺陷,它过分强调质量控制的统计方法,忽视了其他部门的工作对质量的影响,制约了它的推广和应用。而这些问题的解决,又把质量管理推进到一个新的阶段。

(3)全面质量管理阶段。第二次世界大战以后,人类在科技上取得了许多划时代的重大突破,生产力获得了前所未有的大发展。随着市场竞争的加剧,各国企业都很重视产品责任和质量保证问题,仅仅依赖质量检验和运用统计方法已难以保证和提高产品质量,促使全面质量管理的理论逐步形成。最早提出全面质量管理概念的是美国通用电气公司质量经理A.V.费根堡姆,1961年,他发表了一本著作《全面质量管理》,使质量管理发展到一个新的阶段。随后,全面质量管理的观点在全球范围内得到了广泛的传播,各国都结合自己的实践进行了各方面的创新,成功的质量管理使得日本产品在全球成为高质量的代名词,日本也成为质量管理最优秀的实践者。在20世纪的最后十几年中,经过长期而广泛的实践、积累、总结和升华,全面质量管理成为全球企业界的共同实践,逐渐演变为一套以质量为中心的、综合的、全面的管理方式和管理理念。

二、质量管理体系

(一)质量管理体系的概念和内容

1.质量管理体系的概念

质量管理体系,是指在质量方面指挥和控制组织的管理体系。质量管理体系是组织若干管理体系中的一个组成部分,它致力于建立质量方针和质量目标,并为实现质量方针和质量目标确定相关的过程、活动和资源。组织可通过质量管理体系来实施质量管理,质量管理的中心任务是建立、实施和保持一个有效的质量管理体系,并持续改进其有效性。

2.质量管理体系的内容

企业通过产品和服务来实现顾客的满意,而产品和服务是由进行过程控制和改进来实现高质量、低成本和较高的生产率,这是现代企业管理的一种最有效的途径。ISO9000族标准所确立的质量管理体系,便是对实现质量目标所必需的过程的规定。质量管理体系是一系列的相关过程的集合,建立和实施质量管理体系就是通过持续不断地识别、建立、控制和改进过程,来实现质量的改进、成本的降低和生产率的提高。管理职责、资源管理、产品实现以及测量分析和改进,这四个方面便构成了质量管理体系要求的基本内容。

(二)质量管理体系建立的一般步骤

根据ISO9000族标准的要求,建立一个新的质量管理体系或者调整更新现行的质量管理体系,一般都要经过组织准备、总体规划、建立/更新体系、编制/完善文件、运行保持等几个阶段。

1.组织准备

组织策划阶段的主要任务,就是做好建立质量管理体系的前期准备工作并制定具体实施计划,一般包括以下环节:

(1)统一思想。为了统一思想、提高认识,要求本组织领导层应先进一步学习ISO9000族标准。

(2)组织落实、培训队伍。

2.总体规划

这是从组织的质量方针、质量目标出发,系统分析质量管理的总体要求,统筹规划,整体设计,提出质量体系总体方案的过程。在总体规划阶段包括以下主要环节:

(1)广泛收集有关资料,为质量体系的总体规划提供依据参考。

(2)质量管理体系环境分析。在质量管理体系的总体规划时,应着重对以下几方面的体系环境进行分析:

①顾客和市场及其他相关方对本组织质量管理体系的要求。

②对于国际的、国家的、行业的或第三方认证、检查机构发布的法律、法令、法规、规定、规划等法规性文体的要求,凡适用于本组织的,在质量管理体系建设过程中应符合这些要求。

③质量观念的扩展和深化,科学技术的进步可能引起管理方式和生产方式的变革。

(3)强化以"顾客为关注焦点"的质量意识,确定质量方针。

①强化"顾客为关注焦点"的意识形成。从最高管理者开始直至每一个员工,在建立和完善质量管理体系的同时强化这一质量意识。

②确立质量方针。建立质量管理体系的根本目的,是建立并实现组织的质量方针和质量目标。在制定质量方针时,应注意以下几点:

质量方针应为建立和评审质量目标提供框架。

质量方针应与组织的宗旨相适应。

质量方针应包括满足要求和持续改进的承诺。

3.确定产品实现过程,策划控制要求。

4.配置组织结构,明确职权关系。

5.确定资源及合理配置

资源是建立和实施质量体系的基本保障,资源包括了人力资源、资金、设备、设施、信息、技术和方法等。

6.建立形成文件的质量管理体系

质量管理的一项重要工作,是建立形成文件的质量管理体系。文件能够沟通意图,统一行动,它有助于产品质量改进的实现,文件的形成是一项增值的活动。在ISO9000:2000标准中,对质量管理的文件提出了几种类型:

(1)质量手册:向组织内部和外部提供关于质量体系信息的文件;

(2)质量计划:表述质量管理体系如何应用于特定产品、项目或合同的文件:

(3)规范:阐明要求的文件:

(4)指南:阐明推荐的方法或建议的文件;

(5)作业文件:提供如何一致地完成活动和过程的信息的文件:

(6)记录:对所完成的活动或达到的结果,提供客观依据的文件。

上述建立质量管理体系的步骤之间,没有明确的界线,常常是相互穿插、交错进行的,工作中要注意及时协调和加强衔接。

三、质量管理常用统计控制方法

在质量管理活动中,需要收集和处理大量的数据,利用多种统计方法对质量管理过程的各个环节进行控制和管理,以达到保证和提高质量的目的。本节主要介绍质量管理中几种常用的工具和方法。

（一）调查表

调查表，又称检查表、核对表、统计分析表。它是用来系统地收集资料和积累数据，确认事实，并对数据进行粗略整理和分析的统计图表。它被广泛地运用于现场管理，用以迅速地取得或整理数据。

1.种类和用途

在应用实践中，可根据收集数据的目的和数据类型等，自行设计所用的表格。在现场质量管理中，常用的调查表有不合格品项目调查表、缺陷位置调查表、质量特性分布调查表以及矩阵调查表等。

2.调查表的应用程序

调查的应用过程，通常包括以下五个步骤：（1）明确收集资料的目的；（2）明确为达到目的，所需要的资料及对资料所用的分析方法；（3）根据目的不同，设计调查表的格式，包括调查者、调查时间、地点内容和方式等项目；（4）对搜集和记录的部分资料的预先调查，确定调查表格式设计的合理性并做出评价；（5）如果有必要，则应评审和修改调查表格式。

（二）分层法

引起质量波动（或称变异）的原因是多种多样的。因此，搜集到的质量数据和意见往往带有综合性。为了能真实地反映产品质量波动的实质原因和变化规律，就必须对质量数据、意见等进行适当地归类和整理，即分层。分层法，又叫分类法、分组法，它是按照一定的标志，把搜集到的大量有关某一特性主题的统计数据、意见等，加以归类、整理和汇总的一种方法。

1.目的和用途

分层的目的在于把杂乱无章和错综复杂的数据和意见加以归类汇总，使之更能确切地反映客观事实。分层的目的不同，分层的标志也不一样，然而分层的原则是：同一层次内的数据波动（意见和观点差别）幅度尽可能小，而层与层之间的差别尽可能地大。这样才能达到归类汇总的目的。基于不同的分层标志，有多种分层方法，常用的分层标志有5MIE、时间、意见和观点等，可根据具体的情况灵活运用和细分，也可以在质量管理活动中不断创新，创造出新的分层标志。

分层法常用于归类整理所搜集到的统计数据，或归纳汇总出"头脑风暴"法所产生的意见和想法。分层法常与其他统计方法结合起来应用，如分层直方图法、分层排列图法、分层控制图法、分层散布图法、分层因果图法和分层调查表法等。

2.应用程序

分层法应用过程包括以下步骤：（1）收集数据和意见；（2）将采集到的数据或意见根据目的不同选择分层标志；（3）分层；（4）按层归类；（5）画分层归类图。

（三）因果图

因果图又叫石川图、特性要因分析图、树枝图、鱼刺图等。它是表示质量特性波动与潜在原因关系,即表达和分析因果关系的一种图,运用因果图有利于找到问题的症结所在,然后对症下药,解决质量问题。因果图在质量管理活动中,尤其是在 QC 小组、质量分析和质量改进活动中有着广泛的用途。

1.因果图的应用程序

（1）简明扼要地规定结果,即规定需要解决的质量问题。

（2）规定可能发生的原因的主要类别。一般从人员、机器、材料、方法、环境这五个方面入手进行分析,他们构成了因果分析的所谓大原因,即通常所说的"人、机、料、法、环",亦称 SM1E。

（3）把结果画在右边矩形框中,然后把各类主要原因放在左边矩形框中,作为结果的输入。

（4）寻求次一级的原因,画在相应的主（因）枝上,并继续一层层地展开下去。

（5）从最高层（最末一层）的原因（末端因素）中选取和识别少量对结果影响大的原因（称为重要因素或要因）,必要时需要进一步验证。

2.应用因果图时应注意的问题

（1）建立因果图时必须通过有效的方法,比如头脑风暴法,充分发扬民主,畅所欲言,集思广益,把每个人的意见都记录下来。

（2）确定需要分析的质量问题不能笼统,要具体,一张因果图分析一个主要质量问题。即因果图只能用于单一目标研究。

（3）因果图的层次要分明。最高层次的原因应寻求至可以采取措施为止。

（4）要因一定是在末端（最高层次）因素上,而不是在中间层次上。

（5）因果图本身只能用于分析原因或建立假设,而是否为真正原因特别是要因,需要进行检验来确定。

（6）将因果图与排列图、对策表结合起来应用,即我国企业所谓的"两图一表",会收到很好的效果。

第五节　创新中的企业知识管理

知识可以创造价值,知识管理的目的就是要把知识运用于实践,为企业创造价值。

一、知识管理的迫切性

当前,知识管理对企业越来越具有迫切性,这是与企业所面临的竞争环境密切相关的。这种竞争环境体现在三个方面:变化中的全球经济;产品和服务的一体化;可持续的竞争优势。

1.变化中的全球经济

经济全球化是信息通信和运输技术进步的结果,它为消费者们带来了丰富的商品和服务,而且全球的企业还在源源不断地提供新的更好的产品。

当前,世界竞争的格局不断分化,任何一个国家都不能主宰世界市场。有数据表明:50年前,美国占有世界GDP的约53%,国内外对美国产品的需求巨大,几乎任何产品都能找到一个市场。今天,美国在世界GDP中的份额大概只有18%,虽然"馅饼"比以前要大得多,但美国不再能主宰世界市场。每一美元的利润都要经过激烈的国际竞争才能获得。

总之,企业不可能指望那些过去曾经成功的产品和做法在未来仍然适用。价格压力使那些缺少成本优势的产品失去了生存空间,新产品开发及产品推向市场的周期越来越短。为了取得商业成功,企业现在需要质量、价值、服务、创新和速度,而且未来这些因素将更为重要。

在他们各自拥有的知识基础上,企业会越来越明显地产生分化。Sidney Winter曾经把商业企业定义为"一个知道如何做事情的组织",而对于在下一个十年中能获得成功的企业,这个定义应改为"一个知道如何又快又好地做新事情的组织"。

松下电气公司的创始人松下幸之助说过,"我们知道,现在做生意是很复杂、很困难的,在一个日益不可预测的、充满竞争和危险的环境中,企业的生存受到极大的威胁,他们要继续生存下去,就要依靠不断地激发每一点一滴的智慧"。世界各地的管理者们已经认识到,他们需要自己好好地整理一下关于如何把事情办好的知识,以充分有效地利用这些知识。

面对全球化的格局,在寻求新的效率的过程中,跨国公司已经把许多劳动力密集型的制造业转移到劳动力价格相对较低的国家。显然,产品开发和工艺开发这些基于知识的活动,正在成为企业主要的核心能力,是企业获取竞争优势的潜在的最大源泉。

2.产品和服务的一体化

知识及相关的无形资产不仅是维持企业运转的重要因素,而且日益成为企业所提供的"产品"的一部分或全部。原有的对产品和服务的区别正在消失,信息经济真正带来的影响消除了制造业和服务业之间的区别。

《幸福》杂志在1993年就认识到了这一趋势,因此,把制造业和服务业500强的评选合二为一。做出这样的变化,是由于在决定微软应该被归为"制造业"还是"服务业"时出现了争论,编辑们发现这种分类不再有意义。

软件公司出售的产品,本质上是蕴含在代码中的思想、知识财富。我们可以把软件当成一种服务。以数字化形式存在着的一组功能,难怪微软如此努力地雇用出色的人才。软件业是一个新兴的基于知识的产业。然而,即使是传统的制造型企业也正日益成为知识的使用者和销售者。通过提供像自动面包机、适合驾驶者习惯的汽车等"智能型"产品,制造业者们把自己同其他竞争者区别开来。施乐把自己称为"文档公司",而不是"复印机/打印机公司"。它不仅仅是出售机器,而是为商业问题提供解决方案。福特把注意力放在"质量"上,IBM在销售他们的"企业整体解决方案",3M把自己称为一家知识公司,而一家办公设备公司,则用整页的广告在标榜自己所出售的是"知识"。这些自我定位并不纯粹是市场宣传,而是因为他们的确认识到应该向他们的顾客提供这种类型的价值。

这些变化和压力使知识变得对组织至关重要。实际上,为大多数产品和服务增加价值的无形资产都是基于知识的,如技术诀窍(Know How)、产品设计、市场推广、对顾客的理解、个人创造力以及创新。

3.可持续的竞争优势

几个世纪以前,制造商们往往通过保守原料和工艺的秘密来保持商业领先。行业协会保护他们特有的知识;政府禁止出口重要的经济技术。比如在法国,出口花边制造技艺是一种死罪,任何人若教给外国人这种技巧,被抓住后会被处死。今天,真正的商业秘密很少。可口可乐的配方是个特例。在大多数情况下,实际上不可能防止竞争者很快地对你的新产品和新的生产方法进行模仿,甚至改进,因为这个时代的特征就是变化、思想的自由交流以及随处可获得的技术。

Fast Company杂志的编辑Alan Webber,把这种现象称为"自我解除技术优势"。他解释说,"技术的发展改变了竞争的逻辑,随着技术的发展,技术作为竞争优势的可持续的来源也就消失了"。因为一种技术从本质上说每一个人都可以获得,所以它不能够提供长期的优势。大多数产品和服务都能被竞争者迅速地模仿,当花旗银行刚推出自动取款机时,只有他们能提供这种特别的服务,从而在短期内明显地领先于竞争者。但很快地整个行业都使用了自动取款机,一度曾是竞争优势的发明变成只不过是银行的基本设备而已。没有办法把自动取款机或其他任何一点技术长期地作为商业秘密,即使像花旗银行那样,自己制造,也没有用。

信息技术的发展同样也面临着"自我解除技术优势"的局面。如今互联网技术蓬勃发展,电子商务成为企业竞相追求的新的经营方式。我们在报刊上经常能够看到某某上市公司"触网",随后就是其股票的大涨。企业可以借助"网络"取得竞争优势,然而随着信息技术的不断发展,随着人们经营观念的不断更新,电子商务必将成为企业经营的必备方式,不但被信息技术行业,而且被传统工业所采纳,成为业界的标准。正所谓互联网技术"摧毁"了其他行业,也必然会被其他行业所"融入"。

新产品的优势和效益越来越难以维持。VF这家出售Lee牌牛仔服的著名公司,已经连续五年有20%的年增长率,部分归功于技术的创新。其中的一项技术是一个电子市场回应系统,它能把每一笔销售在几小时内通知到运输和制造部门。但VF的财务主管 Jerry Johnson 说，"创新事物的生命周期越来越短。两年前以为在为顾客服务方面我们已经取得了明显的领先地位。现在这已经成了业界的标准"。另一家成长型公司 Analog Devices 的质量保证主管也表明了类似的看法，他认为，"Analog 应该是新产品的发动机，产品生命周期越来越短，我们应该在竞争来临前淘汰我们自己的产品"。

知识，无疑能够为企业提供可持续的竞争优势。在商业社会中，最终，竞争对手几乎总能够达到市场领导者目前产品和服务的质量和价格水平。但在这一切发生前，具有丰富知识、进行有效知识管理的公司已向更高水平的质量、创造性或效率进军。技术优势难以维持，但知识优势却是可维持的，因为它带来日益增加的利润和持续不断的优势。有形资产随着使用而减少，而知识资产则随着使用而增加；创意激发新的创意，知识共享后，提供者仍拥有它，同时又丰富了接受者的思维。在任何公司里，从知识库中产生新思想的潜力实际上是无限的，尤其当人们有机会去思考、去学习、去与他人交谈时。在充满极限的世界里，知识的作用使得持续地经济增长成为可能。

二、知识管理

知识管理就是要使得合适的人，在适当的时候，运用适当的知识，帮助人们分享信息与知识，并运用知识以改善组织的行为绩效。它是建立在过去的经验基础上，产生一些交换知识的新的工具。知识管理是一个过程，它包括四大主要的知识活动：生产、加工、传播和运用。知识的生产，是指所有个人、团体或世界使知识更"新"的活动，包括创造、获取、综合、融合和改编，目的是要搞清楚究竟知道什么，知识存在于哪里；知识的加工，是指知识的整理和描述，以便个人和组织能重新应用；知识的传播，是指知识从一个地方转移到另一个地方并随后被吸收，目的是要促进人们之间对知识的理解和分享；知识的运用，是要使知识的接受者把所获得的知识运用到新的情况中，并创造新的知识。知识的生产、加工、传播和运用，总是不断地发生着，管理本身并不创造这些活动，知识管理的力量只在于使组织和个人的这些活动更加完美。

三、公司规模和知识管理

当公司需要"知道它们所知道的"，把这些知识分配到需要它的地方去，并有效地运用这些知识时，公司的规模和地理分布使得知识管理变得尤为复杂。在一个地方化的小型公司里，管理者知道谁在某个具体业务方面有经验，只要直接走到他的办公室就能找他谈话。有研究表明，如果要使得一个组织中每个人都了解其他人，能够可靠地掌握共同的组织知识，那么这个组织的最佳规模大约在 200~300 人。一个具有分散的工厂和办事处、复杂的产品和功能的跨国企业具有巨大的知识库，但问题是如何从中受益，如何发现所需要的知识。知识仅仅存在于组织内某个部门并不能带来什么，只有能被组织运用的知识才是公司有价值的资产。知识的价值随着它的可被运用的程度而增加。

大公司的管理者都知道,由于对已经成熟的解决方法的知识没有在公司里得到共享,因此一次又一次地从头开始解决同样的问题、重复劳动的现象是十分常见的。这也是克莱斯勒公司规划"知识工程"的目标之一。克莱斯勒公司过去总是忘记以前在制造汽车时所学到的知识,因此需要建立一个"知识库"保存这些有价值的知识资源。因此,许多公司都试图运用技术手段去解决全球性的知识转移。

四、知识管理工具

工具,被定义为支持活动的技术。广义地说,知识管理工具是促进知识生产、加工、传播和运用的技术。同任何工具一样,它们被设计成能减轻工作的负担,能使资源有效地应用到最适合于它们的任务中去。但有一点非常重要,我们必须认识到,不是所有的知识工具都是以计算机为基础的,纸和笔当然也可以用来生产、加工和传播知识。

真正的知识管理工具,并不是那些具有"新世纪"头衔的数据或信息管理工具。数据管理工具和信息管理工具不一样。数据管理工具,是帮助组织对通常以事实和数字形式存在的、被称为"原材料"的数据,进行生产、存取和分析,例如数据库、数据搜索驱动器、数据模型化和可视化工具。信息管理工具使信息能被操作。这些工具包括自动信息搜索和检索,基本决策支持技术,许多执行信息系统和文件管理技术。

信息技术的发展,使得计算机和网络构成知识交换的基础设施,打开了知识管理的大门。企业可以通过电子邮件、群件、因特网和企业内部局域网,能找到具有知识的人并连接上,进行远程知识共享。桌面电视会议和多媒体计算机能够传输文件和声音图像,因此能够把一个人知识的某些博大和精妙之处传递给另一个人。

我们必须记住,这些新的信息技术仅仅是知识交流的传输和存储系统,它不能在一个公司文化并不支持的情况下产生知识、促进知识的产生或共享。使用 Lotus Notes 并不能把一个知识存储型的文化变为知识共享型的文化。媒介不会产生消息,甚至不能保证一定会有消息,关键在于把好的工具放到懂得使用它们的人的手中。

第六节　创新中的企业信息管理

一、企业信息管理创新的内涵及基本原则

(一)企业信息管理创新的内涵

关于创新,依据美籍奥地利经济学家约瑟夫·熊彼特的观点,是指"建立一种新的生产函数",即把一种从来没有过的生产要素和生产条件的"新组合"引入生产体系。"创新"是在经济上引人某种"新东西",或者说是有效地去做别人从没有做过的事情,或把别人做过的事情做得更好。如同彼得·德鲁克所言,它是企业"给予资源以新的创造财富的

能力的行为"。

企业信息管理创新是指在统一的目标指导下,依据管理创新和信息(资源)管理的相关理论和思想,对现有的信息管理流程进行再造、信息组织结构进行重组、信息制度进行创新、信息文化进行重塑、信息人才进行培养、信息管理模式进行变革、信息系统进行重构和信息处理技术进行革新的过程。其具体内容包括:

1.信息管理流程再造

以企业的信息需求为导向,摆脱传统观念的束缚,对企业信息管理业务流程进行反思,彻底变革那些影响企业信息管理效率和质量的业务环节,确定信息管理业务流程的内容,精简流程内与企业信息管理目标不一致的工作环节。

2.信息组织结构重组

对目前我国企业中部门隶属和部门平行的信息组织结构模式进行变革,建立扁平化的、决策参谋式的企业信息组织结构。

3.信息制度创新

变革传统落后的企业信息制度,建立现代企业信息制度,即首席信息官(CIO)制度。

4.信息文化重塑

塑造一种能适应现代企业知识管理需要,且能优化企业信息资源管理的信息文化。

5.信息管理人才培养

采用各种途径,加强信息专业技术人才的培养和培训,提高他们的综合素质;创造有利环境,稳定信息管理人才队伍,并吸引优秀信息管理人才。

6.信息管理模式变革

变革传统信息管理模式,从强调显性知识管理的信息管理模式向强调显性知识和隐性知识集成管理、以人为本的知识管理模式转变。

7.信息系统重构

对现有功能单一、孤岛式的企业信息系统进行重构,充分利用现代信息技术,结合先进的管理思想、管理方法和管理技术,构建与企业扁平组织结构和授权相匹配的集成化信息系统,促进信息在企业内部畅通、快速地传递,提高信息资源的利用率,保证和促进企业能够对不断变化的内外部环境做出灵活、快速的反应,提高企业的竞争力。同时,积极构建企业知识管理系统,实现企业知识资源的共享。

8.信息处理技术革新

积极采用先进的现代信息加工处理技术,挖掘供企业战略决策使用的高质信息资源,进行知识创新。

(二)企业信息管理创新的基本原则

在实现知识管理的企业中,进行信息管理创新,必须遵循如下基本原则:

1.提高信息管理效率,优化信息过程是其追求的主要目标提高信息管理效率,优化信息过程和信息资源配置,不仅是企业信息管理创新的主要目标,也是企业管理追求的目标。因此,在企业信息管理创新方案的设计中,必须围绕着提升信息管理效率的目标来进行。同时,企业信息管理创新必须注重绩效的评价,并要把是否提高了信息管理效率作为信息管理创新绩效评价的最重要依据。从信息过程来看,必须有利于企业信息资源的收集、分析加工、存储和快速传递,具有较好的信息反馈机制,有利于企业网络化信息管理,有利于企业管理信息价值的及时实现。

2. 企业信息需求是信息管理创新的重要基础

企业信息管理创新是为了最大限度地满足企业各个管理层次、各个业务部门的信息需求,尤其是企业战略决策的信息需求。因此,在知识管理的企业,企业信息管理创新必须把满足企业的信息需求作为出发点和最终归宿。即一方面信息管理创新方案的设计要以企业的信息需求为基础,另一方面信息管理创新方案优劣最基本的评价标准就是看能不能满足企业的信息需求。

3. 以人为本,充分体现知识管理的本质

知识管理不仅丰富了企业信息管理的内涵,而且对企业信息管理提出了全新的要求,因此,现代企业信息管理创新方案的设计必须结合知识管理对企业信息过程的影响,体现企业知识管理对信息管理的要求,充分体现知识管理的本质内容,以人为本,确保信息组织结构、信息制度、信息管理模式、信息系统等的先进性和时代性。

在管理理念上,知识管理真正体现了以人为本的管理思想,人力资源管理成为组织管理的核心。因此,在企业信息管理创新方案的设计过程中,必须充分体现以人为本的思想,把信息人作为企业信息管理的核心。

4. 充分利用现代企业信息技术

现代信息技术和企业信息管理创新之间是一种互动的关系,一方面现代信息技术的发展,促进了企业信息管理创新,为企业信息管理创新提供了良好的环境和条件;另一方面信息管理创新的实施,又进一步推进信息技术,尤其是企业信息技术(如企业信息系统等)的发展和优化。

现代信息技术是企业信息管理创新最重要的支撑工具。信息组织重组、信息管理流程再造、信息管理模式变革、信息系统重构等信息管理创新过程,都离不开现代先进的信息技术。因此,在企业信息管理创新过程中,必须充分地利用现代信息技术,构建支撑企业信息管理的信息化平台。

5. 先进性和环境适应性

企业信息管理创新方案的设计,必须充分体现时代的特征,要融合管理创新和信息管理的最新理论、思想和方法,确保方案的先进性;同时,由于现代信息技术的快速发展,企业的内外部环境变化也比较快,新的管理理念和思想不断涌现,因此,企业信息管理创新方案的设计必须具有一定的前瞻性、扩展性和灵活性,能较好地适应环境的变化。

只有这样,才能有持续的效用和活力。

6.必须符合我国企业的实际情况

发达国家不少企业的信息管理水平比较高。对于国外出现的企业信息管理的成功方法和经验,我们应该去了解,进行研究,有选择地学习和借鉴,但绝不能盲目照搬。这一方面是因为我们的企业和国外的企业在许多方面都存在着差距,我国的社会主义市场经济体制还没有完全建立起来,我国企业正处于转换机制、构造市场经济主体的时候,而国外的企业是完全自主经营的经济实体,在成熟的市场经济环境中经营和发展;另一方面是因为各个国家的文化背景不同。因此,在具体的信息管理创新方案设计过程中,我们不能完全照搬国外的信息管理模式,采用国外的信息管理制度,必须结合我国具体的国情及企业自身的实际情况来付诸实施。

7.全方位和全过程

企业信息管理创新是一项复杂的系统工程,它是一个全方位、多层次的信息管理创新活动。因此,在企业信息管理创新的实施过程中,必须从企业信息管理所涉及的内容和范围进行全面、系统化的创新。如从信息管理层次来看,不仅要进行信息战略管理层创新,也要进行信息战术层管理和作业层管理的创新,强调全员性、全方位和全过程,只有这样才有可能实现信息管理创新的目标。

二、企业信息管理创新的保障体系

企业信息组织结构重组、信息制度创新、信息文化重塑、信息管理模式的转变、信息系统重构、信息服务的变革和信息管理人才培养等方案的实施,要求企业有相适应的内外部环境因素作保障。

1.企业管理者要高度重视信息管理创新

企业最高领导层对信息管理创新的重视、期待和参与程度是信息管理创新获得成功的关键因素。没有胸怀全局、高瞻远瞩的企业高层领导人来亲自领导这项工作,没有责任心强、工作勤奋和精通信息技术的工作人员具体负责这项工作,企业信息管理创新是很难成功的。政府部门要采取多种形式,通过多种渠道,开展多层次的信息知识宣传、培训和推广。特别是要加大对中小企业、落后地区的企业和传统劳动密集型企业的信息知识培训力度,增加这类企业的信息管理创新意识,提高对信息管理创新的认识水平。

2.加大资金投入力度

企业信息管理创新要有一定的资金支持,如企业信息管理人才的培养、企业集成化信息系统的建设等。发达国家企业非常注重对信息管理的资金投入。武广齐在《美国企业信息管理的特点》一文中指出,美国企业信息管理的特点之一就是:"注重对信息技术与信息媒介的投入"。而目前我国企业普遍存在对信息管理及信息化投入不足的问题,因此,企业必须从战略高度出发,加大对企业信息管理的资金投入,确保企业信息管理基础设施建设的基金及时到位,企业也可设立信息管理创新的专项基金。

3.提高企业信息化水平

企业信息化建设是实现企业信息管理创新的物质基础。企业信息化的实现将为企业信息管理创新活动提供技术上的保障,明显地提高企业的信息能力。尽管我国企业信息化的建设已经取得了一定的成就,但是与发达国家相比还有较大的差距,企业信息化建设还处于起步阶段,总体水平较低,还存在社会环境差、投入不足、人才缺乏和政府扶持不力等问题。因此,要推进我国企业信息化建设就必须加强企业信息文化建设;领导必须重视企业信息化;加快专业技术人才的引进和培养;加大资金投入;加强信息化项目的管理和评价;善于借用社会中介机构的力量;建立 CIO 制度,优化信息资源管理;政府要大力扶持和引导,努力做好服务与协调工作;积极借鉴国外和国内成功企业的经验等。

4.完善信息政策和规章,为企业信息管理创造良好的氛围

信息政策和规章在宏观上规范着企业信息管理行为。制定符合我国国情需要的企业信息政策,就是要促进信息在企业内高效流动,为满足企业战略决策的信息需求创造良好的社会条件。

一些发达国家采取制定一系列措施来扶持企业信息化建设。

日本政府对大企业信息化建设并没有特殊政策措施,但对影响某个行业的信息化项目会给予一定的资金支持,特别是对中小企业的信息化建设提供多方面的支持服务。一般情况下,政府通过三种方式给信息化项目提供补助,一是政府对项目补贴50%,企业自筹50%;二是政府全额支付科研项目的费用,科研成果由政府与开发人员共享;三是政府对项目发放低息或无息贷款。为促进中小企业信息化,日本政府从多方面提供支持和服务,利用各地现有的商会,为中小企业举办信息化知识讲座,利用现有的法律咨询窗口提供信息化方面的法律咨询服务等。

王东艳在《日本企业信息管理的特点分析》一文中也分析了日本政府对企业信息的宏观管理特点,即政策的制订体现企业的利益;重视国家对信息资源的开发,建立大型国家级信息系统,推进企业信息化进程;扶持企业的信息要素和信息服务产业;强调经济信息的长远规划;重视信息联合开发,促进信息国际交流等。

可见,政府及信息主管部门应从以下几个方面进行引导和激励:一是产业引导,制定积极有效的产业政策,鼓励企业采用信息技术,发展信息技术,强化企业信息化的示范作用;二是政策引导,实施有利于企业信息化的投资政策,将企业信息化作为特别项目来加以扶持;三是资本引导,鼓励企业引入外商和民间投资来推进企业内外部信息网络系统的建设,采用最新的信息网络技术;四是体制引导,鼓励企业内部的部门形成一个独立的实体,在企业内部分配上争取与社会上行业人员的收益相持平,留住企业内部的人才,吸收外部人才加入中小企业部门中来;五是服务引导,为充分发挥相关信息和

网络服务企业的技术、人才、市场、品牌等优势,本着"优势互补,资源共享,一致服务于中小企业信息化"的原则,为中小企业提供信息化最新技术和最佳解决方案。

另外,企业应针对自身的信息活动,制订相应的规章和条例,规范企业信息活动管理,提高信息服务质量,优化信息资源配置,实现信息资源共享。

5.变革组织结构,促进信息的有效流动

企业传统的组织结构是金字塔式、自上而下、递阶控制的层级结构。从信息交流的角度来看,这种科层制结构的每一个层级实际上是一个信息栈。一般来说,信息栈越多,则信息传递的效率越低。所以传统的金字塔组织结构中,庞大的中间管理层,不仅延缓了信息传递的速度,使信息污染和失真的可能性增大,而且也极大地增加了信息处理的模糊性和不确定性。因此,必须对这种科层制的组织结构进行变革,使其扁平化,即在组织结构的垂直化中大大压缩管理层次。企业组织结构的扁平化,不仅适应了信息导向的管理要求,而且加速了信息传输,减少了信息污染,提高了组织结构效率。

6.加快信息专业技术人才的引进和培养

信息专业技术人才是企业实施信息管理创新战略的前提和基础,因此,企业要实施信息管理创新,就必须稳定信息专业技术人才队伍,注重信息专业技术人才的引进和培养。具体来说,就是要做好以下几方面工作:一是稳定信息专业技术人才队伍。企业要用好用活现有的信息专业技术人才,充分发挥他们的才能,千方百计稳定企业的信息专业技术人才队伍,增强企业对人才的凝聚力和吸引力;二是要有计划地引进和吸收优秀人才。企业要制定一系列优惠政策,引进和吸收高等院校、科研院所和海外留学回国的信息专业技术人才到企业工作,充实壮大企业信息专业技术人才队伍,提高信息专业技术人才队伍的素质;三是要坚持横向联合以培训人才。企业要注重横向联合,与对口科研院所建立合作关系,形成前厂后院的格局。选派技术人员、生产骨干到相关科研院所学习先进信息技术和管理知识,充实企业的信息专业技术人才队伍;四是自己培训。企业也可采用专家讲座或办培训班的形式,对在职员工进行系统的技术业务培训,使企业的个体、整体业务素质得以全面提高。

7.变革企业管理模式,建立现代企业制度

当前,为适应新形势的要求,企业正在积极投身于信息系统的建设和改造之中,但企业所要做的绝不仅仅是现有运作模式的电子化、网络化,而是一场从管理模式开始的变革,网络技术为企业提供了一种崭新的信息传递手段,使得在更大范围内配置资源、组织协作成为可能,使得生产组织方式的精细化成为可能。传统的产业分工,全能型、长链条的生产组织方式已不能适应发展需要,必须进行业务分解和结构重组。在这方面,我国与发达国家企业相比还有较大的差距,企业业务流程尚未理顺。要充分应用企业资源计划(ERP)、供应链管理(SCM)和敏捷制造(AM)等信息化管理手段使企业的信息—决策—执行三者集成化,提高决策质量和效率;利用信息共享机制,将垂直一体化管理向组织扁平化矩阵式管理模式转化；用信息技术重构过程管理、物流和资金流管理，改善成本结构，降低管理成本。

另外，我国企业要加快自身的变革，按照产权清晰、权责明确、政企分开、管理科学的原则，尽快建立和完善现代企业制度，为企业信息管理创新方案的实施营造良好的内部环境。

8.制订信息管理创新的评价体系

企业信息管理创新的质量如何，必须进行科学的评价。通过评价可检查企业信息管理创新是否达到预期目标，及时发现信息管理创新中存在的问题，并总结信息管理创新活动中的经验和教训。但是评价必须有一套科学合理的评价体系，目前，我国还没有形成科学合理的评价指标体系，因此，构建企业信息管理创新的评价指标体系已经是当务之急。评价体系的建立要遵循科学性、系统性、可比性和实用性的原则，采用科学的方法和合理的步骤。企业信息管理创新的评价体系主要可分解为信息管理的评价体系、信息服务的评价体系、信息系统的评价体系、信息制度的评价体系、信息管理人才的评价体系等。学术界应加强这方面的理论研究，来探求科学合理的企业信息管理创新的评价体系，同时我们也可借鉴国外的一些成功经验和做法。

第十章 现在企业营销策划

第一节 营销策划的内涵与类型

营销策划主要研究企业在一定的外部环境和一定资源条件下,为实现特定营销目标的基本策略、手段、方法和规律。本教材是在"市场营销学""市场调查与预测""消费行为学"和"整合营销传播"等课程知识基础上,沿实务方向的营销知识整合,向应用水平和操作实务水平方面的营销专业能力延伸。

一、策划与营销策划的内涵

(一)策划

策划又称企划、出谋划策。策划活动,在本质上是人类特有的一种有限理性行为,是一种创造性的智力活动,它是指人们对未来将要进行的活动进行当前决策或者说是预先作出计划、安排,对要达到什么目标、如何达到目标、具体实施步骤等一系列问题,进行具体的设计、计划和筹划。

策划的特点可以简单概括为以下几点:首先,策划具有适应性。策划不可能在真空下进行,任何策划都离不开既定的环境,即策划必须适应企业所面临的内外部环境。其次,策划具有动态竞争性。企业所处的环境是在动态变化中,原来建立的竞争优势在新的环境中有可能持续不下去,故企业在策划时需要适时检测自己的竞争优势,要力争动态竞争优势的建立。再次,策划具有资源性。策划需要整合一切可以整合的资源,策划的目的就是为实现特定目标而发挥出资源的最大效益。最后,策划具有创新性。策划需要按照一定的基本程序,创造性地进行策略设计,也就是策划需要创新。

(二)营销策划

按照企业的不同职能,可以把策划分成投资策划、研发策划、生产策划和营销策划等。本教材主要研究的是营销策划。所谓营销策划,是指市场营销策划的主体,根据企业的整体战略,在企业内部条件和外部环境分析的基础上,设定预期的营销目标并精心构思、设计和组合营销因素,从而高效率地将产品或服务推向目标市场的操作程序。营销策划是现代企业管理的重要内容,是企业竞争力提升的必然途径。在认识策划的特点和营销策划定义的基础上,可以归纳出营销策划的以下特点:

(1)前瞻性。营销策划是对未来营销活动所做的当前决策,因而具有前瞻性。

(2)战略依托性。一个营销策划不能脱离企业的整体战略而独立存在,否则,这个营销策划无论自身多么优秀,那也是无效果可言的,因为他与公司的整体战略方向发生了冲突,结果只能费力不讨好。

(3)科学性。营销策划是一门思维的科学,要求定位准确、审时度势、把握主观与客观,辩证地、客观地、发散地、动态地把握各种资源。要进行营销策划,必须对企业自身条件和外部环境进行分析,以便有的放矢。没有环境分析做营销策划的基础,所作出的营销策划就变成了无源之水、空中楼阁,毫无根据,是极不科学的。

(4)目的性。在营销策划中,一定要设定企业的营销目的,即企业希望达到的预期目标,如在销售量、市场份额、利润等方面的预期目标,而且对这些目标应该进行可以量化的表述。一个营销策划若没有相应的营销目标就无法检测营销策划的质量,同时也失去了其存在的意义。

(5)程序性。理论和实践都证明了营销策划的进行应该遵循一定的程序,程序是营销策划质量的保障,而脱离程序不但提高了营销策划本身的难度,而且会使营销策划的质量大大降低。同时,应该看到营销策划的程序性并不是阻碍创造性思维的发挥,而是使创造性思维得到更合理的发挥。

(6)创新性。创新性是营销策划的灵魂所在,一个营销策划切忌模仿他人,没有创意,否则,就会失去策划的生命力。只有那些拥有创意的营销策划才能在如今激烈的市场竞争中脱颖而出,取得最终的成功。

二、营销策划的类型

营销策划由于覆盖的领域广阔、内容丰富,因此可以从不同的角度对其进行划分。

(一)按营销策划作用时间的长短划分

按营销策划作用时间的长短,可将其分为过程策划、阶段策划和随机策划。过程策划是指贯穿于企业营销的全过程的长期策划;阶段策划则是指处于企业营销的不同阶段的短期策划;随机策划是指在企业营销某一时点的随时策划,属于更短期的策划。

(二)按营销策划的主体划分

按营销策划的主体,可将其分为企业内营销策划和第三方营销策划。企业内营销策划是指由企业内的市场部和企划部人员作出的营销策划;第三方营销策划是指由独立的营销策划公司、管理咨询公司等中介机构作出的营销策划。

(三)按营销策划的客体划分

按营销策划的客体,可将其分为市场调研策划、营销战略策划、新产品开发策划、价格策划、渠道策划、促销策划、企业形象策划、广告策划和网络营销策划等。

(四)按照营销策划的目标划分

按营销策划的目标,可将其划分为营销战略策划和营销战术策划。营销战略策划注重企业的营销活动与企业总体战略之间的联系,内容涉及企业战略发展方向、战略发展目标和战略重点等,并以此设计企业的营销战略,如营销战略目标的策划、营销战略重点的策划和STP的策划等;营销战术策划则注重企业营销活动的可操作性,是为实现企业的营销战略所进行的战术、措施、项目和程序的策划,如产品策划、价格策划、分销策划和促销策划等。营销战略策划与营销战术策划关系密切,前者为后者指明方向,而后者则为前者的完成提供支撑和保障。

上面对营销策划按照不同的划分标准进行了分类,但需要明白的是,这几种划分彼此并不是孤立的,如过程策划可以视为营销战略策划,阶段策划可看作营销战术策划,而价格策划、品牌策划等本身也是营销战术策划,所以这四种分类之间是相互联系、密切相关的。

需要指出的是,本书在后面将以营销计划(营销战略计划)书的编制流程进行组织内容,不同于很多营销策划教材按照营销策划的客体进行论述,本书主要是基于以下考虑:首先,若按照营销策划的客体进行展开,与目前主流的市场营销学教材的内容相近,很多营销策划教材目录无外乎是在营销学教材章节目录上加上"策划"两字,但是内容极其相近,根本不是真正的营销策划教材。其次,营销策划的客体太多,很多是偏营销战术策划,若大量篇幅放在营销战术策划,肯定与学生之前所学课程的交叉太多,同时没有抓住营销战略策划这一营销策划的关键环节,加上战略策划书里也含有战术策划,故本书主要以营销战略策划书(营销计划书)的编制为教学重点。再次,营销策划书的编制本身就是一个大项目,营销计划书的编制有明确的工作过程,按照营销计划书编制过程中的任务组织教学内容,可以很好地开展项目教学方法,它符合本门课程的教学任务和目标,也符合营销本科专业学生能力培养的要求和国家精品课程评审的要求和国内外高等教育教学改革精神。

第二节　营销策划的原理与流程

一、营销策划的原理

营销策划的原理就是指通过科学总结而形成的对营销策划活动具有理性指导作用的规律性知识。营销策划的原理具有客观性、稳定性和系统性。营销策划所依据的原理主要有下列几个方面。

(一)人本原理

人本原理是指营销策划以人力资源为本,通过探究消费者的需求和发挥策划人的创造性来推动企业发展的理论。这里的人主要是指消费者,也包括企业外部的消费者。在拟订营销策划方案时,一方面要调动和激发企业内部相关人员的积极性和创造性,以企业员工的智慧来充实和丰富营销策划方案;另一方面也要体现"以消费者为中心"的理念,把企业行为与销售对象紧密地连接在一起,使营销方案有利于目标顾客的接受。因此,营销策划不能脱离企业内部人员和企业外部目标顾客而孤立地设计,否则,就会导致策划活动劳而无功。另外,人本原理特别崇尚"天人合一"的理念,即营销策划要把企业发展、社会发展和自然生态发展统一起来,形成绿色营销策划的最高境界,以实现可持续发展。

(二)差异原理

差异原理是指在不同时期,对不同主体、不同环境而作出不同选择的理论体系。这追溯到哲学上就是唯物主义辩证法,唯物主义辩证法要求认识事物必须从实际出发,一切以条件、时间和空间为转移。营销策划不是空洞的玄学,在策划过程中必须审时度势,用动态的观念从客观存在的市场环境、策划对象、消费者等具体情况出发,因事制宜地进行营销方案的设计和制定。这就是说,营销策划没有固定的模式,营销策划工作不能刻舟求剑、生搬硬套。不同的策划主体和客体以及不同的时间和环境都决定了营销策划文案的差异性。那种无视客观环境变化而盲目照抄照搬别人现成的"模式"的营销策划行为本身就违背营销策划的内涵,是不科学的乱干行为。当然对于那些没有经验的初学者来说,一段模拟学习的过程是必要的,也是不可避免的,但真正的实战则不能停留在模仿的水平上,而必须有创意。在激烈的市场竞争中,只有有创意的营销策划方案,才能出奇制胜。

(三)整合原理

整合原理是指营销策划人员要把所策划的对象视为一个系统,用集合性、动态性、层次性和相关性的观点处理策划对象各个要素之间的关系,以正确的营销理念将各个要素整合统筹起来,从而形成完整的策划方案并达到优化的策划效果。整合原理要求营销策划要围绕策划的主题把策划所涉及的各方面以及构成文案的各部分统一起来,形成一个有机整体。同时,整合原理还强调策划对象的优化组合,包括主附组合、同类组合、异类组合和信息组合等。营销策划在整合原理的指导下,就会产生产品功能组合、营销方式组合、企业资源组合、企业各种职能组合等策划思路。

(四)效益原理

效益原理是指营销策划活动中,以成本控制为中心,追求企业与策划行为本身双重的经济效益和社会效益为目的的理论体系。企业在进行各种活动中都要与其盈利性相一致,这种盈利既可能是长期的,也可以是短期的。同样,企业在进行营销策划时也要注重投资回报率,不要为策划而策划,要抓住最根本的东西,即营销策划活动能为企业带来的利润是多少。所以,营销策划效益是策划主体和对象谋求的终极目标,企业之所以要进行营销策划,就在于谋求企业的经济效益和社会效益(好的社会效益能为企业带来长期的企业利润)。营销策划如果不能为企业带来利润,那么就丧失了它的存在意义,也就不会有公司愿意做营销策划。

二、营销策划的流程

营销策划作为一门实践性很强的科学性与艺术性相结合的企业市场活动行为,其本身既有严谨的内在逻辑联系性,又有可操作性的市场营销程序。因此,在进行营销策划时,应该按照一定的流程逐步进行,以提高营销策划的质量和科学性。

营销策划的流程由方框中所写的六个环节组成,而且是一个非闭合的通路。下面将对每一个环节进行讲述。

(一)环境分析

环境分析是指企业营销策划者通过对企业的外部环境和内部条件进行调查和分析,进而确定外部市场机会和威胁以及企业自身的优势和劣势,从而明确企业目前所处位置的一种方法。任何营销策划都必须首先从环境分析入手,这一步骤对整个营销策划的质量是至关重要的,若不进行环境分析,那么所做的营销策划就没有根据,成了无源之水、空中楼阁了。

(二)营销目标设定

在完成了环境分析之后,下一步就是在环境分析的基础上,确定营销目标,而这也是营销策划整个流程的关键环节。目标就是想完成什么,目标的设定应该遵循SMART原则,即具体(Specific)、可衡量(Measurable)、可操作(Available)、现实性(Realistic)和时限性（Timed）。因此,营销目标在设定时也要遵循上述的 SMART 原则。

营销目标就是营销策划要实现的期望值,如1年内企业某一产品的市场份额达到10%。应该明确的是,营销目标只与产品和市场有关,通行的原理是仅仅通过把某些东西卖给某些人,从而达到公司的财务目标,而广告、定价、服务水平等只是取得成功的方式,所以定价目标、促销目标、广告目标以及其他类似目标不应与营销目标相混淆。营销目标应包括下列一项或多项内容:为已存在市场而生产的已存在产品;为已存在市场而生产的新产品;为新市场而生产的已存在产品;为新市场而生产的新产品。

(三)营销战略策划

营销策划目标告诉人们要到达的目的地,而营销战略策划则勾画了人们如何达到这一目的地的整体框架。营销战略策划在整个策划流程中居于十分重要的地位,因为营销目标的实现完全取决于营销战略策划这一环节,可以说是整个策划流程的核心所在。营销战略策划主要包括市场细分、市场目标化、目标市场定位等,也就是营销中常提到的 STP 活动。

1.市场细分

所谓市场细分,就是按照购买者所需要的产品或营销组合,将一个市场分为若干不同的购买者群体,并描述他们的轮廓的营销行为。被细分出来的市场是由在一个市场上有可识别的相同的欲望、购买能力、地理位置、购买态度和购买习惯的大量人群构成的,应该说市场细分是介于大众化营销和个体营销之间的中间层群体。属于一个细分市场的消费者群体是假设他们有相同的需要和欲望,虽然并不存在两个购买者是完全一样的。在细分的市场上,企业能创造出针对目标受众的产品或服务及其价格、分销渠道和传播渠道,并且面临较少的竞争对手,这也是市场细分的优点和促使企业进行市场细分的驱动力量。然而,并非所有的市场细分都是有效的,要使市场细分有效,它必须具备五个特点:①可衡量性,即用来划分细分市场大小和购买力的特性程度应该是能够测定的。②足量性,即细分市场的规模大到足够获利的程度。③可接近性,即能够有效地到达细分市场并为之服务。④差别性,即细分市场在观念上能被区分,并且对不同的营销组合因素和方案有不同的反映。⑤行动可能性,即为吸引和服务细分市场而系统地提出有效计划的可行程度。

2.市场目标化

所谓市场目标化,就是指当公司进行了市场细分后,在权衡了外部各细分市场的吸引力和企业自身的能力和资源的基础上,公司决定要进入哪些细分市场的营销决策行为。在评估各种细分市场时,公司必须考虑两个因素:细分市场的吸引力和公司的目标与资源。只有那些与公司目标相一致并且公司有能力和资源进入的具有吸引力的细分市场才能最终成为公司市场目标化的对象,即目标市场。公司在对不同的细分市场评估后,可考虑五种目标市场模式,即密集单一市场、有选择的专门化市场、产品专门化市场、专门化市场和完全覆盖市场。另外,在市场目标化过程中,还必须考虑到其他一些因素,如目标市场的道德选择、细分相互关系与超级细分、逐个细分市场进入的计划以及内部细分合作等问题。这些因素往往对市场目标化起着十分重要的影响,如公众关注容易被侵入群体或有弱点的群体的不公平的营销手段或促销潜在的有害产品等,这就使得营销者在选择目标市场上必须考虑社会责任问题。

3.目标市场定位

所谓目标市场定位,就是确定企业或其产品和服务相对于竞争对手在目标市场上处于一个什么样的位置。营销策划中必须对竞争对手现阶段所处的市场地位有所了解,然后结合企业自身的具体条件选择适合于企业发展的市场位置。目标市场定位的策略主要有两种:其一是市场空间定位策略。它包括市场空位争夺者,即企业争取成为新兴市场的第一进入者;市场深度开发者,即通过营销策划,纵深开发,从而挤入已被占领的目标市场;抢占市场者,即凭借雄厚实力,打败竞争对手,从而使自己成为目标市场新的占领者。其二是市场竞争定位策略。它主要有市场领导者、市场挑战者、市场追随者和市场补遗者等定位选择。

(四)营销战术策划

营销战术策划是指企业根据营销战略策划而制定的一系列更为具体的营销手段,具体内容包括产品策划、价格策划、分销策划、促销策划、品牌策划等。营销战术策划是营销战略策划由宏观层面向微观层面的延伸,它在营销战略策划的总体指导框架之内,对各种各样的营销手段进行综合考虑和整体优化,以求达到理想的效果。在营销战术策划中需要强调以下两点:

(1)营销战术策划中可利用的可控因素有多种,且对于不同的企业其被侧重的程度是不同的。企业不能将可利用的营销策划的可控因素教条化,认为仅仅局限于在营销学科中常常被提及的"4P",即产品、价格、分销和促销,或者认为只有这四个"P"才是最重要的。其实,企业在营销策划中可利用的可控因素远不止这四个,而且营销学中的"4P"理论是基于日常消费品提出的,对于其他的产品其有效性不一定像日常消费品那样可靠,因此企业应根据所处行业的具体环境以及自身的条件,选择和侧重供营销策划用的可控因素,不能把自己设置在一个框框中,束缚住自己的手脚。

(2)企业的营销战术策划可以是全面的,如一个企业整体的营销策划;也可以是单项的,如一个企业的品牌策划。不管是全面策划还是单项策划,其策划的思路是基本相同的,需要考虑的战术要素也是相似的。

（五）形成营销策划书

营销策划书是整个营销策划内容的书面载体,它一方面是营销策划活动的主要成果,另一方面也是企业进行营销活动的书面行动计划。营销策划书凝聚着整个策划活动的智慧,其写作水平的高低直接影响着营销策划方案的有效表达,从而影响市场营销决策。营销策划书的写作要遵循一定的基本格式,本书在后面的章节将对此进行详细的论述,这里主要讲一下营销策划书的作用。

（六）营销策划实施

一个营销策划通过营销策划书表现出来以后,接下来的工作就是将营销策划书中所写的营销策划方案在实践中加以实施。营销策划实施是指营销策划方案实施过程中的组织、指挥、控制和协调活动,是把营销策划方案转化为具体行动的过程。再理想的营销策划方案,如果不通过企业各相关部门的有力实施,其结果只能是纸上谈兵,对企业来说毫无意义。所以,企业必须根据营销策划方案的要求,分配企业的各种资源,处理好企业内外的各种关系,加强领导,提高执行力,把营销策划方案的内容落到实处。

（七）评估与修正

营销策划一旦进入实施阶段,伴随而来的就是营销策划的评估和修正。所谓营销策划的评估,就是将营销策划方案的预期目标与现实中得到的实际目标加以比较,通过比较对营销策划实施的效果进行评价;营销策划的修正则是当发现营销策划的实际实施效果不理想时,对造成不利影响的因素加以修正,以便营销策划能够达到策划者所希望获得的目标。营销策划的评估与修正主要包括项目考核、阶段考核、最终考核和反馈改进等内容。

第三节　营销计划书的写作框架

一、营销计划书的框架和纲要说明

（一）市场分析

制订营销计划书的第一步是对决定有效营销策略所需重要信息的回顾和总结。

1.企业目标和任务

企业的目标和任务是用来识别企业属性或企业存在的原因的。通过明确目标和任务,营销计划人员可以尽可能地做出努力来使企业运作得更好。

2.市场现状与策略

总结企业所运营的整个市场状况和目前所运用的营销策略。企业需要确定让企业运作得更好的相关营销活动有哪些。

3.主要竞争对手

营销计划一个很重要的部分,是需要对相同产品或服务类似的客户群的竞争对手做一个细致的分析,有针对性地评估其优势和劣势,以帮助企业在竞争中取胜。

4.外部环境分析

企业的外部环境因素对企业业绩的影响很大。这些因素包括:经济、竞争、与企业相关的法律法规、技术、成本、社会的期望和需求等。

5.内部环境分析

企业自身的优势和劣势是由对企业现在与过去业绩的总结决定的。这一总结包括:分析产品和生产方法、具体营销活动、人事安排、财务业绩等。

(二)营销策略

营销策略包括所服务的目标市场和针对每一目标市场所涉及的营销组合的详细描述。

1.目标和效果

营销策略需要包括对企业计划所要达到的目标的详细描述或者对营销工作所要产生的预期效果的描述。

2.市场描述

营销策略清楚地指出所需要服务的目标市场的每一个细节、定位和市场中的具体人员的沟通。一个营销计划中可能会指出多个目标市场,但是对每一个目标市场都设计一个专门的营销组合。

3.市场定位

市场定位是对营销组合质量的一个详细描述,它可以根据竞争和吸引潜在客户的不同而不同。

4.营销组合

它包括对每一个营销组合要素的完整描述。产品或服务的特性,如何定价、分销、促销,以及对每个参与营销组合实施工作的人明白企业计划在做什么的详细描述。

(三)行动计划

营销计划的最后一个部分是指出完成营销策略所需要的具体活动有哪些,并评估最终的营销策略。

1.活动/安排/预算

营销策略是需要一系列的营销活动来实现的。活动内容包括明确活动开展的时间和如何开展活动。需要指派特定人去参与具体营销活动。这些人可能来自企业内部，也可能来自企业外部。需要制作一个详细的营销活动预算。

2.评估流程

评估流程是对营销活动是否按时完成，以及营销活动开展的方式是否正确等问题的具体描述。评估流程也可以由是否完成了营销目标，以及目标市场是否满意来决定。

二、关于营销计划重点内容的确定

许多企业针对不同的客户，提供了各种各样的产品；企业根据不同的产品类别或者针对每一个产品的不同客户群开发的营销计划有较大差别。因此，在开始撰写营销计划前，学生必须确定营销计划的重点。

多年来，营销计划被认为是在产品或服务出现之后才制订的，其目的是寻找客户的需求并说服其购买，但这会错过很多好的市场机会；没有市场需求，就不会有某个产品或服务。因此，理想的情况是，营销计划应该开始于挖掘消费者未得到满足的需求，然后规划一个产品以及基于那些未被满足的需求如何进行营销。实际上，很多企业已经将客户和客户需求研究与新产品开发、现有产品改进结合起来，并最终进行销售。

因此，在开始撰写营销计划之前，首先要完成"分析消费者未得到满足的需求，并规划基于那些未被满足的需求如何进行营销"工作，学生应该用几句话来总结其所要服务的客户，以及计划为他们提供什么产品/服务。该工作是通过营销重点工作表完成的，该表重点描述了学生所要营销的产品或服务以及其主要满足的客户，通过营销重点工作表，可以得出具体问题的答案，帮助学生理清目前关于营销计划项目的思路，并提供了撰写营销计划的内容重点和方向。完成了营销重点工作表之后，学生就可以考虑制订一份成功的营销计划所需要的重要信息类别，来进一步改善自己的营销计划。

为了完成营销重点工作，学生不需要研究市场、产品/服务，收集大量的信息，也不要太过于关注某个点，而要关注自己所感兴趣的客户、产品/服务。当完成了营销重点计划表之后，学生可以适当地与其他人讨论学生的观点，看看他们的想法是否与自己的一致。

当完成营销重点工作表后，学生应该对确定营销计划的写作重点有了一个清晰的认识，然后再参考营销计划工作表或营销计划的写作大纲，便可以容易地确定哪些内容应该是重点分析和写作的部分。

第四节　营销策划中常见的误区和影响因素

一、营销策划的认识误区

进入20世纪90年代后,中国市场的竞争变得十分激烈,许多企业逐渐认识到了营销策划的作用,于是纷纷做起了营销策划。然而,由于大多数企业缺乏营销策划的知识,因此就借助于外脑,即外部的策划公司和策划人员。但是,由于过去一些策划公司和策划人员为了自己的短期利益,不负责任地设计了一些质量低下的方案,使不少企业耽误了营销机会,结果不但没有为企业带来利润,反而造成了许多损失,以至于一些深受其害的企业至今对营销策划不敢问津。造成这样的局面主要是因为人们对营销策划存在一定的误区,当前营销策划中存在的误区主要表现在以下几个方面。

(一)营销策划是"包治百病"的良方

一些企业的管理人员认为,营销策划是解决企业在经营和管理中所遇到的难题的万能钥匙,这本身就是对营销策划的一种误解,也无形中夸大了营销策划的作用。其实,营销策划只是企业众多职能之一,它不可能包办企业的所有问题。而且营销策划要取得成功光靠营销策划过程自身是不够的,有许多因素影响着营销策划的成功率,这些因素包括公司的规模、国际化程度、管理风格、公司高层的支持力度等。因此,企业的管理人员要正确看待营销策划,要认识到营销策划的局限性。一个企业要在激烈的竞争中生存发展,首要任务是苦练内功,企业自身的综合素质才是决定企业成败的关键因素,要不断地加强企业的市场应变能力,提高企业的核心竞争能力。只有企业自身的综合素质得到提高,企业才能更好地运用营销策划和驾驭营销策划。

(二)营销策划是误人子弟的东西

一些企业认为营销策划对企业是毫无用处的,并且还会给企业带来损失。这种观点显然是另一个极端的误区。造成这种想法的原因是多方面的,如在现实中,一些在营销策划方面比较粗心的公司经营得很好,而那些在营销策划方面做得很好的公司经营得却很差;一些企业曾经利用外部策划机构和人员做过策划,但是结果很差;社会上一些策划公司和策划人员缺乏职业道德,只考虑自身利益,坑害了客户等。造成上述现象的原因是多方面的,如前面讲的营销策划受许多因素的制约以及各个企业所处的行业环境等。但这些均不能证明营销策划是一无是处的。营销策划建立在多门市场理论和管理理论的基础之上,并随着市场实践的探索而不断完善、发展,是一种有严密的逻辑和操作程序的边缘应用型综合技巧,它本身是科学性和艺术性的紧密结合,其效果并不因为某些失败或过错的案例而被否定。随着世界经济一体化趋势和市场竞争激烈程度的加剧,企业的经营活动与管理活动更加需要营销策划,以便为企业的竞争和发展指明方向,为决策者提供有价值的参考。

(三)营销策划方案可以模仿着做

在如今激烈的市场竞争中,企业要获取竞争优势就必须进行一系列的创新,在营销策划方面更是如此。创新性是营销策划的灵魂所在,只有有了创新的营销策划,才能为企业带来胜利。那些模仿他人营销策划而作出的营销策划本身是对营销策划核心的误解,是不能取得成功的。因此,企业在做营销策划时要彻底摆脱"营销策划方案可以模仿着做"的误区,一定要从创新的基点出发来进行营销策划方案的构思和设计,只有这样才能真正体现出营销策划方案的价值,为企业带来竞争优势。

(四)有专业知识就能做好营销策划

一些人认为拥有专业知识就能做好营销策划,这也是营销策划认识上的一个误区。应该指出的是,一个好的营销策划方案的诞生是离不开经济理论、市场营销、策划理论等方面的专业知识的,但是成功的营销策划除了专业知识,还需要策划人员更加广博的知识和丰富的行业营销管理经验,这本身是由营销策划实践性很强的特性所决定的。这就说明了有专业知识是优秀营销策划方案的必要条件,而不是充分条件,同样的道理也适用于那些只有丰富实践经验而缺乏专业知识的人。

(五)营销策划越复杂越好

做好营销策划需要丰富的理论知识和实践经验,但这并不等于说营销策划越复杂越好。营销策划的目的在于高效率、高效果地完成营销任务,而不在于追求复杂,如果简单地认为简洁的营销策划意味着质量不高,复杂的营销策划则代表高质量,那么就犯了形而上学、舍本逐末的错误。此外,营销策划要根据企业高层决策者的特点来进行,一些企业高层管理者是不喜欢复杂的策划书的,他们更青睐于简单有力的形式,这时候复杂的策划书往往会引起他们的反感,遭到否决。所以,营销策划书要考虑其服务对象的特点,选择其表达方式的复杂程度。

(六)营销策划方案一定要不折不扣地执行

这种误区体现在营销策划方案的实施和控制过程中。营销策划方案的制订,是在调查和分析了过去和当时的状况之后,对未来的不确定性所做预测的基础上形成的。这种预测虽然有一定的依据,但无法保证未来就是按照方案中所预测的那样进行。正如有人所说的那样,在现在社会中唯一不变的就是变化,市场往往是瞬息万变的,这就会导致一些策划者没有考虑到问题的出现以及实际的情况与原来设想的有偏差,这时候就需要企业在执行营销策划方案时具有一定的灵活性,针对情况的变化对策划方案做一定的调整,必要时甚至可以放弃原方案,只有这样才能使营销策划方案达到理想的效果。

以上六点均是营销策划认识上的误区,当然,人们对营销策划的认识误区不限于这六点,还存在着其他一些误区,如将营销策划等同于出点子,认为会出"鬼点子"就能做好营销策划;营销策划是未来营销的决策等。由于篇幅所限,这里就不逐一做介绍了。

二、营销策划的影响因素

营销策划的流程单纯从概念上来讲是很简单的,而且普遍适用于各种公司。但是,一旦考虑到大量的影响因素后,就会使得营销策划变得极为复杂,操作起来十分困难,这也是大多数企业不能成功地完成营销策划的原因所在,也是造成上述误区的一个重要原因。由美国、英国和澳大利亚等国的大学所进行的六项审析表明,营销策划正确的公司的最高比例约为25%,由此可见这些影响因素对营销策划影响之大。

营销策划的影响因素很多,这里主要介绍如下几个影响因素:高层管理者的支持力度、经济环境的波动情况、竞争的激烈程度和企业自身实力。

(一)高层管理者的支持力度

一个营销策划书即使完成得十分出色,它若得不到公司高层管理者尤其是执行总裁的支持,那么它所发挥的作用将微乎其微,特别是在以部门管理分工为基础的公司里,情况更是如此。因为在这些公司里,营销主管没有完成利润指标的责任,同时也没有直线管理的权力。在这种情况下,负责经营的高级管理者是相当容易制造"政治"困难的,在最为严重的情况下,他们会对新的营销策划方案视而不见。这就造成了营销策划方案名存实亡,得不到有力的贯彻,最终只能黯然收场。造成企业的高层管理者对营销策划支持力度不够的原因大致可分为三个方面:其一,一些高层管理者缺乏营销导向的理念,他们可能对基本的营销原理一知半解甚至一无所知,这往往导致了他们对营销策划的偏见,认为营销策划者只会纸上谈兵,对实际的利润毫无贡献,增加的只是公司的成本而已;其二,营销策划者与高层管理者缺乏沟通,这使得高层管理者搞不清楚营销策划的来源始末,面对着营销策划书中令人摸不着头脑的报表、流程图以及类似资料,他们往往感到愤怒,然后便是拒绝;其三,当前经营和奖励系统往往会加剧高层管理者面向未来营销策划的抵制,面向现在的奖励系统和薪酬体系往往使高层管理者只关心现在,而对未来的看起来缥缈的收益一点兴趣也没有。因此,营销策划方案的设计应考虑到使它能够运转的高层管理者,包括高层管理者的管理风格、知识架构、态度等方面,否则,一旦营销策划缺少高层管理者的支持,它的作用将大打折扣。

(二)经济环境的波动情况

经济环境的波动情况对营销策划有着重要的影响,尤其是企业行业环境的波动更是如此。一般来说,经济环境的波动幅度越大,其对营销策划的削弱作用越强,因为在这种情况下,许多问题的出现是营销策划者在营销策划过程中所无法预见的,也就没有考虑到,这就需要在执行营销策划的过程中对这样的问题进行相应的处理,适当调整原来的方案。有时候,当实际经济情况与事前预测的完全相左时,就意味着以原来预测为基础的营销策划方案的失效,需要完全抛弃它。经济环境的波动也会使原来的营销策划目标难以达到或远远超出,整个行业的经济萧条会使企业遭受不可避免的损失,即使其营销策划是实施得当的;相反,当整个行业景气时,营销策划的目标往往会超出其预期。

(三)竞争的激烈程度

企业所面临竞争的激烈程度也对营销策划有影响,一般来讲,企业的竞争环境越宽松,其对营销策划的需要程度就越低,对营销策划的质量要求也不高;相反,企业面临的竞争对手十分强大,竞争十分激烈,那么企业对营销策划的依赖程度就很大,对营销策划方案的创新性更加看重,而此时营销策划也更需要被有力地贯彻下去。在激烈的市场竞争中,营销策划取得成功的概率更加依赖于营销策划自身的质量和营销策划的实施状况,这也对企业营销管理者提出了更高的要求。同时,也应看到营销策划的价值,就是体现在能在激烈的市场竞争中使企业出奇制胜,赢得竞争优势。

(四)企业自身实力

企业自身实力也是影响营销策划的一个因素,可以说,企业自身实力影响着营销策划的全过程。实力雄厚的企业一般是指那些在人才、资金和设备等方面都具有相当储备的企业,对营销策划的理解往往比那些实力差的企业更加到位,营销策划的执行也更加有力。实力派的企业对营销策划的质量要求更高,同时它们也愿意为高质量的营销策划方案花上一大笔钱。自身实力强的企业往往雇佣外部知名的营销策划机构为其服务,而这些知名机构的营销策划方案的质量一般来说都是比较高的,其要价也就相应比较高。由于较高的要价,一般实力的企业就无法聘用这样的策划机构为其服务,这在一定程度上影响了营销策划方案的质量。当然,这里并不是在提议实力一般的企业去找那些要价高昂的知名策划机构做营销策划,企业在做任何事情时都要考虑其自身的成本和投资回报率,不能盲目迷信知名策划机构,要知道企业的发展还是要靠自身的力量。所以,企业要根据自身的具体情况来选择由谁来做营销策划,并且要有力地贯彻好营销策划方案。

影响营销策划的因素还有很多,如企业的国际化程度、市场份额、科技变革、企业文化等,这里就不做进一步阐述了。应该指出的是,了解影响营销策划的因素更有利于全面深入地理解营销策划,同时也有利于在做营销策划时考虑得更加周详,从而提高营销策划的质量。

第十一章　现在企业网络市场营销

第一节　互联网对营销的影响

一、对企业营销策略设计的影响

企业营销策略设计是企业市场营销管理思想的综合体现,是制定正确市场营销决策的基础。美国市场营销专家麦卡锡(E.J.Macarthy)提出了著名的"4P"营销策略组合理论,即产品(Product)、价格(Price)、渠道(Place)和宣传(Promotion)。"4P"营销策略一经提出,便得到了广泛的传播,成为指导企业,尤其是生产加工类工业企业实现营销目标的有效手段。在此基础上,美国市场营销学家菲利浦·科特勒(Philip koller)提出了大市场营销策略,即在原"4P"组合的基础上增加两个"P",即政治权力(Political Power)和公共关系(Public Relations),简称"6P"策略。之后,基于营销中心向消费者偏转的角度,美国营销专家劳特朗(Lauterborn)进一步提出了"4C"营销策略,即消费者(Consumer)、成本(Cost)、便利(Convenience)和沟通(Communication)。在互联网时代,企业进行营销策略设计时需要考虑的要素发生了新的变化。

第一,在产品开发和设计上,必须全面考虑目标顾客的个性化特征,"制造过程延迟"要求明显增加。从"4P"到"4C"的策略转化,企业对消费者的重视程度逐渐增加。但是,在互联网营销背景下,消费者通过信息搜寻、功能比对、使用体验等,可以很容易地对同类产品进行一系列比较,消费者的个性化需求也可以便捷、高效地反馈给产品设计者,可以说消费者需求的满足程度决定了企业经营走向。只有按照消费者的心理需求和个性需要设计的产品,才能得到消费者的深入支持。因此,在移动互联网时代,企业必须全面考虑目标顾客的个性化特征,并做出迅速的产品设计改进,将顾客的个性化需求融入产品设计、制造、展示等各个方面,尽最大可能将制造过程延迟到销售终端,才能赢得市场青睐、占领市场。

　　第二,在价格制定方面,基于企业自身生产角度的成本加成法、目标利润法等传统定价方法不再适用,"声望定价""撇脂定价""表现价值溢价"等将逐渐成为主流定价方法。

　　第三,在营销渠道设计上,企业倾向选择短渠道。互联网时代,厂商与最终消费者之间的信息沟通障碍得以解除,企业到消费者之间已经不需要繁杂的多个流通中间主体的参与,营销渠道扁平化趋势明显。

　　第四,企业的促销形式,尤其是人员推销和广告发生了巨大变化。从传统的促销方式来看,企业需要大量的推销人员,成本高、不易管理、流失率高等问题一直难以解决。而互联网时代,企业对推销员的需求数量明显降低,而对销售全程提供服务的销售技术人员的需求随之提升。与传统广告形式相比,互联网广告去掉了传统广告单向推送、时空隔离的缺点,可实现实时互通、信息双向传递,广告形式也日益多元化,按钮广告、定向广告、浮动标识、视频广告、声音广告、游戏嵌入广告等为消费者获取产品信息提供了极大的便利条件。传统的面对面、口耳相传的模式已经彻底改变,消费者通过即时信息工具(如微信、移动QQ)、在线论坛、虚拟社区等形式进行网络口碑传播。由于互联网信息传播的速度极快、范围极广,"鼠碑"(Word of Mouse)的传播威力远远大于传统的口耳相传方式,改变了传统的促销手段和促销形式。

二、对企业营销过程的影响

　　第一,缩短了流通信息传递和反馈时间,企业对营销中出现的问题可以及时解决、及时纠偏。在传统的三级渠道组织模式下,消费者对产品质量改进建议、退换货等信息,从三级渠道(消费者—零售商—批发商—生产商)层层回溯反映到生产厂商,再从生产厂商将解决方案反馈到消费者,平均耗费达到142小时。而互联网时代,由于其强大的瞬时信息沟通能力,消费者的建议、意见等信息可以及时反馈到生产厂商,不但解决了信息流转环节多导致的信息失真问题,而且大大缩短了信息反馈时间,企业可以及时解决任何渠道环节出现的问题,及时调整营销进程。

　　第二,改变了企业(产品)生命周期状态。传统营销理论认为,典型的产品生命周期可划分为四个阶段:导入期、成长期、成熟期和衰退期。其中导入期比较漫长,市场增长速度较低,产品被市场认可需要较长时间的积累;成长期市场增速较快,企业逐渐产生利润;成熟期企业利润达到最大,因此企业尽可能延长成熟期;衰退期是产品逐渐退出市场阶段,企业可采取集中、维持、榨取、放弃等策略。在互联网背景下,产品生命周期的形态被明显改变了。产品的导入期和成长期都被压缩为斜率较大的短斜线,这两个阶段间反映营销差异的指标不再明显;成熟期的持续时间较以往有所缩短,企业延展成熟期的难度越来越大;进入衰退期,产品退出市场的速度明显加快,大多企业会选择放弃策略,一般不会设法企图延展产品的市场存续期。移动互联网把传统的产品生命周期压缩为3个典型阶段,市场进入期(Enter)、市场平稳期(Smooth)和市场退出期(Exit),即移动互联网时代产品生命ESE周期模式。

三、对营销结果的影响

第一,移动互联网加速了企业的优胜劣汰,"顺势而为"的企业(迅速接受并使用移动互联网的企业、基于互联网技术开始经营的"移动互联网土著"企业)得以快速发展。互联网迫使采用传统营销方法的企业必须不断提升市场反应能力、提高营销效率。

第二,改变了销售从业人员的知识结构。传统的"推销劳工"不再是典型的企业销售人员代表,具有营销知识、移动互联网技术知识和传播知识的综合性营销人才需求大幅增加,他们将成为移动互联网时代企业销售人员的代表。

第三,消费者权利增加,企业对消费者的控制越来越难。"去中心化"是互联网的基本属性之一,消费者可以在网络平台上依法自由发表对产品的意见、建议和产品使用感受,其他消费者可以根据既有信息进行评价、选择。因此,传统单纯依靠厂商信息作为购买决策基础的情况发生了颠覆性改变,消费者可以依据产品的"已然"使用者的评价作为购买依据,传统上作为弱势一方的消费者权利明显增加,企业必须提高顾客满意度,通过提供优质服务和良好的消费者体验来赢得市场。

第四,营销渠道越来越扁平化,零级渠道成为现实并被企业越来越广泛地采用,传统的流通中间商的生存空间越来越小。生产厂商需要通过一定的流通渠道将产品送到消费者手中,传统营销流通模式下,由于配送能力、仓储能力、信息传播与反馈能力等的限制,多采用多级渠道分销模式。而移动互联网时代,厂商与最终消费者之间的信息沟通障碍得以解除,加之电子支付的支持、第三方物流和快递业的发展,使得企业的配送能力和结算能力大大加强,企业到消费者之间已经不需要繁杂的多个流通中间主体的参与,营销渠道扁平化趋势明显。

四、企业应对方法

第一,企业要积极引导消费者参与营销过程。企业引导消费者参与,尤其是采纳消费者对产品设计、性能改进的积极建议,对赢得更多消费者的信任大有裨益。但实际上,并非每个消费者在使用产品或接受服务后都有意愿提出各种建议。因此,企业需要提高消费者的"黏度",对积极参与产品评论、提出产品改进建议的消费者提供优惠券、新品试用、打折卡等针对性回馈活动,或者集中组织举办消费者意见、建议反馈联谊会等,并给予一定激励,增强其参与的意愿。

第二,提高事件营销的能力。移动互联网时代,企业必须具备迅速的市场反应能力,必须提高事件营销能力。新闻事件、社会热点等具有受众面广、突发性强的特点,在短时间内能迅速传播,企业借助这些事件开展营销活动,可以节约大量的宣传成本,是移动互联网时代企业重要的市场推广手段。以移动互联网为主要媒介而相互关联起来的消费者,可以跨越地域的阻隔而联系起来,因此,企业抓住社会事件提供的契机,可以快速扩展市场覆盖范围。

第三,培养综合型营销人才。移动互联网时代对营销人才的知识结构提出了新的需求,称职的营销人才将是兼具营销知识、移动互联网知识和传播知识的综合型人才,而目前经过系统、专业培训的该类大学毕业生还不多,企业要通过人才储备、专业培训、轮岗锻炼等手段,积蓄现代营销人才。

第二节　新媒体营销

随着新媒体时代的到来,新媒体逐渐渗入人们的生活。在新的价值理念的变化以及社会信息重整的背景下,新媒体营销应运而生。这不仅在商业领域带来新的商机,而且将社会群体服务引领到了社会的最前沿。作为新媒体最重要的两个领域——互联网和移动增值,不仅在新媒体市场占有着重要的席位,而且在市场格局中占领先地位,一时发展成为目前盈利的主流。

新媒体产业快速发展,广阔的市场与日渐凸显的影响力,吸引资本大规模流入,营销价值加强,国际化竞争加剧,整体产业向纵深挺进。早在北京奥运会,新媒体已作为奥运会独立传播机构与传统媒体一起被列入奥运会的传播体系。互联网等新媒体平台被正式纳入赛事转播渠道,充分表明新媒体作为一种新传播渠道的社会价值和商业价值。如今,新媒体营销已成为人们生活中的重要一环,发展成为时代发展的主流,最终带领社会进入信息化时代。

一、新媒体及新媒体营销

1.新媒体的界定

新媒体(New Media)概念是由美国哥伦比亚广播电视网(CBS)技术研究所所长戈尔德马克(P.Goldmark)率先提出的。关于新媒体的界定,有如下几种观点:

一是以清华大学熊澄宇教授为代表,他认为,"首先,新媒体是一个相对的概念,新对于旧而言;其次,新媒体是一个时间概念,在一定的时间段内代表这个时间段的新媒体形态;第三,新媒体是一个发展概念,它永远不会终结在某个固定的媒体形态上",即新媒体要不断更"新"。

二是美国的《连线》杂志把新媒体定义为:由所有人面向所有人进行的传播,即新媒体要面向更"广"的人群。

三是当代新媒体是大众传播向分众传播转变的一个标志,新媒体已经不仅仅是传统的大众传播工具,更是分众传播能够实现的最好方式,即信息传播须更"快"。

结合以上观点,新媒体是利用各种信息化技术,通过不同的渠道以及各种服务终端,更新、更广、更快地向用户提供信息和娱乐服务的传播形态和媒体形态。

2.新媒体营销的界定

顾名思义,新媒体营销是在新媒体发展的基础上,通过新媒体这种渠道开展的营销活动。传统的营销(广告以及公关)追求的是所谓的"覆盖量"(或者叫到达率,Reach),在报纸杂志上的体现就是发行量,在电视广播上的体现就是收视(听)率。与传统的营销相比,新媒体的营销模式,突破了传统的营销模式,不仅仅能够精确地获取访问量,甚至能够收集整理出访问的来源,访问的时间,受众的年龄、地域以及生活、消费习惯等。这样比传统营销更精准、更有效、更节省时间。而且事实表明,采用新媒体营销将会使企业能够由单极向多极发展,选择性更多;企业更有效地收集客户资料,针对目标客户营销;降低成本,提高效率;更快、更好地进行企业品牌宣传。总的来说,新媒体营销是基于特定产品的概念诉求与问题分析,对消费者进行针对性心理引导的一种营销模式,从本质上来说,它是企业软性渗透的商业策略在新媒体形式上的实现,通常借助媒体表达与舆论传播使消费者认同某种概念、观点和分析思路,从而达到企业品牌宣传、产品销售的目的。

二、新媒体营销的优势

1.传统营销面临危机

传统营销是一种交易营销,强调将尽可能多的产品和服务提供给尽可能多的顾客,但是随着信息浪潮的涌进,社会群体的需求体现多样化、层次化和时尚化的特点,尤其是新媒体的出现,带领世人进入了另外一个全新的营销领域——新媒体营销,而传统营销也因此面临着现实危机。

2.西方营销经验不足

在逐步走向信息化时代的进程中,世界是一体的。而新媒体营销是信息化时代的产物,因此,世界的新媒体营销必然是要学习的内容。美国西北大学教授唐·舒尔茨曾表示,面对这场新媒体革命,现有的市场营销体系并没做好准备。各国新媒体营销都在"汹涌澎湃的数字海洋中飘荡",实际上对中国公司来说很少有一些外国的经验可循。由此可见,西方营销经验呈现欠缺的态势,也没有学习的经验。

3.新媒体营销之现状

新媒体营销作为一种新兴、快捷、经济的营销方式,在当前引起了中国企业的普遍关注,并呈现不断发展和壮大的趋势,因此,要分析新媒体营销的特点,有必要对其现状进行了解。

三、新媒体营销的特点

(一)成本低廉

1.经济成本低廉

经济成本低廉即可减少资金投入,一是固定成本低廉,新媒体营销创建网络平台,减少固定资金的投入;二是流动成本低廉,在新媒体营销过程中,可以借助先进多媒体技术手段,以文字、图片、视频等表现形式对产品、服务进行描述,为新媒体营销提供逼真的表现效果,从而使潜在消费者更形象、更直接地接受企业的营销信息。

2.技术成本低廉

新媒体营销是科学技术发展到一定程度的产物,其技术含量当然会很高,但与高端技术相比,新媒体营销的技术成本不算很高。以微博为例,微博营销对技术性支持的要求相对较弱,具体表现为企业微博的注册、认证、信息发布和回复等功能使用已经接近傻瓜化的程度。

3.时间成本低廉

营销信息的传播无须经过相关行政部门的审批,简化了传播的程序;再者,网络信息传递的互动性使得营销信息能够获得"一传十,十传百"的效果,因此这种便捷式的传播方式,使得新媒体营销时间成本自然降低。

(二)应用广泛

随着新技术和新思维的层出不穷,新媒体营销的传播渠道越来越多,新的应用领域也日新月异、络绎不绝。

1.博客

博客营销是公司、企业或者个人利用博客,发布并更新公司、企业或个人的相关概况及信息,并且密切关注并及时回复平台上客户对企业或个人的相关疑问以及咨询,以达到宣传目的的营销手段。

2.网络视频

网络媒体中,信息传播模式变为了双向性、互动式,以受众为中心,受众可以随意选择自己需要的节目。随着网络媒体的不断崛起,网络视频开拓了很多领域,主要有视频分享类、网络直播类、网络传媒类和企业视频应用类等。

3.网络社区

网络社区是网站所提供的虚拟频道,让网民进行互动、情感维系及资讯分享,BBS、SNS、聊天室等是其最主要的表现形式。网络社区的成功运营,可以带来更多的流量,增加更多的广告收入,而注册会员更能借此拥有独立的资讯存放与讨论空间。

4.手机

互动营销以快速的、互动的即时沟通模式取代了单向的、压迫式的广告传播,而且拥有真实的、精确的、强大的数据库分析挖掘功能,实现了真正意义上的分众沟通。

四、总结

营销是一种创新,创新有两个维度:一个是发现新的元素,另一个是对现有元素进行创新性整合。新媒体营销的核心在于降低成本、扩大覆盖、提高影响、促发行动。随着新技术的产生,定会不断有新产品、新终端、新模式出现,而未来的新媒体营销,应是"终端、产品(服务、体验)与模式"之间多样态、多维度的创新性结合。而现代企业营销中,媒体的任务不再只是企业产品信息的简单发布,而是要实现与顾客或者相关利益者的对话和交流。在营销传播现实中,客户和相关利益者得到的很多关于企业的信息并不是来自传统意义上的大众媒体,新媒体在传播中所占的份额比重将越来越大。在新媒体不断发展并对人们的生活产生越来越重要影响的时代背景下,营销企业只有充分意识并把握这些新特点,才能适应新的传播时代,更好地利用新媒体,对广告进行精准有效的投放,从而使广告发挥更大的传播作用。

第三节 软文营销

软营销理论是针对"强势营销"提出的新理论,它强调企业进行市场营销活动的同时必须尊重消费者的感受和体验,以"拉"的方式,让消费者舒服地主动接受企业所传播的信息,强调的是相互尊重和沟通,借助网络这个双向平台,软文营销广泛运用于各大综合新闻类网站,并取得了理想的营销效果,是目前企业广泛应用的一种软营销策略。作为网络营销模式中的一支新秀,目前理论界对于软文营销的研究几乎没有,软文营销市场中存在着许多不容忽视的问题,因此,对软文营销进行研究,对广告主企业、软文营销公司、消费者都具有指导意义。

一、软文营销的内涵

软文,顾名思义,是相对于硬性广告而言的,是由企业的市场策划人员或广告公司的文案人员来负责撰写的"文字广告"。与硬广告相比,软文之所以称为软文,精妙之处就在于一个"软"字,好似绵里藏针,收而不露,克敌于无形。等到你发现这是一篇软文的时候,你已经冷不丁掉入了被精心设计过的"软文广告"陷阱。它追求的是一种春风化雨、润物无声的传播效果。软文的定义有两种,一种是狭义的,另一种是广义的。

狭义的定义:指企业花钱在报纸或杂志等宣传载体上刊登的纯文字性的广告。这种定义是早期的一种定义,也就是所谓的付费文字广告。

广义的定义:指企业通过策划在报纸、杂志或网络等宣传载体上刊登的可以提升企业品牌形象和知名度,或可以促进企业销售的一些宣传性、阐释性文章,包括特定的新闻报道、深度文章、付费短文广告、案例分析等。

软文是基于特定产品的概念诉求与问题分析,对消费者进行针对性心理引导的一种文字模式,从本质上来说,它是企业软性渗透的商业策略在广告形式上的实现,通常借助文字表达与舆论传播使消费者认同某种概念、观点和分析思路,从而达到企业品牌宣传、产品销售的目的。软文营销则是个人和群体通过撰写软文,实现动机,达成交换或交易目的的营销方式。

二、软文营销的特点

1.隐蔽性

软文不同于网络广告,没有明显的广告目的,而是将要宣传的信息嵌入文字,从侧面进行描述,属于渗透性传播。其本质是商业广告,但以新闻资讯、评论、管理思想、企业文化等文字形式出现,让受众在潜移默化中受到感染。

2.内容丰富,形式多样,受众面广

软文由于文字资料的丰富性,传递的信息极其完整,并且不拘泥于文体,表现形式多样,从论坛发帖到博客文章、网络新闻;从娱乐专栏到人物专访;从电影到游戏……几乎遍布网络的每个角落,因此,大部分的网络用户都是其潜在消费者。

3.吸引力强,可接受度高

软文的宗旨是制造信任,它弱化或者规避了广告行为本来的强制性和灌输性,一般由专业的软文写作人员在分析目标消费群的消费心理、生活情趣的基础上,投其所好,用极具吸引力的标题来吸引网络用户,然后用具有亲和力或者诙谐、幽默的文字以讲故事等方式打动消费者,而且文章内容以用户感受为中心,处处为消费者着想,使读者易于接受,尤其是新闻类软文,从第三者的角度报道,消费者从关注新闻的角度去阅读,信任度高。

4.低成本,高效益

传统的硬广告受到版面限制,传播信息有限,投入风险大,成本较高。相比之下,软文营销具有高性价比的优势,信息量大,而且不受时间限制,可以在网站上永久存在。国外一份权威调查显示:企业在获得同等收益的情况下,对软营销的投入是传统营销工具投入的1/10,而信息到达速度却是传统营销工具的5~8倍。此外,软文有非常好的搜索引擎效果,通过软文营销公司的网络整合营销服务,可以进行二次传播。

三、当前环境下如何做好软文营销

(一)如何写好一篇好的软文

翻开报纸,软文比比皆是,但水平良莠不齐。的确,软文谁都会写,但要写出一篇好的软文来,却是难上加难。毕竟消费者才是最终的裁判,站在消费者的角度看问题可能会更加贴近生活,更加真实可信,更加有效果。这里,笔者针对软文写作的两大块——题目、内容,进行探讨。

1.题目

好的文章首先取决于题目的好与坏,题目是否新颖、有无创新、具不具备穿透力,对能否引起读者的兴趣,达到心灵的共鸣非常重要。

2.内容

软文按内容大体可分为新闻性、科普性两类,而新闻性软文又可分为以故事情节为主线的病例篇和以产品诉求为主的功效篇。应根据自己所处的市场时期,策划创意不同的软文形式,以起到事半功倍的效果。在软文越来越多的今天,如何有效吸引消费者的眼球变得尤其重要。

(二)企业应走适合自己的软文营销之路

1.注重软文营销道德,提高软文营销的专业化水平

企业管理人员要正确认识软文营销的内涵和外延,软文营销的目的不是单纯地宣传,获得利益,企业进行软文营销必须注重营销道德的建设,自觉地杜绝网络中的虚假软文行为,为消费者负责。企业应该培养专业的软文营销人员并指导作者的写作动向,提高他们的道德素养和认识,或者聘请专业的软文营销顾问为企业制定长期的软文营销策划,而不是为了短期目的而盲目做宣传。

2.建立和完善软文的检测和评估体系

软文营销的监测和评估是衡量软文营销效果的必要手段,同时也是制定收费标准的重要依据。单纯的软文点击量和转载率等指标并不能准确衡量软文的营销效果。因此,企业应该建立自己的软文评估系统,明晰软文营销对本企业做出的贡献。

3.软文营销与其他和传统营销方式的整合

软文营销的自身特点决定了它的优势。一方面,利用软文的强吸引力和感染力吸引消费者的注意力并获得认同感。另一方面,通过传统媒体的权威和受众精准进行相关信息的宣传,进一步提高品牌知名度,提高营销效果。

(三)政府政策的支持

1.加强政府的监管力度,制定软文营销规范制度

政府机关应加强对网络软文营销的立法与监督,规范企业的软文营销行为;制定权威、健全、公正的监督管理制度,保护各个参与方的合法权益,确保软文营销中各方有章可循,有法可依;并制定全面保护消费者的软文规章,如信息来源公开,信息发布程序规范,市场分析数据有权威认定等。

2.制定相应的惩治措施

在目前软文市场混乱的特殊时期,应加大惩治力度,使虚假软文发布的风险成本加大,暴露后的损失增大,从而让媒体为了自身生存安全而自觉守规守法,迫使新闻从业者对自己的职业行为担负起极大的甚至完全的责任。

作为一种有LT的营销模式,软文营销在我国发展迅速,我国软文营销市场的不完善给企业带来的机遇和冲击是显而易见的。目前我国对软文营销理论研究还比较薄弱,多元化、多角度的软文营销研究能够为企业提供参考,具有重大的理论意义和现实意义。

第四节　App营销

传统的产品营销和品牌营销在移动互联网的冲击下正显得无力,营销界迎来了第三代体验营销、移动营销时代。不知从何时开始,手机、平板电脑这些移动终端成了人们离不开的伴侣,每天心甘情愿地将无聊且碎片化的时间花在它们身上,与一个个应用程序亲密接触。这也给企业传达了一个重要信号:App营销的蓝海已被开启,这里是营销阵地。

一、App营销概述

(一)App营销的定义

App即应用程序,是英文单词Application的缩写。所谓App营销,就是应用程序营销,指的是通过智能手机、平板电脑等移动终端上的应用程序开展的营销活动。作为移动互联网时代的新兴营销模式,App营销凭借精准互动和个性化的特点正在被企业推崇。不仅如此,随着移动互联网的兴起,越来越多的互联网企业、电商平台将App作为销售的主战场之一。数据表明,App给手机电商带来的流量远远超过了传统互联网(PC端)的流量,通过App进行盈利是各大电商平台的发展方向。事实表明,各大电商平台向移动App倾斜也是十分明显的,原因不仅仅是每天增加的流量,更重要的是手机移动终端的便捷,为企业积累了更多的用户,更有一些用户体验不错的App使用户的忠诚度、活跃度都得到了很大程度的提升,从而为企业的创收和未来的发展起到了关键性的作用。

(二)App与传统营销方式的不同

1.传播内容不同

传统手机媒体传播的产品信息只是一些字面上的反映,用户不能全面理解一个产品,应用程序中包含了一些图片和视频,还可以全方位地感受产品,如一个汽车的应用,你不仅能够看到汽车的图片和视频,还能通过游戏感受该款汽车的性能。

2.信息传播方式

传统手机媒体主要是以短信的形式作为主要的传播方式,这种传播方式是让消费者被动地接收产品信息,而App营销是企业将产品信息植于应用制作,供用户下载,通过应用达到信息传播的目的。

3.用户行为差异

传统手机媒体是被动地接受信息,容易让受众产生逆反心理,往往得到的是反方面的效果,而App营销是用户自己下载,容易接收产品信息,更加容易达到传播效果。

(三)App营销的特征

1.高度精准

传统的营销模式一般都是进行广撒网的模式,通过漫天撒网来实现营销。但是App营销却能够实现前所未有的精确性,它能够很好地确定目标人群,确定目标人群的各种属性特征,比如说目标人群的兴趣、终端以及行为等。App营销能够很好地根据目标人群的属性特征进行针对性的信息推送,这样能够很好地达到营销的效果,有着传统的营销方式所不具有的优点。比如说现在的一些App软件,在人们需要选择就餐地点的时候能够很快地搜索并且推荐距离最近的各类餐厅的信息,这样人们就能够很容易地选择到自己想要去的餐厅。

2.极具个性

传统的营销方式总是缺乏个性化,总是批量化地进行营销。但是现在的App营销却展现出了十分出色的个性化系统。对于新时代的人们来说,他们总是拥有自己的个性,希望自己能够拥有属于自己的独一无二的东西,对于App软件也是这样。人们希望拥有一款独一无二的软件。由于App营销的形式和种类极其丰富,营销者完全可以根据目标群体的不同特征选择适合他们的App软件的呈现形式以及软件的内容。能够真正做到根据目标客户的需求来进行营销方式的制定。

3.全面互动

所谓全面互动,是指现在的手机、电脑以及平板等移动终端能够通过移动网络这一个平台实现全面的互动。App营销正是借助了现在移动终端能够随身携带的这一特点,通过对新兴信息技术的应用,实现了人与人之间的各种互动。每个人都可以通过类似论坛的平台将自己对App软件的应用心得或者说别的事情与其他人进行分享,同时还可以方便亲朋好友以及用户之间的交流。

二、App营销的发展现状

随着现在网络技术的不断发展以及电子科技的发展,便携式移动终端逐渐发展成形,手机、平板电脑等移动终端已经成了人们日常生活中不可或缺的一部分。随着手机以及平板电脑等移动终端的普及,App软件的下载量呈现出爆炸式的增长,各种各样的App充斥着人们生活的方方面面。根据有关数据统计显示,现在全球有超过75万的移动应用程序,平均每一个智能手机上都拥有着超过20款的应用程序,同时每一个用户每天使用移动终端上的应用程序的时间为1~3小时。从这些数据中我们能够看出,App营销将是未来营销的主流。

(一)App软件类型及用户群特征

1.App软件类型调查分析

App软件类型包括如下几种,社交应用(如微信、QQ)、地图导航(如百度地图、掌上公交)、网购支付(如微信支付、支付宝)、通话通信、查询工具(如墨迹天气、我查查)、拍摄美化、影音播放、图书阅读、浏览器、新闻资讯、游戏娱乐、系统工具等。由于不同的App具有不同的功能,其应用情况也不尽相同。为此,笔者对App软件的应用情况及用户群特征进行了调查与研究,得到如下数据与结论:社交类应用的使用率最高,用户的规模也相应是最大的,可高达91.2%且呈增长趋势。微信、QQ等应用的排名最高,也能充分印证网民对社交应用的使用率与使用时间都是最高的。

2.用户群特征调查与分析

纵观我国的网购市场,近年来主要呈现出全球化、普及化、移动化的发展趋势,网购客户群体的年龄跨度不断增大,逐步向全民扩散。CNNIC数据显示,2014年最主流网购用户(20-29岁网购人群)规模同比增长23.7%,10-20岁网购人群用户规模同比增长10.4%,50岁及以上网购人群用户规模同比增长33.2%。30~50岁的人群是伴随互联网发展以及为互联网发展贡献力量的人群,他们仍是网络用户的主力军。其中20-29岁的用户占据比重最大,而50岁及以上的网民用户的增长使得App营销的发展更为乐观。

随着互联网的发展以及智能手机的普及,手机应用程序更新速度不断加快,这已经成为人们生活中不可缺少的一部分,人们越来越依赖网络,越来越离不开网络,这也导致了当今"低头族"的出现。调查显示,53.1%的被调查者认为自身依赖互联网,其中12.5%的表示非常依赖,其余被调查者表示比较依赖。可见人们对互联网的依赖性越来越高,这也为App营销的顺利开展奠定了基础与条件,在这样的背景下更能促进App营销的顺利开展。

调查显示,学历越高的网民用户对互联网的依赖程度越高。小学及以下学历的网民有44.9%表示依赖互联网,大学本科及以上的网民有高达63.9%表示依赖互联网。由此可见,网民对互联网依赖的程度与学历呈正相关,这说明互联网已经成为大多数人们生活和娱乐的"基础元素"。随着互联网的不断推广普及,其重要性在农村网民中也逐渐凸显出来,有47.9%的农村网民表示其较为依赖互联网。当然农村互联网网民对网络的依赖程度还是低于城镇网民的,这就要求企业在进行App营销的过程中要注重农村与城镇用户的行为差异,进行不同策略的营销。

(二)用户对App营销的态度

1.用户对App营销的认识程度

在关于消费者对App营销的认识了解程度调查结果中显示,有79.12%的网民对App营销有所了解,其中5.49%的网民非常了解,21.98%的网民比较了解,51.65%的网民一般了解。但是,还有20.88%的网民用户对App营销并不了解。由调查结果可见,人们对App营销的认可度已经比较高了,但是企业仍有潜力通过更有效的推广与传播挖掘更多潜在用户。

2.用户对App营销的接受程度

关于消费者是否会主动搜寻感兴趣的企业或者是品牌的App应用的调查结果显

示,有 15.38% 的网民会经常主动搜索,一般和偶尔主动搜索的用户分别占据 39.57% 和 36.26%,而还会有 8.79% 的用户从不会主动搜索。可见消费者对 App 营销的接受程度还是比较高的,对 App 应用的主动性也是较为乐观的。

(三)企业 App 营销的情况

对于企业而言,App 可以是产品手册,可以是电子体验,可以是社交分享,可以是公关活动,可以是在线购买,甚至可以是网络促销游戏等。几乎可以把整个传统营销的所有流程重新在手机上演绎一遍,所以 App 营销是可以为企业有效创作财富的新兴营销方式。根据 IDC(Internet Date Center)数据显示,App 下载量已经上升到了 1827 亿次。在大量的 App 应用中,企业 App 作为新式营销手段已迅速展示在用户眼前,越来越多的企业正在以各种营销形式开展手机 App 营销。各个企业都在纷纷探索 App 营销这一新兴的营销方式,希望从中获取利益。在移动互联网的发展过程中,移动广告还是其行业营收的主要模式。然而据报道这一模式出现了怪象,其一是市场数据规模增长迅速,其二是企业对此反应迟钝。美国科技市场研究公司 Forrester 最近调查发现,在企业和品牌的全部广告预算中,移动端的 App 广告支出仅占 5%,那些已经开展了移动端 App 营销的企业也尚未增加这一部分的预算。研究表明,对移动端 App 投资的大多数是软件开发商而并非企业,而且据 Forrester 提供的数据显示,57% 的企业及品牌表示,它们所做的关于 App 的营销与广告主要目的是提高企业知名度和知晓率而并非成交率,企业希望通过用户的点击率和对网站的访问变化来判断广告是否成功。

三、App 营销的基本模式

1.广告植入模式

广告植入模式是最基本、最常见的营销模式之一。企业将广告信息植入热门的、与产品受众相关联的移动应用中,当用户点击广告栏时便自动链接到企业的网站,这样在用户操作的同时,就能方便地了解广告主信息或参与活动,从而在潜移默化中达到营销的目的。这种模式成本较低、操作简单,只要将广告信息有针对性地投放到与产品受众高度关联以及下载量较大、用户较多的应用程序上就能达到良好的传播效果。沃尔沃上市之际便是利用这种高度契合的广告植入吸引了大量的用户,大家纷纷注册体验,逐步提高了新车的知名度。

2.用户参与模式

用户参与模式的营销近年来受到了广告主的普遍青睐。该模式将广告主的营销目标与消费者需求相结合,通过开发有创意的应用程序,吸引用户主动参与体验互动,从而达到有效的营销目的。在调查研究目标消费群体的相关需求属性的基础上,企业结合产品或品牌的特点开发符合自身定位的应用程序,并将其投放到各大应用商店供用户免费下载。通过下载安装并使用这些应用程序,用户能够在有趣的体验中了解品牌的相关信息和最新动态,逐步加深对企业和品牌的好感度。

3.网站移植模式

网站移植模式多为购物类、社交类网站的手机客户端。它以移动智能终端为载体,将成熟的传统网站模式移植到移动终端平台,开发符合移动平台界面的应用程序。用户通过此类App可以随时随地浏览网站获取商品信息、进行快捷支付、开展社交活动。这种模式相对于传统网站的最大优势在于快速便捷、服务实时。它能有效地覆盖碎片化时间里人们购物、社交的需求,是品牌扩大影响、进行自营销的得力补充渠道。通过这一纽带品牌得以网罗移动互联网上的活跃用户,将营销活动进行跨媒体整合。该模式的广告主以电商品牌居多,如淘宝网络客户端、凡客诚品等。

结　语

当前社会是一个现代化经济时代,更是一个知识经济时代。其在经济和各种知识不断发展和促进中,逐步出现了良好统一的促进和发展趋势。企业运行的外部环境发生了极大变化,使得企业在工作中,其管理措施和管理手段提出了更高层次的要求,完善企业管理是提高企业发展效益和竞争力的关键。在企业发展中,其内部要求和外在环境在综合分析和应用下要求管理进行相应的改革,管理理念经营思路、组织机构、管理制度、管理方式方法等方面的不断创新是当前企业改革发展的主要趋势。

企业是市场经济的重要组成成分,其在工作和发展中管理是不可缺少和避免的趋势,更是提高企业发展动力的关键。跨入新世纪,我国企业要在全球化的竞争中取得主动。在企业管理和发展中,不断的学习国外各种先进的管理措施和管理思维,结合当前的实际情况进行综合的应用和分析,提高企业发展的竞争力,为企业在发展中良好有序地进行打下基础。在吸收外在先进管理理念的同时。有选择地、灵活地、"权变"地加以应用,不断地结合当前管理技术手段进行综合应用是当前企业发展的主要方式,以科学发展观的眼光去探索企业发展和管理创新前提。

我国由于在经济体制中起步晚,各种制度和管理方法不够完善,在企业发展中存在着诸多的因素和隐患,以创新的思维法探究企业管理观念是当前企业发展研究和探索的重点,树立适应知识经济发展要求的管理观念,提升管理主体的创新能力,创建能够适应当前企业发展的管理机制和激励制度是提高企业员工工作激情的主要方法,建立学习型组织并营造良好创新环境;建立本土文化,强化知识管理,加快制度创新,我国企业要在新形势下谋求发展。

参考文献

[1]王振华.国有企业管理创新要有新途径[J].文化产业,2021(14):84-85.

[2]刘俊瑜.知识经济下的企业经济管理创新思考研究[J].商讯,2021(13):107-108.

[3]吴晓蓉.大数据背景下企业管理会计工具的创新应用[J].财会学习,2021(13):68-69.

[4]周古月.基于新形势下的企业管理创新策略探究[J].营销界,2021(16):28-29.

[5]季柏伶.新经济背景下中小企业组织管理创新探讨[J].营销界,2021(16):148-150.

[6]党春艳.企业信息化建设与企业管理创新策略研究[J].中小企业管理与科技(中旬刊),2021(04):58-59.

[7]顾建锋.关于新形势下企业经济管理创新的思考[J].商场现代化,2021(07):134-136.

[8]成艳.大数据背景下企业财务管理模式的创新[J].商讯,2021(11):13-14.

[9]种晗.强化企业经济管理创新的有效对策[J].商展经济,2021(07):107-109.

[10]王玉红.人力资源管理中的薪酬管理创新分析[J].财经界,2021(11):166-167.

[11]朱建华.企业经济管理的创新和优化策略[J].中阿科技论坛(中英文),2021(04):92-94.

[12]李庆飞.基于互联网环境下的企业财务管理模式创新举措[J].纳税,2021,15(10):59-60.

[13]陈文行.新形势下的当代企业管理创新模式研究[J].中国储运,2021(04):203-204.

[14]王健忻.企业管理模式创新与改革问题研究——基于春兰集团的案例分析[J].中国市场,2021(09):5-7+23.

[15]邵文哲.企业薪酬管理中绩效考核的作用研究[J].全国流通经济,2021(03):90-92.

[16]袁璟.现代企业管理新思路[J].公关世界,2021(05):32-33.

[17]涂钰维.新形势下企业经济管理创新的策略试析[J].商讯,2021(09):122-123.

[18]王丽杰.新形势下企业经济管理的创新策略研究[J].中国商论,2021(06):122-124.

[19]许华庆.新经济背景下企业财务管理创新问题探究[J].科技经济导刊,2021,29(08):205-206.

[20]王小宁,贺倩.我国企业管理创新研究综述[J].商业经济研究,2020(17):113-116.

[21]吴国庆,樊正茂,周峰.企业优化治理管控创新实践与探索[J].现代商贸工业,2020,41(17):112-113.

[22]彭伟.科技企业管理创新绩效评价中的关键因素研究[J].科技经济导刊,2020,28(05):191-192.

[23]李雪.试析企业管理创新的要点和途径[J].中国集体经济,2020(01):40-41.

[24]温唯一.企业管理模式创新现状及其可行性策略探讨[J].企业改革与管理,2019(13):15+18.

[25]杨春,于婷婷.中国制造业企业管理创新能力研究[J].工业技术经济,2019,38(07):114-118.

[26]吕健.基于大数据的企业管理创新与变革策略[J].金融经济,2019(08):112-113.

[27]王仔晶.互联网背景下企业资本运营的创新研究[J].中国商论,2019(02):27-28.

[28]孙胜利.企业信息化建设与企业管理创新探讨[J].中国管理信息化,2019,22(04):73-74.

[29]王玉阳,徐鹏,赵寅儒.企业文化创新对企业管理创新的影响研究[J].企业改革与管理,2018(06):161-162.

[30]施克瀚.共享经济下的企业运营思路创新[J].西部皮革,2018,40(06):110+113.

[31]周雯.探究互联网时代的企业创新[J].现代商业,2018(05):170-171.

[32]姚小禹.大数据时代背景下的现代企业管理模式研究[J].现代经济信息,2017(08):93.

[33]刘鹏.企业文化创新对企业管理创新的影响分析[J].管理观察,2017(05):57-58+61.

[34]蒋国良.技术创新对神华铁路运营的影响与对策研究[J].中国高新技术企业,2016(22):168-170.

[35]刘天利,顾颖.我国企业管理创新模式研究[J].长江大学学报(社科版),2016,39(04):33-36.

[36]贾建辉.对新形势下企业经济管理创新现状及路径分析[J].现代国企研究,2016(04):24.

[37]戚依南,沈玲,韩玉凤.中国企业商业和运营模式创新研究——第二届"中国企业管理创新案例研究前沿论坛"观点综述[J].中国工业经济,2013(01):154-159.

[38]翟登峰,穆昱.浅析管理创新在企业发展中的意义[J].经济研究导刊,2010(09):176-177.

[39]丁浩.资本运营和企业创新互动机理研究[J].商场现代化,2006(34):302-303.

[40]李昕.谈企业管理创新[J].经济师,2003(02):132-134.